SUPER CAHIER DU CERTIF' ET DU BREVET

ISBN 978-2-7014-0221-5
N° éditeur : 1739
Dépôt légal : juin 2020
Imprimé en France par Pollina - 94038

Hors Collection, un département d'Edi 8

Albine Novarino-Pothier

LES PETITS CAHIERS D'ANTAN

SUPER CAHIER DU CERTIF' ET DU BREVET

HORS }{ COLLECTION

Sommaire

Le Certificat d'études

Orthographe

Rédaction

Calcul

Géographie, histoire et leçons de choses

Épreuve complète du certificat d'études

Le Brevet

Dictées

Questions-rédaction

Histoire

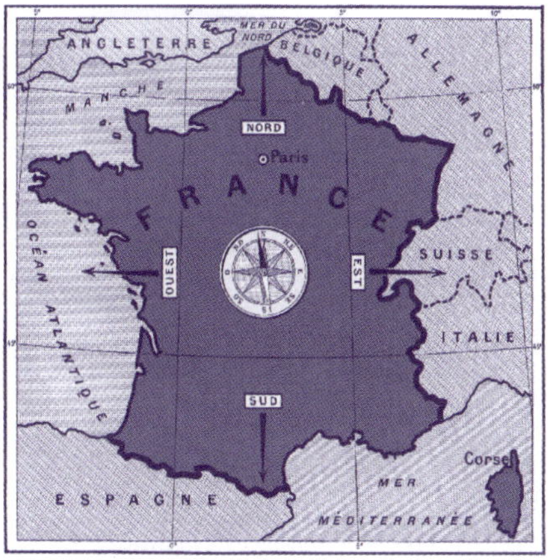

Géographie

Mathématiques et géométrie

Autres disciplines

La Lecture

Bonheurs d'enfance

Nos amies les bêtes

Aventures en tous genres

Lieux magiques

Le monde des grandes personnes

Les Vacances

À la mer

À la montagne

À la campagne

Ailleurs

Aventures

Les solutions

LE CERTIFICAT D'ÉTUDES

ORTHOGRAPHE

André s'occupe d'apprendre à l'école tout ce qui lui sera utile plus tard.

LES ACCENTS

Dictée : Ma mère

Lorsque je pleurais, il y avait une femme qui me serrait si doucement dans ses bras, que mes larmes s'arretaient de couler. Jamais je ne me couchais dans mon lit sans que ma mere vint m'embrasser, et, quand le vent de decembre collait la neige contre les vitres blanchies, elle me posait les pieds entre ses deux mains et elle restait a me les rechauffer en me chantant une chanson dont je retrouve encore dans ma mémoire l'air et quelques paroles. Quand je gardais notre vache le long des chemins herbus, et que j'etais surpris par une pluie d'orage, elle accourait au-devant de moi et me forçait à m'abriter sous son chale de laine qu'elle ramenait sur ma tete et sur mes epaules. Enfin quand j'avais une querelle avec un de mes camarades, elle me faisait conter mes chagrins, et toujours elle trouvait quelque bonne parole pour me consoler.

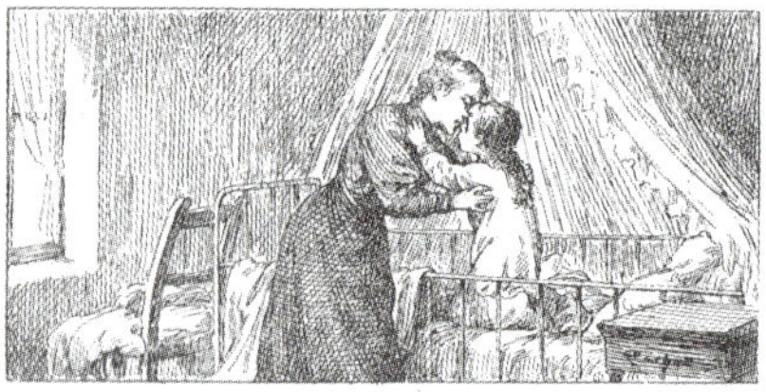

Hector Malot, *Sans famille* (1878).

Exercice 1

Placez tous les accents manquants dans la dictée ci-dessus.

Exercice 2

Répondez à ces questions de compréhension.

A. ***Où la scène se situe-t-elle ?***

....

....

B. ***Donnez quatre adjectifs qualificatifs brossant le portrait de la mère.***

....

....

....

....

C. ***Quelle est la nature grammaticale de*** lit, consoler ***?***

....

....

Les bizarreries de l'accent

Si **cône** et **grâce** prennent un accent circonflexe, leurs dérivés, eux, n'en prennent pas.

Aussi, vous écrirez **gracieux**, **gracier**, **conique**, **conifère**.

Exercice 3

Complétez.

Il y a trois sortes d'accents :

A. ....

B. ....

C. ....

JAMAIS D'ACCENT

On ne met jamais d'accent sur le « e » suivi de deux consonnes semblables :
Exemples : *en effet, elles tiennent, une pelle.*

On ne met jamais d'accent sur le « e » suivi d'un « x » :
Exemples : *Exemple !, texte.*

L'ACCENT CIRCONFLEXE

Il permet de distinguer des homonymes :
Le jardinier ayant fait une *tache* sur son tablier, sa *tâche* va être de l'enlever.

Exercice 4

Classez les mots suivants en trois colonnes en fonction de leur accent :
crème • bâton • rasé • épais • armée • lumière • hôtel • lièvre • maîtresse.

Exercice 5

Placez les accents, quand c'est nécessaire :

A. ***J'ai du annuler mon voyage après qu'il m'a payé son du.***

B. ***Tu es sur que les fruits surs sont bons pour la santé ?***

C. ***Sur le mur je vois des figues mures et des mures.***

À VOS RÉPERTOIRES !

Recopiez ces mots qui prennent toujours un accent grave :
deçà • delà • déjà • jusqu'à • près de • voilà

....

....

Recopiez aussi ceux-ci auxquels on a tendance à en mettre un… à tort !
chute • poème • pupitre • chalet • chapitre • égout • cime

....

....

Car souvenez-vous : le chapeau de la cime est tombé dans l'abîme !

Dictée : Le renard

Le renard devance le chasseur et ***va-vat*** de ***très-trés*** grand matin, dans les endroits ou-où ***l'on-l'ont*** prend au piège les grives et les bécasses, visite les ***lassets-lacets-lassaits*** et les ***gluaus-gluaux***, emporte successivement les oiseaux qui se sont ***empétré-empêtré-empêtrés***, les dépose tous en différents endroits, surtout au bord des chemins, dans les ornières, sous quelques ***arbrissot-arbrissaud-arbrisseau***. Il chasse les jeunes levrauts en ***pleine-plaine***, saisit ***quelquefois- quelques fois -quelque fois*** les lièvres au ***gîte- gitte- gite***, ne les manque jamais lorsqu'ils sont blessés, déterre les lapereaux dans les garennes, découvre les nids des ***perdrix-perdris***, des cailles, prend la mère sur les œufs et détruit une ***quantitée-quantité*** prodigieuse de gibier.

Buffon, *L'Histoire naturelle.*

Exercice 1

Pour chaque choix possible, entourez le mot qui est correctement orthographié.

Exercice 2

Répondez à ces questions de compréhension.

A. ***Qualifiez le comportement du renard tel que Buffon le décrit.***

....

....

....

B. ***Faites la liste de toutes les victimes du renard.***

....

....

C. ***Quelle est la nature grammaticale de où ?***

....

Exercice 3

Ne confondez pas « **sans** » et « **dans** » qui sont des prépositions avec « **s'en** » et « **d'en** » qui sont en deux mots et peuvent se décomposer en « **se ...** en « **et** « **de ... en** ».

Écrivez le mot juste : dans • d'en • sans • s'en.

A. Il est .... patience aucune, il .... prend à l'univers entier, ... cesse.

B. Sa réputation ? Elle .... moque complétement !
C'est une personne .... honneur.

C. Des bonbons ? Il vient .... manger six .... la cuisine et c'est .... compter que du chocolat, il vient .... avaler trois tablettes .... se cacher .... le salon !

RÈGLE GRAMMATICALE

Proches, voire identiques quand on les prononce, les homophones grammaticaux sont de sens différents et ne s'écrivent pas pareils.

Ils sont source de fautes.

a/à ; quand on peut remplacer [a] par **avait**, on ne met pas d'accent.
Exemple : *Elle a donné à boire à son chat.*

son/sont ; quand on peut remplacer [son] par **étaient** on l'écrit « **sont** ».
Exemple : *La mère et son fils sont dans le jardin.*

si/s'y
Si est une conjonction que l'on peut remplacer par « **au cas où** ».
S'y est une préposition qui marque le lieu.
Exemple : *Si Pierre se rend à Tarascon, Paul s'y rendra aussi.*

ou /où ?
Où renvoie à la notion de lieu, **ou** à celle de choix.
Exemple : *Où que tu ailles, à Albi ou à Marseille, je te rejoindrai.*

Exercice 4

***Complétez les phrases par* on *ou* ont.**

Rappel : Quand je peux remplacer **[on]** par « *il* » j'écris « **on** », quand je peux le remplacer *par « avaient »*, j'écris « **ont** ».

A. Est-ce qu'........ remonte le filet quand .... prend du poisson ?
B. Ils .... nommé la libellule « la demoiselle ».
C. Mes cousins .... écrit : .... prend du lait et des œufs, ... fait un gâteau et .... fait une fête.
D. .... prétend que tes parents .... une superbe collection de cartes anciennes ; .... les envie !
E. .... aime les fleurs quand elles .... de jolies couleurs.

Exercice 5

Ne confondez pas « **peut** » *(du verbe pouvoir)* et « **peu** » *(adverbe de quantité)*.

Écrivez le mot juste : peu • peut.

A. Il .... mieux faire, mais il travaille si .... et si .... souvent !
B. C'est .... dire que cette plage est grande, elle est immense !
C. Avec un .... de chance, il .... encore attraper son avion.

LE FÉMININ DES ADJECTIFS QUALIFICATIFS

Dictée : Un péril national

La France est en train de se détruire par l'alcool. Ce pays qui si longtemps, grace à son bon vin,

....

a résisté mieux que d'autres à l'empoisonement brutale ou perfide, est aujourd'hui le pays d'Europe

....

ou l'homme abuse le plus de l'alcooll , et de l'alcool sous ses formes les plus rapidement destructives.

....

Paris est la grande capitale de l'absinte. Depuis moins de dix ans, certains chiffres de consommation

....

des apéritifs, par exemple, ont décuplés, et paralèllement, se développe sous nos yeux la statistique

....

des cas de folie, de maladies et de suicides par alcoolisme et une autre statistique plus effrayante,

....

celle des innombrables malheureux voué par leurs naissances à la vie et à la mort qui attend

....

les enfants d'alcooliques.

....

F. Buisson, *Conférences.*

Exercice 1

Corrigez toutes les fautes d'orthographe qu'un élève a commises dans la dictée ci-dessus.

Exercice 2

Répondez à ces questions de compréhension.

A. ***Remplacez le titre de la dictée par une expression de même sens.***

....

B. ***Quelles sont les boissons citées dans le texte ?***

....

....

....

C. ***À quelle classe de noms appartient le mot*** La France ?

....

Exercice 3

Résumé en kit ; complétez-le.

• Les noms féminins terminés par le son [i] s'écrivent **ie(s)** sauf :

la bre....... • la sour....... • la fourm.......
• la nu....... • la perdr.......

Écrivez la terminaison des mots suivants :

l'orfèvrer....... • l'industr....... • horm.......
• un abr....... • une env.......

7e Année. N° 2. 15 Novembre 1888.

MON JOURNAL

RECUEIL MENSUEL

POUR LES ENFANTS DE CINQ A DIX ANS

PAUL AVAIT COMPRIS !

RÈGLE GRAMMATICALE

Le féminin des adjectifs terminés au masculin par **-et** se fait en **–ette**.
Exemple : *muet, muette.*
Exceptions : *complet, concret, discret, désuet, inquiet, replet, secret.*

Les adjectifs terminés au masculin par **gu** forment leur féminin en **gue** avec un tréma sur le **e**.
Exemple : *aiguë, ambiguë, contiguë, exiguë.*

Les adjectifs terminés au masculin par **x** font leur féminin en **se**.
Exemple : *délicieux, délicieuses.*
Exceptions : *faux, fausse* • *roux, rousse* • *doux, douce* • *vieux, vieille.*

Exercice 4

Comment forme-t-on le féminin des adjectifs terminés au masculin par [al] ?

....

....

....

Exercice 5

Barrez les expressions comportant des fautes.

A. Une vie infernale

B. Les puissances infernales

C. Une enfant infernale

D. Les dieux infernaux

À VOS RÉPERTOIRES !

Recopiez ces féminins très irréguliers.

absous, absoute • dissous, dissoute • bénin, bénigne • malin, maligne • coi, coite • favori, favorite • hébreu, hébraïque • tiers, tierce • muscat, muscade.

....

....

....

....

....

LE PLURIEL DES NOMS

Dictée : Les indiscrétions

Voici un petit détail des plus communes indiscrétions qu'il faut tâcher d'éviter, si l'on ne veut pas être fort désagréable en société : choisir la place la plus commode ; interrompre ceux qui parlent ; parler de soi, de .... sentiments, de .... aventures , de sa santé, de .... maladies ; allonger .... que l'on dit au lieu de raccourcir ; ne pas montrer d'attention à .... que l'on nous dit ; parler bas .... l'oreille devant des personnes .... qui l'on doit du respect ; parler de quelque défaut devant ceux qui l'ont ; rire immodérément ; .... mettre devant le jour de quelqu'un qui travaille ; ne pas attendre la fin d'une histoire qui nous ennuie ; emprunter trop facilement, garder trop longtemps .... qu'on emprunte ; lire les lettres qu'on trouve ; demander .... une dame quel âge elle .... ; regarder par-dessus l'épaule d'une personne .... qu'elle lit ou .... qu'elle écrit.

Madame de Maintenon, *Règlements et usages des classes de la maison de sa majesté Louis établie à Saint-Cyr.*

Exercice 1

A. ***Complétez le texte ci-dessus en vous aidant du contexte.***

B. ***Donnez la définition du mot*** indiscrétion.

....

....

....

C. ***Que signifie*** rire immodérément ?

....

....

« Maman va en prendre un, moi j'en prends un aussi et le troisième sera pour toi. »

Exercice 2

Donnez un autre titre à ce texte.

....

Exercice 3

Mettez les noms suivants au pluriel :

détail • portail • travail • éventail • vitrail.

....

....

....

Exercice 4

En observant les mots de l'exercice 3, quelle règle pouvez-vous formuler sur la formation du pluriel des noms en -ail ?

....

....

....

....

Exercice 5

Cochez Juste quand il n'y a aucune faute d'orthographe dans la phrase ou Faux quand il y en a au moins une.

A. Il y a trois Dominique et deux Alice dans ma classe. ☐ *Juste* ☐ *Faux*

B. Il y a quatre Duponts et trois Durands dans mon quartier. ☐ *Juste* ☐ *Faux*

C. J'ai étudié la vie des Capétiens, celle des Bourbons, des Stuarts, des Tudors. ☐ *Juste* ☐ *Faux*

D. Les Balzac, les Hugo, les Lamartine, les Nerval, les Vigny, les Sand ont illustré le XIXe siècle. ☐ *Juste* ☐ *Faux*

E. Les Eiffels, les Larousses, les Buffons ont mis la Bourgogne à l'honneur. ☐ *Juste* ☐ *Faux*

RÈGLE GRAMMATICALE

Le pluriel des noms se construit généralement en ajoutant un **s** au singulier… mais il y a des exceptions.

• **En tête de liste :** les noms terminés par un **x** ou **z** au singulier.
Exemples : *des souris, des nez, des toux.*

• Les noms se terminant par **-au**, **-eau**, **-eu** prennent un **x** au pluriel sauf **landaus**, **pneus**, **bleus**.

• Certains noms terminés en **-ail** font leur pluriel en **-aux** :
Exemples : *un bail, des baux, un travail, des travaux.*

Exercice 6

Mettez au pluriel les phrases suivantes.

• Un hibou sur un chou regardait un joujou, vrai bijou qui aurait dû être derrière un verrou.

……………………………………………………………………………………………………

• Mettez votre chandail, poussez le vantail, et filez signer votre bail.

……………………………………………………………………………………………………

Le pluriel des noms propres ! Un cas d'école !

Ils sont généralement invariables. Sauf…

- **Quand ils sont des références :** *Des Chopins du piano contemporain* ;
- **Quand ils désignent certaines familles illustres :** *les Bourbons* ; **des lieux géographiques :** *les Indes.*
- **Ou bien encore quand ils sont employés comme noms communs :** *dans cette famille, les fils sont tous de vrais harpagons et les filles des célimènes !*

PETITE RÉCRÉATION D'ORTHOGRAPHE

Exercice 1

Remettez les lettres dans l'ordre et retrouvez des noms d'écrivains.

Alcofribas Nasier ⟶ ....

Bison Ravi ⟶ ....

Rauque Anonyme ⟶ ....

Exercice 2

Le marquis de Bièvre passa sa vie à faire des calembours. À vous de deviner lesquels :

A. Que faisait le marquis de Bièvre, quand il était dans son carrosse et qu'il voyait passer un enterrement ?

(Indice : le calembour a un rapport avec les chevaux du marquis et avec le défunt.)

⟶ ....

....

B. Quand le pâtissier du marquis poussait la chansonnette à l'office et que son noble maître l'entendait, il lui demandait sur-le-champ de confectionner un certain gâteau. Lequel ?

(Indice : ce gâteau a un rapport avec le chant et avec une région de montagnes.)

⟶ ....

....

C. M. et Mme Tartine ont une fille, quel est son prénom ?

⟶ ....

....

Exercice 3

La parodie est une belle phrase, généralement émouvante, qui fait consensus. Mais à force d'être citée, elle finit par glisser vers le cliché… et elle irrite.

Des malins s'en emparent et de la déformation naît le comique. La Motte-Houdar ayant écrit au XIXe siècle : *« L'ennui naquit un jour de l'uniformité »*, on raconte l'anecdote suivante. Au cours d'une soirée, lasse d'entendre deux professeurs discourir sur la pédagogie, madame de Chateaubriand laissa tomber dans un murmure exaspéré : *« L'ennui naquit un jour de l'université. »*

Venons-en à une époque bien plus proche de la nôtre. Quand les journalistes politiques brocardaient volontiers les dirigeants du parti communiste, se rendant en voyage chez des *« camarades »*, quand, par exemple, Georges Marchais allait à Cuba ou quand Henri Krasucki partait à Moscou, parodiant le vers célèbre de Du Bellay, *« Heureux qui, comme Ulysse, a fait un beau voyage »*, que pouvaient-ils donc écrire ?

⟶ ....

....

Exercice 4

Quel dicton se cache derrière chacune de ces 2 phrases ?

Un parent vaut mieux que deux tutorats.

⟶ ....

Qui veut naviguer loin ménage sa voilure.

⟶ ....

RÉDACTION

La rédaction du certificat d'études

Construire un récit

Faire un portrait

Petite récréation de rédaction

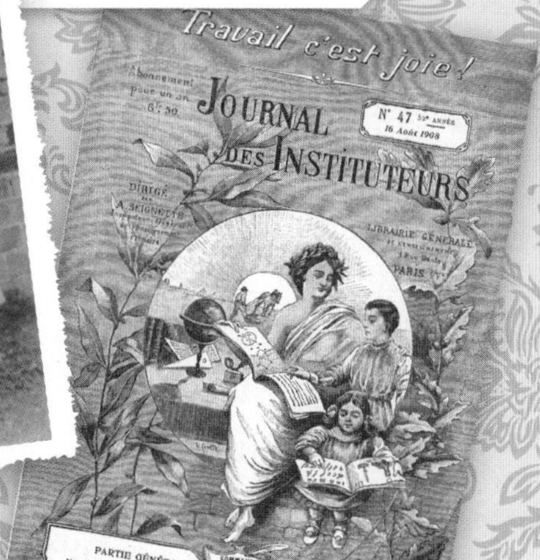

LA RÉDACTION DU CERTIFICAT D'ÉTUDES

Exercice 1

Une bonne rédaction de certificat d'études primaires porte sur un sujet simple.

A. ***Barrez le type de paragraphes qu'elle ne pourra comporter.***

- Un récit
- Un dialogue
- Une lettre
- Un éloge
- Un argumentaire
- Un portrait

B. ***Une bonne rédaction de certificat d'études doit offrir au correcteur un texte clair composé selon le fameux principe à compléter :***

« Tout ce qui ....

s'énonce ....

Et les .... pour le dire

....

aisément. »

C. ***Qui est l'auteur de cette règle d'or des textes bien écrits ? Cochez la bonne réponse.***

☐ *Boileau* ☐ *Descartes*

☐ *Molière* ☐ *La Fontaine*

Exercice 2

Corrigez toutes les fautes de style.

A. Des fois le chasseur rentre bredouille, des fois il rentre avec son carnier plein.

....

....

....

B. La conjecture économique n'est pas fameuse.

....

....

....

C. C'est bien rapidement que j'ai pallié à tous ces inconvénients.

....

....

....

D. À cause de son application, ils ont reçu des prix.

....

....

....

E. Passe donc au boulanger acheter une baguette en rentrant de l'école.

....

....

....

F. J'amène ma voiture au garage.

....

....

Citation

« Écrive qui voudra : chacun à ce métier
Peut perdre impunément
de l'encre et du papier. »

Nicolas Boileau, *Satire IX*

Exercice 3

Dans les phrases suivantes, remplacez le verbe* dire *qui est un verbe passe-partout, par un verbe de même sens mais infiniment plus précis, et qui sera adapté aux circonstances :

• Dire ses aventures à ses amis médusés qui n'en croient pas leurs oreilles.

....

....

....

• Dire des sottises énormes.

....

....

....

• Dire les paroles d'un auteur pour étayer une thèse.

....

....

....

• Dire sur les toits que l'on va organiser une grande fête au village.

....

....

....

• Dire ses chagrins à un ami compréhensif.

....

....

....

Exercice 4

Rédigez soigneusement la définition des mots suivants :

• Aube : ....

....

....

• Crépuscule : ....

....

....

....

• Masure : ....

....

....

....

• Baraque : ....

....

....

....

• Chalet : ....

....

....

....

LA RELECTURE NE NUIT PAS !

Pour que ce que vous écrivez soit toujours très clair, immédiatement compréhensible par votre lecteur, mais également agréable à lire, quel que soit le sujet que vous avez à traiter, privilégiez toujours la clarté.
Pour ce faire, appliquez une formule qui fonctionne dans les deux sens :
une idée = une phrase ;
une phrase = une idée.

Exercice 1

Lisez attentivement le sujet de la rédaction et la copie de Jean. Pour aider Jean à améliorer son devoir, le correcteur a inscrit des commentaires en rouge. Suivez les consignes du correcteur pour rendre la copie de Jean plus vivante.

Sujet compris dans l'ensemble, mais traité de manière terne, très plate et sans aucun relief.

Sujet : « Un chasseur passe la nuit avec son chien dans un pavillon qu'il possède au milieu d'un bois. Il est réveillé par son chien. Le pavillon brûle. Il réussit à s'échapper par la fenêtre. Faites-lui raconter son histoire. »

Je fus réveillé (quand ?) .... par les aboiements (épithète) .... du chien. Je m'aperçus aussitôt (à quoi ?) .... que le feu était à la maison.
Je me levai (comment ? tranquillement ou précipitamment ?) ....

La maison brûlait. Je refermai bien vite la porte et, m'étant à moitié habillé (comment ? quels vêtements ?)... ...., je fis descendre mon chien (comment ? par quel moyen ?).. ....

puis, jetant dehors mes effets (lesquels ?).. je descendis à mon tour (comment ?).. ....

VOUS AVEZ DIT RÉCIT ?

Le récit relate un événement qui s'est passé un jour, dans un lieu déterminé. Un incident ou une situation nouvelle l'a provoqué. Les actions se sont enchaînées et ont abouti à un dénouement heureux ou malheureux selon les cas.

VOUS AVEZ DIT RÉCIT RÉUSSI ?

Pour qu'un récit soit complet et vivant, il faut rapporter l'événement dans l'ordre même des faits, faire voir les lieux et les personnages grâce à des descriptions, expliquer certaines circonstances, certains sentiments.

Exercice 2

Dans ce récit, extrait du roman de George Sand, *La Mare au diable*, ***publié en 1848, un élément de phrase étranger à l'histoire s'est glissé, barrez-le et précisez pour quelles raisons :***

Germain se retrouva bientôt à l'endroit où il avait passé la nuit au bord de la mare. Le feu fumait encore ; une vieille femme ramassait le reste de la provision de bois mort que la petite Marie y avait entassée après avoir sorti les bûches de la camionnette. Germain s'arrêta pour la questionner.

....

....

....

....

....

Exercice 3

Reliez pour faire correspondre le mot et sa définition.

Saga •	• 1. Récit fabuleux contenant une morale plus ou moins implicite.
Mythe •	• 2. Récit dans lequel les faits sont présentés dans l'ordre chronologique.
Chronique •	• 3 Histoire fictive ou non qui connaît de nombreux rebondissements.
Affabulation •	• 4. Récit présentant une déformation fantaisiste des faits.

FAIRE UN PORTRAIT

Exercice 1

Voici un portrait du père de Chateaubriand. La rigueur de la construction d'ensemble, comme la précision des termes choisis, vous permettront de replacer les expressions de la liste qui vous sont proposées dans le désordre à leur place originelle : aquilin • prunelle • une balle • grand et sec • minces et pâles • enfoncés • petits et pers ou glauques.

M. de Chateaubriand était .... ;
il avait le nez ....,
les lèvres ....,
les yeux ....,
....,
comme ceux des lions ou des anciens barbares.
Je n'ai jamais vu un pareil regard : quand la colère y montait, la .... étincelante semblait se détacher et venir vous frapper comme ....

Chateaubriand,
Mémoires d'outre-tombe

Exercice 2

Dans ce portrait de M. Panard, écrit par Guy de Maupassant, certains mots ont été ôtés. Puisez ces mots, placés dans le désordre dans la liste, pour reconstituer l'extrait de Maupassant : prévoyance • prudence • menacée • prudent • peur • blessures • prudence.

Monsieur Panard était un homme ....
qui avait .... de tout dans la vie.
Il avait peur des tuiles, des chutes, des fiacres, des chemins de fer, de tous les accidents possibles, mais surtout des maladies.
Il avait compris, avec une extrême ....,
combien notre existence est...............................
sans cesse par tout ce qui nous entoure. La vue d'une marche le faisait penser aux entorses, aux bras et aux jambes cassés, la vue d'une vitre aux affreuses ....
par le verre, la vue d'un chat, aux yeux crevés ;
et il vivait avec une ....
méticuleuse, une ....
réfléchie, patiente, complète.

Guy de Maupassant,
Voyage de santé,
dans *Contes et nouvelles*

Exercice 3

Inscrivez un mot unique pour chacune des séries suivantes.

A. Mat, basané, cuivré : ....

....

B. Denses, fournis, touffus, clairsemés : ....

....

C. Rêche, rugueuse, satinée, moite : ....

....

D. Haut, étroit, large, bombé, uni, ridé : ....

....

Exercice 4

Reliez pour faire correspondre les contraires.

Bavard •	• Antipathique
Joyeux •	• Loyal
Renfermé •	• Taciturne
Doux •	• Triste
Sympathique •	• Violent
Hypocrite •	• Expansif

TYPES DE PORTRAITS

Le portrait physique d'une personne décrit son aspect général : allure, démarche, maintien, silhouette, taille, et son visage : forme, mine, traits, expression de la physionomie, mais également son habillement et ses attitudes.

Le portrait moral d'une personne décrit ses qualités et ses défauts, son comportement et ses habitudes, et tous les éléments de sa personnalité qui la rendent unique.

AU FIL DU TEMPS

La rédaction, qui était en abrégé et en termes familiers « la rédac », fut aussi la composition française, l'expression écrite, la narration, sorte de sœur cadette de la dissertation alias « la dissert ».

Exercice 5

Lisez le texte et précisez de quel type de portrait il s'agit ici.

Quant à sa force musculaire, elle était devenue proverbiale dans l'armée. Plus d'une fois, il s'amusa, au manège, en passant sous quelque poutre, à prendre cette poutre entre ses bras, et à enlever son cheval entre ses jambes. Je l'ai vu, et je me rappelle cela avec tous les étonnements de l'enfance, porter deux hommes sur sa jambe pliée, et, avec ces deux hommes en croupe, traverser la chambre à cloche-pied. Je l'ai vu, dans un mouvement de douleur, prendre un jonc de grosseur moyenne entre ses deux mains, et entre ses deux mains le briser en tournant une main à droite et une main à gauche. Je me rappelle enfin que, sortant un jour du petit château des Fossés, où nous demeurions, il avait oublié la clef d'une barrière ; je me rappelle l'avoir vu descendre de cabriolet, prendre la barre transversale, et, à la deuxième ou troisième secousse, faire éclater la pierre dans laquelle elle était scellée.

Alexandre Dumas, *Mes mémoires*

....

PETITE RÉCRÉATION DE RÉDACTION

Exercice 1

Observez ces palindromes.

Ésope reste ici et se repose. • Élu par cette crapule.

A. ***Trouvez le nom d'une ville de France qui présentera les mêmes caractéristiques :***

⟶ L..

B. ***Trouvez un prénom féminin qui présentera les mêmes caractéristiques :***

⟶ A..

Exercice 2

Relevez et corrigez les fautes.

« Comme c'est somptuaire chez toi ! » s'exclama

....

Marcel en découvrant l'intérieur de son pote

....

d'enfance Alfred. Il était véritablement estomaqué

....

par la mugnificence du décorum. Marcel lui

....

répondit avec fierté : « *c'est normal que mon décor*

....

soit luxuriant, mon boulot est rénumérateur ; »

....

En partant, Marcel salua son ami et lui dit :

....

« *tu donneras bien le bonjour à ta dame de ma part,*

....

je vais au dentiste de ce pas. »

....

Exercice 3

Dans l'Antiquité, le Sphinx, monstre fabuleux à tête humaine et à corps de lion, terrorisait les habitants de la ville de Thèbes. Installé aux portes de la cité, il dévorait les passants incapables de résoudre sa fameuse énigme :

« Quel est l'animal qui marche sur quatre pattes le matin, sur deux pattes à midi, et sur trois pattes le soir ? »

Réfléchissez et trouvez la solution de l'énigme si, comme un Thébain moyen, vous ne voulez pas être dévoré tout cru par le Sphinx.

....

....

Trouvez la réponse à la plus courte des énigmes que nous devons à Fontenelle :

« Je fus demain, je serai hier. Qui suis-je ? »

....

Déchiffrez cette autre énigme, un brin littéraire, mais aussi bucolique :

« Devine-moi car j'en suis digne :
Je me cache lorsque je sers :
C'est presque toujours dans les vers,
Et l'on me trouve à chaque ligne. »

....

....

....

....

CALCUL

Les mots de l'arithmétique

Additions et soustractions

Multiplications et divisions

Fractions

Petite récréation de calcul

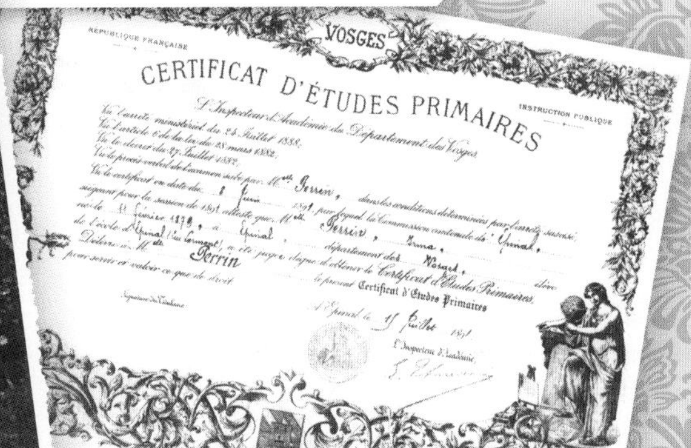

LES MOTS DE L'ARITHMÉTIQUE

Les **manuels d'arithmétique** commençaient en général par proposer aux élèves et aux futurs candidats au certificat d'études **des définitions préliminaires des mots essentiels de la discipline**.

Exercice 1

Complétez les définitions de manière à les reconstituer en vous aidant de la liste suivante :
population • espèce • grandeur • nombres • représenter • augmenté • propriétés • nombre • quantité • règles • diminué • le soldat • comparer • grandeur • calculs • longueur • unité • grandeur • mètre • surface.

A. L'arithmétique est la science des.................... : elle enseigne à les exprimer et à les ....; elle en démontre les ....principales et donne des .... pour effectuer des ....

B. On appelle .... l'expression du résultat de la mesure d'une grandeur.

C. Par grandeur ou .... on entend tout ce qui peut être .... ou ....

Exemples : la........................d'une allée, la .... d'un corps, la .... d'une ville, etc.

D. Mesurer une grandeur, c'est la .... à une autre .... connue et de même nature que l'on nomme unité.

Exemples : pour mesurer la longueur d'une allée, on la compare au .... qui est pris pour .... Dans l'évaluation du nombre de soldats d'un régiment, l'unité c'est ....

E. L'unité est la .... à laquelle on compare une ....
de même .... que l'on veut mesurer.

CALCUL MENTAL

Dans un siècle, combien y a-t-il de jours ?

→ ....

....

....

....

Fig. 147.

Exercice 2

A. *Comment appelle-t-on l'art de représenter ou d'écrire tous les nombres au moyen de caractères appelés chiffres ?*

....

....

....

B. *Pour représenter les nombres, combien emploie-t-on de chiffres ? Lesquels ?*

....

....

....

C. *Pour chaque suite, à quels nombres arabes les chiffres romains suivants correspondent-ils ?*

- I V X L C D M ⟶ ....
- III XV XXVII CLXI MDCCXVI ⟶ ....
- IV XXIX XL XCI CDXIX ⟶ ....

Exercice 3

Combien vous faudra-t-il de pièces de 0, 25 francs pour payer les sommes suivantes ?

1,75 F ⟶ ....

3,50 F ⟶ ....

4,25 F ⟶ ....

UNE HISTOIRE DE SIGNES

Il existe deux sortes de signes - :
l'un signifiant **négatif**, l'autre signifiant **soustraction**.

Exemple : *Dans (- 4) - (-6), nous avons deux signes de négatif et un signe de soustraction.*

CALCUL DE FEMME...

« La femme a la passion du calcul :
elle divise son âge par deux, double le prix
de ses robes, triple les appointements
de son mari et ajoute toujours cinq ans
à l'âge de ses meilleures amies. »

Marcel Achard

Exercice 4

Jean élève des poulets et des lapins. Quand il compte les têtes, il en trouve 8. Quand il compte les pattes, il en trouve 28.
Combien a-t-il de poulets ? Combien a-t-il de lapins ?

....

....

....

....

Exercice 5

Quel est l'âge de Marie et quel est l'âge de son frère, Jean, sachant que si Jean avait deux ans de plus qu'aujourd'hui, il aurait le double de l'âge de Marie, sachant aussi que si Marie avait quatre ans de plus, elle aurait exactement l'âge de Jean ?

....

....

....

....

ADDITIONS ET SOUSTRACTIONS

Exercice 1

Complétez le texte suivant en inscrivant les mots ou expressions manquants dans les pointillés : colonne • unités • droite • unités • additionne • nombre • dizaines • unités • neuf • neuf • l'écrit • colonne • correspondent • trait • les uns sous les autres.

Pour faire l'addition de plusieurs nombres, on écrit ces nombres ....

de manière que les ....

de même ordre se ....

On trace un ....

sous le dernier ....

Puis, en commençant par la .... ,

on .... successivement

les .... contenues

dans chaque ....

Si la somme ne dépasse pas .... ,

on ....

Si elle dépasse ...., on n'écrit

que les .... et l'on reporte

les .... à la ....

suivante.

CALCUL MENTAL

Jean a 127 moutons. Une épidémie en fait mourir 38. Combien en reste-t-il ?

→ ....

Exercice 2

Additionnez le plus rapidement possible 487 + 645 + 974.

→ ....

Exercice 3

Additionnez le plus rapidement possible 12,04 + 765,642 + 6409,576.

→ ....

Exercice 4

Jules est né en 1929.
En quelle année aura-t-il 34 ans ?

→ ....

Exercice 5

Un épicier a reçu 3 caisses de savon. La première pèse 125 kg, la deuxième 75, la troisième 147.
Quel est le poids total du savon reçu ?

....

....

....

Mot d'amour à une amie qui aimait les mathématiques…

Sans doute vous serez célèbre
Par ces grands calculs de l'algèbre
Où votre esprit est absorbé.
J'oserais m'y livrer moi-même
Mais hélas, A + D - B
N'est pas égal à je vous aime.

Voltaire (1694-1778)

La destinatrice de ces jolis vers n'est autre que **Gabrielle Emilie Le Tonnelier de Breteuil**, marquise du Châtelet (1706-1749). Voltaire entretint une liaison qui dura une quinzaine d'années avec cette femme de lettres qui fut également une mathématicienne et une physicienne remarquable.

Exercice 6

Un voyageur donne 20 francs pour payer sa place de chemin de fer. On lui rend 7,45 francs. Que coûtait sa place ?

………………………………………………………………

………………………………………………………………

SUJET MACABRE ET… AUTHENTIQUE

Du 2 au 8 juillet 1880, il est mort à Paris 969 personnes ; du 9 au 15 juillet, 908 ; du 16 au 22, 1030 ; du 23 au 29, 1101 ; et du 30 juillet au 5 août, 1114.
Combien de personnes sont mortes à Paris pendant ces semaines ?

………………………………………………………………

………………………………………………………………

MULTIPLICATIONS ET DIVISIONS

Exercice 1

Complétez le texte suivant en inscrivant les mots ou expressions manquants dans les pointillés : multiplicateur • nombre • multiplicande • répète • opération • d'unités • nombre.

La multiplication est une .... par laquelle on .... un .... appelé .... autant de fois qu'il y a .... dans un autre .... appelé ....

Exercice 2

Multipliez 654 par 9 ; 3527 par 382 ; 48,5 par 3,26.

Exercice 3

Dans une maison on compte 128 croisées ayant chacune 8 carreaux. Trouvez le nombre total de carreaux.

QUESTION FONDAMENTALE

A. ***Comment appelle-t-on le résultat de la multiplication ?***

→ ....

B. ***Comment appelle-t-on le résultat de la division ?***

→ ....

Exercice 4

Cinq personnes ont dîné au restaurant à raison de 6, 50 francs par tête. Quelle est la dépense totale ?

....

....

Exercice 5

Divisez 49,645 par 15 ; 746,650 par 4 ; 50 par 35.

Exercice 6

Combien faudra-t-il de paniers pour contenir 4606 poires si chaque panier peut contenir 47 poires ?

Citation

« Mathématique en grec ancien veut dire : ce qu'on enseigne ou qu'on apprend ; où et quand ne l'enseigne-t-on pas ? Iraniens, Espagnols, Français, Anglais, Tamouls, nous avons tous parlé grec en disant parallélogramme, logarithme et topologie. Cette langue en ce système vit encoreet nous unit. »

Michel Serres

Exercice 7

À Concarneau, un jour de pêche a donné 340 860 sardines. Combien remplira-t-on de boîtes avec ces poissons si chaque boîte en contient 92 ?

....

....

CASSE-TÊTE

Un passeur doit faire traverser la rivière à une chèvre, un chou, un loup, de la rive A à la rive B. Il ne doit faire transiter qu'un seul de ses « passagers » à la fois.
Attention ! La chèvre pourrait manger le chou, le loup pourrait manger la chèvre s'il avait l'imprudence de les laisser ensemble sur la rive.
Comment le passeur doit-il s'y prendre ?

....

....

....

....

....

....

FRACTIONS

Exercice 1

Complétez le texte suivant en inscrivant les mots ou expressions manquants dans les pointillés : parties égales • l'unité.

On appelle fractions une ou plusieurs parties de .... divisée en un nombre quelconque de ....

QUESTION FONDAMENTALE

Dans une fraction, comment s'appelle le nombre supérieur ? Le nombre inférieur ?

→ ....

→ ....

Exercice 2

Un ouvrier fait en un jour 6 m² $\frac{2}{3}$ de toile. Combien en fera-t-il en 16 jours et demi ?

....

....

....

Exercice 3

Quel est le nombre d'élèves d'une classe, sachant que si on l'augmentait de 8, il deviendrait égal aux 16/19 de sa valeur primitive ?

....

....

....

Exercice 4

Après 8 ans de commerce un particulier a augmenté sa fortune de ses 5/9 et possède alors 168 000 francs. Qu'avait-il il y a 8 ans ?

....

....

....

Fractions, Vie et poésie

L'homme, dont la vie entière
Est de quatre-vingt-seize ans,
Dort le tiers de sa carrière,
C'est juste trente-deux ans.

Ajoutons pour maladies,
Procès, voyages, accidents
Au moins un quart de la vie,
C'est encore deux fois douze ans.

Par jour, deux heures d'études
Ou de travaux – font huit ans,
Noirs chagrins, inquiétudes –

Pour le double font seize ans.
Pour affaires qu'on projette
Demi-heure, – encore deux ans.
Cinq quarts d'heures de toilette :
Barbe et cætera – cinq ans.

Par jour, pour manger et boire
Deux heures font bien huit ans.
Cela porte le mémoire
Jusqu'à quatre-vingt-quinze ans.

Reste encore un an pour faire
Ce qu'oiseaux font au printemps.
Par jour, l'homme a donc sur terre
Un quart d'heure de bon temps.

Nicolas Boileau *(1636-1711)*

LA VALEUR PRIMITIVE

Qu'est-ce que la valeur primitive d'une fraction ?

Soit f une fonction définie sur un intervalle I. Une fonction F définie sur I est une **primitive** de f sur I si F est dérivable sur I et si pour tout x élément de I : $F'(x) = f(x)$.

CALCUL MENTAL

Quel est le nombre dont les 3/7 font 21 ?

→ ....

Exercice 5

On remplit un tonneau aux 2/5 quand on y verse 90 litres. Combien faudrait-il encore y verser de litres pour le remplir complètement ?

....

....

....

PETITE RÉCRÉATION DE CALCUL

Exercice 1

Cochez la bonne réponse.
Qui a dit et dans quelle œuvre :
« En arithmétique, un et un font deux.
En amour un et un devraient faire un, et ça fait deux tout de même. » ?

A. ☐ Molière, *Le misanthrope*
B. ☐ Napoléon, *Lettre à Joséphine de Beauharnais*
C. ☐ Jules Renard, *Journal*
D. ☐ Guy de Maupassant, *Yvette*

Citation

« Les mathématiques ne possèdent pas seulement la vérité, mais aussi la beauté suprême d'une beauté froide et austère,comme celle de la sculpture. »
Bertrand Russell

Exercice 2

Rayez de cette liste les personnages illustres qui ne sont pas des mathématiciens célèbres.

A. Archimède de Syracuse
B. Lazare Carnot
C. Aristote
D. Léon Radar
E. Euclide d'Alexandrie
F. Galilée
G. Henri Poincaré
H. Huyghens
I. Blaise Pascal
J. Gaspard Monge
K. Newton
L. Gilles de Roberval
M. Nicomaque
N. Drouant
O. Riemann
P. Evangelista Torricelli
Q. Thalès de Milet
R. Zénon
S. Théo Rème
T. Jean Charcot

Exercice 3

Placez les signes + ou – ou x ou / de manière à rétablir les calculs suivants.

- 12 ....4 ....3 = 5
- 28 ....8 ....4 = 5
- 15 ....3 ....1 = 5

Exercice 4

Bernard Le Bovier de Fontenelle, écrivain célèbre, est né en 1657 et mort en 1757.
À quel âge cet homme d'esprit a donc quitté ce bas monde ?
Lui à qui on demandait, à la veille de sa mort, *« Comment cela va-t-il ? »*
et qui répondit : *« Cela ne va pas, cela s'en va. » ?*

→ ....

GÉOGRAPHIE, HISTOIRE & LEÇONS DE CHOSES

Voyage en France

Voyage autour du monde

Des châteaux et des rois

Des événements et des hommes

L'homme et les animaux

Les végétaux, les corps
et les matières ouvrées

L'enseignement ménager

L'enseignement agricole

Quiz pour les lauréats du certificat d'études

Petite récréation de géographie,
histoire et leçons de choses

VOYAGE EN FRANCE

Exercice 1

À quels mots de géographie les termes suivants correspondent-ils ? Reliez pour faire correspondre les mots et leurs définitions.

A. Grande nappe naturelle d'eau douce à l'intérieur des terres. .... •	• Glacier
B. Champ de glace éternelle formée par l'accumulation de la neige. .... •	• Colline
C. Vallée ou vallon d'un relief de plissement. .... •	• Lac
D. Petite élévation de terrain de forme arrondie. .... •	• Combe

Exercice 2

Cochez les bonnes réponses.

A. Quelle est la forme de la France ?

☐ Plutôt ovale
☐ Plutôt rectangulaire
☐ Plutôt carrée
☐ Plutôt hexagonale

B. Quelle est la superficie de la France (Corse comprise) ?

☐ 2 451 432 km²
☐ 2 765 987 km²
☐ 555 500 km²
☐ 765 543 km²

Exercice 3

La France a des frontières maritimes qui sont au nombre de quatre. Retrouvez les noms précis de ces espaces particulièrement aimés des touristes.

A. La mer du...

B. La mer M..

C. L'océan ....

D. La M...

Exercice 4

Cochez les bonnes réponses.

A. La Saône prend sa source :

1. Au mont Gerbier de Jonc ☐ *Vrai* ☐ *Faux*
2. Au plateau de Langres ☐ *Vrai* ☐ *Faux*
3. Dans le Val d'Aran ☐ *Vrai* ☐ *Faux*

B. Dijon est arrosé par un affluent dont le nom est :

1. L'Arc ☐ *Vrai* ☐ *Faux*
2. L'Ouche ☐ *Vrai* ☐ *Faux*
3. L'Allier ☐ *Vrai* ☐ *Faux*

Exercice 5

Voici le nom des cinq principaux fleuves de France. Dans quel ordre sont-ils classés ?

1. La Loire, 2. La Seine, 3. La Garonne, 4. Le Rhône, 5. Le Rhin.

....

....

Exercice 6

Pour chaque département, entourez la bonne préfecture. Attention quelques pièges se sont glissés… Soyez vigilants !

A. ***Les Bouches-du-Rhône*** : Aix-en-Provence • Arles • Vitrolles • Marseille • Aubagne.

B. ***Le Gard*** : Carcassonne • Uzès • Nîmes • Alès.

C. ***La Nièvre :*** Clamecy • Nevers • Nolay • Mâcon • Magny-Cours.

D. ***Le Lot :*** Cahors • Lourdes • Figeac • Agen • Floirac.

LE MONT BLANC

Situé dans **le massif du Mont-Blanc**, il est le point culminant de la **chaîne des Alpes**. Avec une altitude de **4810 mètres**, il est le plus haut sommet d'Europe occidentale.

LES MONTAGNES DE FRANCE

Les plus hautes montagnes de France se situent sur les frontières. Elles se rattachent par les **Alpes** au relief de l'Europe centrale, par les **Pyrénées** au relief de la péninsule espagnole. Les moyennes montagnes de France sont situées sur ses frontières (**les Vosges, le Jura**) ou à l'intérieur du pays (**le Massif central**).

Exercice 7

Pour chaque série proposée, trouvez le point commun.

A. Gray • Chalon-sur-Saône • Mâcon • Lyon

....

....

B. Autun • Louhans • Charolles • Chalon-sur-Saône

....

....

C. Et… au-delà de la Bourgogne… entre les pays suivants : la Belgique • le Luxembourg • l'Allemagne • la Suisse • l'Italie • l'Espagne.

*Attention : votre réponse devra obligatoirement comporter le mot « **frontière** ».*

....

....

VOYAGE AUTOUR DU MONDE

Exercice 1

Voici le nom de cinq mers du monde :

A. La mer Égée

B. La mer Méditerranée

C. La mer Baltique

D. La Manche

Quel est leur point commun ?

→ ....

....

Exercice 2

Reliez chaque port à son pays.

1. Lisbonne	•	• A. Australie
2. Rotterdam	•	• B. Portugal
3. Sydney	•	• C. Maroc
4. Tanger	•	• D. Pays-Bas

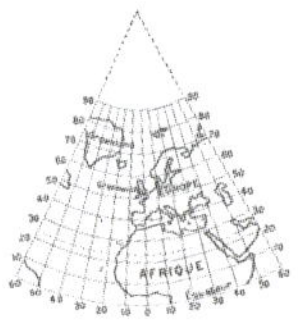

Exercice 3

Barrez les affirmations fausses.

A. Budapest est la capitale de la Roumanie.

B. New York est la capitale des États-Unis.

C. Buenos Aires est la capitale de l'Argentine.

D. Quito est la capitale de l'Équateur.

E. Bucarest est la capitale de la Hongrie.

Exercice 4

Les différents âges de la terre.

Il y en a quatre, nommez-les :

→ ....

→ ....

→ ....

→ ....

UN PEU D'HISTOIRE

C'est en 1543 que **Copernic**, un moine astronome polonais, découvre que c'est le Soleil, et non la Terre, qui est le centre de l'univers.

LE CLIMAT ET LA MÉTÉO

Le **climat** est la distribution statistique des conditions de l'atmosphère dans une région donnée pendant une période donnée. Il se distingue de la météorologie qui désigne l'étude du temps à court terme et dans des zones ponctuelles.

L'étude du climat est la **climatologie**.

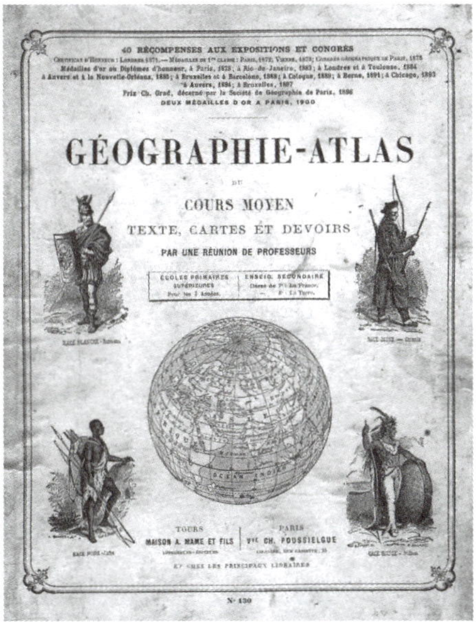

Exercice 5

Faites le bon choix en cochant la bonne réponse.

A. Le foehn souffle-t-il en Afrique ?

☐ *Vrai* ☐ *Faux*

B. Le mistral souffle-t-il en France ?

☐ *Vrai* ☐ *Faux*

C. Le simoun souffle-t-il en Espagne ?

☐ *Vrai* ☐ *Faux*

D. Le sirocco souffle-t-il en Italie ?

☐ *Vrai* ☐ *Faux*

Citation

« L'Orient est l'Orient, l'Occident est l'Occident et, jamais, ces deux mondes ne parviendront à se comprendre. »

Rudyard Kipling

Exercice 6

Quel mot unique ou quelle expression unique peut s'appliquer à chacune des séries suivantes :

A. Piton de la Fournaise, Stromboli, Etna, Vulcano, montagne Pelée.

⟶ ....

B. Mercure, Vénus, Terre, Mars, Jupiter, Saturne, Uranus, Neptune, Pluton.

⟶ ....

C. Polaire, océanique, tempéré, continental, intertropical, tempéré, méditerranéen, désertique.

⟶ ....

D. Précambrien, primaire, secondaire, tertiaire, quaternaire.

⟶ ....

LES COULÉES DE LAVE

Lors des **éruptions volcaniques**, les coulées de lave font en général plus de dégâts matériels que de victimes ; si leur avancée est très rapide, elles sont prévisibles, ce qui laisse aux populations le temps de fuir.

DES CHÂTEAUX ET DES ROIS

Exercice 1

Bienvenue au château ! Cochez la bonne réponse *(attention, plusieurs bonnes réponses sont possibles).*

A. **Quel type d'emplacement choisissait-on pour édifier le château féodal ?**

- ☐ Une plaine fertile
- ☐ Un bois touffu
- ☐ Une colline escarpée
- ☐ Une hauteur
- ☐ Les bords des fleuves ou des rivières

Expliquez les raisons de ce choix :

→ ....

B. **Le château féodal était entouré de :**

- ☐ Murets
- ☐ Hauts murs d'enceinte
- ☐ Mâchicoulis
- ☐ Bois denses
- ☐ Fossés larges et profonds remplis d'eau
- ☐ Haies vives d'épines et de plantes urticantes savamment entretenues

C. **Après avoir franchi le pont-levis, on parvenait dans :**

- ☐ La salle d'armes
- ☐ La salle des gardes
- ☐ L'antichambre du seigneur
- ☐ La cour carrée
- ☐ L'enceinte nobiliaire

D. **Au milieu de la cour carrée, permettant de surveiller l'approche d'éventuels ennemis et d'être à même de repousser promptement leurs assauts, s'élevait :**

- ☐ Le campanile
- ☐ Le donjon
- ☐ L'antichambre du seigneur
- ☐ L'abbatiale

Exercice 2

Vrai ou faux ? Cochez la bonne réponse.

A. Clovis, Clotaire et Dagobert appartiennent à la même dynastie, celle des Mérovingiens.

☐ *Vrai* ☐ *Faux*

B. De 751 à 768, règne Pépin le Bref, puis de 768 à 814 ce sera au tour de Charlemagne, l'empereur à la barbe fleurie

☐ *Vrai* ☐ *Faux*

C. Hugues Capet, Philippe le Bel, Louis le Hutin appartiennent à la dynastie des Carolingiens.

☐ *Vrai* ☐ *Faux*

ARRIVÉE DES CROISÉS DEVANT JÉRUSALEM (1099).

Exercice 3

Reliez à chaque roi son épouse.

1. Louis XI •	• A. Marie-Thérèse
2. Louis XIV •	• B. Marie-Antoinette d'Autriche
3. Pépin le Bref •	• C. Marguerite de Provence
4. Louis XVI •	• D. Clotilde de Burgondie
5. Philippe Auguste •	• E. Berthe au Grand Pied
6. Clovis Ier •	• F. Isabelle de Hainaut

DES 21 QUI MARQUENT L'HISTOIRE

21 septembre 1792 : Proclamation de la République française par la Convention

21 janvier 1793 : Louis XVI est guillotiné

21 octobre 1805 : Défaite navale de Napoléon à Trafalgar, face aux Anglais

FRANÇOIS 1ER

Roi de France de 1515 à 1547, **François Ier** remporte sur les mercenaires suisses défendant le duché de Milan la victoire de Marignan, **le 13 septembre 1515**. Il s'opposera à **Charles Quint**, isolé par l'échec des négociations avec l'Angleterre (*entrevue du Camp du Drap d'or*), il perd le Milanais (*1524*), sera battu à Pavie (*1525*) et fait prisonnier à Madrid en 1526.

Citation

« La France est un pays qui adore changer de gouvernement à condition que ce soit toujours le même. »

Balzac

Exercice 4

Qui sont-ils ? Nommez-les.

A. Fils de Blanche de Castille, je suis né à Poissy en 1214 et mort devant Tunis en 1270. J'étais connu pour ma piété, mon sens de l'équité. On me représente souvent en train de rendre la justice sous un chêne, à Vincennes.

→ ....

B. J'ai d'abord gouverné sous la tutelle de mes oncles, les ducs d'Anjou, de Berry, de Bourgogne, de Bourbon. 1392 : je suis frappé de démence, commence alors la tragique guerre entre les Armagnacs et les Bourguignons.

→ ....

C. Fils de Charles de Valois et de Louise de Savoie, j'ai régné sur la France de 1515 à 1547. À mon nom reste attachée la célèbre victoire de Marignan qui m'ouvrit le Milanais et me permit de faire alliance avec les Suisses.

→ ....

Exercice 1

Retrouvez les détails de leur existence… telle qu'ils l'ont réellement vécue ! Cochez les bonnes réponses.

1. ***Un héros nommé Roland de Roncevaux :***

A. ***Mon oncle était :***

- ☐ Charlemagne
- ☐ Louis le Gros
- ☐ Un inconnu qui n'a laissé aucune trace dans l'histoire
- ☐ Don Quichotte

B. ***Mon meilleur ami se prénommait :***

- ☐ Étienne de la Boétie
- ☐ François Villon
- ☐ Olivier
- ☐ Paul le Preux de Compostelle

C. ***J'étais fiancé à :***

- ☐ Cassandre Salviati
- ☐ Iseut de Bretagne
- ☐ Aude, dite « *la belle Aude au bras blanc* »
- ☐ Iphigénie d'Aulide

D. ***Les ennemis auxquels j'ai opposé une farouche résistance sont :***

- ☐ Les Espagnols
- ☐ Les Étrusques
- ☐ Les Basques
- ☐ Les Sarrasins

ROLAND A RONCEVAUX (778).

2. ***Un certain Charles, dit « le Téméraire »***

A. ***Je suis né à :***

- ☐ Reims
- ☐ Paris
- ☐ Dijon
- ☐ Chalon-sur-Saône

B. ***Je suis né en :***

- ☐ 1312
- ☐ 1400
- ☐ 1433
- ☐ 1479

C. ***J'ai participé à une ligue célèbre contre le roi de France Louis XI. Cette ligue avait pour nom :***

- ☐ La ligue du Bien public
- ☐ La ligue des Compagnons de la Marjolaine
- ☐ La ligue des chevaliers de Saint-Jean-d'Acre
- ☐ La ligue des chevaliers de Bourgogne

D. ***Tout au long de ma vie, je n'ai poursuivi qu'un but :***

- ☐ Améliorer la condition des pauvres du royaume.
- ☐ Faire cesser la corruption des puissants qui détournaient l'argent des taxes et autres impôts.
- ☐ Affaiblir le pouvoir de la papauté.
- ☐ Unifier mes États et assurer une liaison entre les deux parties de l'État bourguignon de Flandre et de Bourgogne.

QUELQUES DATES

732 : Charles Martel repousse une tentative d'invasion des Arabes lors de la bataille de Poitiers.
1534 : Le Français Jacques Cartier découvre le Canada.
14 mai 1610 : Henri IV est assassiné par Ravaillac.
1682 : Installation de la cour de Louis XIV à Versailles.
1860 : Annexion de la Savoie à la France.

LES ROIS FAINÉANTS (670-752).

Exercice 2

Voici des événements qui ont fait date. Reliez-les.

A. Vasco de Gama contourne l'Amérique pour atteindre les Indes........................•	• 1452
B. Mort de Louis XIV.........•	• 1498
C. Prise de la Bastille ....•	• 1515
D. La Bible est le premier livre imprimé par Gutenberg......................•	• 1715
E. François Ier remporte la victoire de Marignan .....•	• 14 juillet 1789
F. Sacre de Napoléon, début de l'Empire............•	• 2 décembre 1804
G. La France se mobilise, début de la Grande Guerre..•	• 2 août 1914

Citation

« Quand il s'agit d'histoire ancienne, on ne peut pas faire d'histoire parce qu'on manque de références ; quand il s'agit d'histoire moderne, on ne peut pas faire d'histoire parce qu'on regorge de références. »

Charles Péguy,
Clio, Dialogue de l'histoire et de l'âme païenne

Exercice 3

Identifiez ces inconnus devenus célèbres.

A. D'origine italienne, j'étais cardinal ; rusé et intelligent, j'ai été le ministre d'Anne d'Autriche, mon nom commence par un M :

⟶ ....

B. Homme d'ordre et de dossiers, travailleur infatigable, j'ai exercé des fonctions prestigieuses : intendant des finances, contrôleur général, surintendant des Bâtiments du roi. J'ai encouragé la création de manufactures d'État (Gobelins, Beauvais, La Savonnerie).
Mon nom commence par un C :

⟶ ....

C. Je suis né à Ajaccio en 1796 et mort à Sainte-Hélène en 1821. À mon nom restent associées la victoire d'Austerlitz (*2 décembre 1805*) et la défaite de Waterloo (*18 juin 1815*).
Tantôt on me désigne par mon prénom, tantôt par mon nom, c'est selon :

⟶ ....

Exercice 1

Complétez la définition suivante avec les mots de la liste : charpente • vertébrés • l'homme • corps • os.

Squelette : Ensemble des.................... constituant la .... du .... de .... et des ....

Exercice 2

Reliez chaque mot à sa définition.

Entorse •	• Un os se brise.
Fracture •	• Un os se déboîte de son articulation.
Luxation •	• Les ligaments se distendent ou se déchirent.

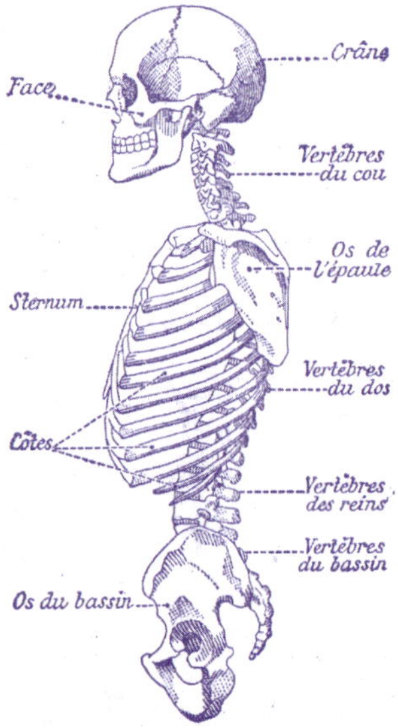

Fig. 5. — Les os de la tête et du tronc.

Exercice 3

Pour chaque proposition, cochez la bonne réponse.

A. Comment nomme-t-on la partie transparente de l'œil ?

- ☐ L'iris
- ☐ L'albumen
- ☐ La cornée

B. ***Comment nomme-t-on le muscle circulaire, percé en son centre d'un orifice, diversement coloré, situé derrière la cornée et dont la contraction ou la dilatation règle la quantité de lumière entrant dans l'œil?***

- ☐ Le cristal
- ☐ L'iris
- ☐ L'orbite

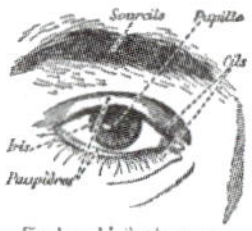

Fig. 1. — L'œil et les organes qui le protègent.

C. ***À l'âge adulte, combien de dents définitives l'homme a-t-il ?***

- ☐ De 20 à 24
- ☐ De 24 à 26
- ☐ De 26 à 30
- ☐ De 28 à 32
- ☐ De 33 à 34

D. ***Comment ces dents sont-elles disposées ?***

- ☐ De façon symétrique
- ☐ Sur les 4 hémi-arcades des maxillaires supérieur et inférieur

E. ***Citez cinq noms de dents :***

→ ....

→ ....

→ ....

→ ....

→ ....

DÉFINITIONS

Le sang humain

Dans le corps humain, le sang représente environ 10 % du poids total du corps. Il est constitué de plasma, de globules rouges et de globules blancs, de plaquettes sanguines. Ce sont les globules blancs ou leucocytes incolores qui participent à la défense de l'organisme.

L'ADN

L'ADN, acide désoxyribonucléique, est la molécule de l'hérédité. Sous forme codées, l'ADN contient toutes les informations relatives à la vie d'un organisme vivant. Entre autres compétences, l'ADN fabrique les protéines dont l'organisme a besoin.

Exercice 4

Dans cet étrange étal de poissonnier, il y a des poissons d'eau douce et des poissons d'eau de mer. Sortez de l'étal les poissons d'eau douce, en barrant les poissons d'eau de mer :

Ablette • anguille • sole • omble chevalier • truite • bar • maquereau • brochet • sardine • gardon • carpe • thon • daurade.

Exercice 5

A. ***Citez cinq oiseaux qui volent.***

→ ....

→ ....

→ ....

→ ....

→ ....

B. ***Quelle est la particularité des oiseaux suivants ?***

autruche • casoar • émeu • manchot • kiwi • dodo

→ ....

....

Citation

« À laver la tête d'un âne,
on perd son eau et son savon. »

Dicton de la sagesse des nations.

Exercice 6

Cet entrefilet concernant le cheval est-il exact ou comporte-t-il des erreurs ? Lisez-le avec attention de manière à procéder à d'éventuelles corrections :

« Il faut en moyenne plus de 3 m^3 d'air au cheval pour qu'il respire un air pur et vive dans des conditions de confort satisfaisantes. Le cheval est herbivore et granivore. Au nombre de races de chevaux français, on peut citer : l'ardennais, le boulonnais, le pré-salé, le breton, le landais, le percheron. »

→ ....

....

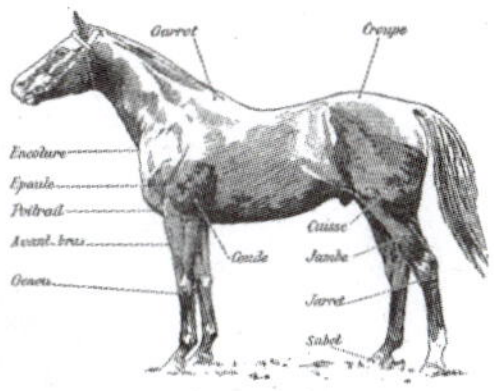

Fig. 1. — Le cheval.

Exercice 7

Répondez par vrai ou faux à chacune de ces affirmations.

A. ***Les oiseaux appartiennent à la classe des vertébrés.***

☐ Vrai ☐ Faux

B. ***Les oiseaux ont une circulation à sang chaud et une température constante.***

☐ Vrai ☐ Faux

C. ***Chez les oiseaux la reproduction est ovipare.***

☐ Vrai ☐ Faux

LES VÉGÉTAUX, LES CORPS ET LES MATIÈRES OUVRÉES

Exercice 1

Cochez la bonne réponse. Pour une seule affirmation, plusieurs bonnes réponses peuvent vous être proposées.

Faites séjourner plusieurs heures dans l'eau une graine de haricot.

A. ***Vous en détachez une enveloppe. Comment s'appelle-t-elle ?***

- ☐ Le flegmon
- ☐ Le phlegmon
- ☐ Le tégument
- ☐ Le filament

B. ***Comment se nomment les deux masses identiques rattachées l'une à l'autre par un petit organe qui fait saillie sur le bord concave ?***

- ☐ Les cotylédons
- ☐ Les paradigmes
- ☐ Les spirulines
- ☐ Les horions

C. ***Comment appelle-t-on la période pendant laquelle la plante est en sommeil ?***

- ☐ L'hibernation
- ☐ L'hivernage
- ☐ La période de vie ralentie
- ☐ L'endormissement

D. ***Quelle période vient ensuite ?***

- ☐ L'éveil
- ☐ La germination
- ☐ La maturation
- ☐ Le réveil du germe

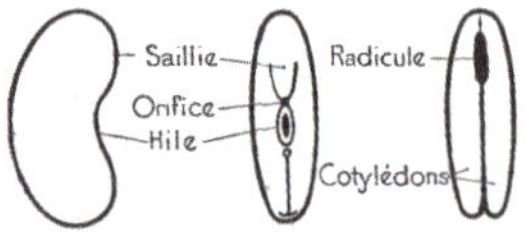

Exercice 2

A. ***Citez cinq feuillus.***

→ ....

→ ....

→ ....

→ ....

→ ....

B. ***Il y a les espèces dites résistantes et les arbres à feuilles caduques. Quelle est la particularité des arbres à feuilles caduques ?***

→ ....

....

C. ***Citez cinq résineux.***

→ ....

→ ....

→ ....

→ ....

→ ....

Exercice 3

Ce petit texte concernant l'ardoise est-il exact ou comporte-t-il des erreurs ? Lisez-le avec attention de manière à procéder à d'éventuelles corrections.

L'ardoise est une pierre dure et feuilletée, inaltérable à l'air, perméable à l'humidité, noire ou gris bleuâtre. Elle sert à la couverture des maisons et les écoliers en connaissaient un autre usage, l'ardoise étant en quelque sorte l'ancêtre du cahier de brouillon, ensuite nommé cahier d'essai.

→ ....

....

....

....

Exercice 4

Complétez le texte avec les mots de la liste. Mais attention ! Il y a dans cette liste davantage de mots et d'expressions que ceux que vous aurez à utiliser ! Il convient donc dans un premier temps que vous procédiez à une élimination des intrus !

ver • calosome • chenille • sparterie • moustique • punaise des bois • magnanerie • mite • larve • bombyx du mûrier • matière filamenteuse • plasma • papillon.

Le............................à soie est la.......................

d'un .... nommé..........................

Le fil à soie provient de la..................................

secrétée par le ver à soie.

Le local dans lequel se pratique l'élevage des vers à soie est la..

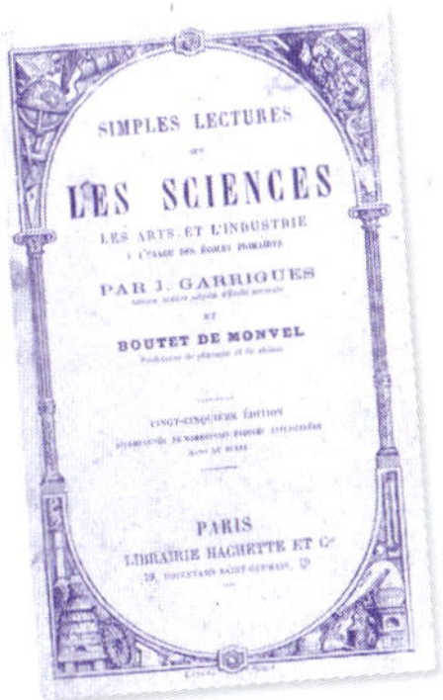

DE L'HÉRÉDITÉ

Le moine catholique du monastère de Brno (*Moravie*) **Gregor Mendel** (*1822-1844*) est un botaniste germanophone ; il est considéré comme le père fondateur de la génétique. Il est à l'origine des fameuses « **lois de Mendel** » qui définissentla manière dont les lois se transmettent de génération en génération.

Citation

« J'avais toujours cru que l'apiculture était l'art de cultiver les pommes d'api, de même que l'horticulture enseigne le moyen de faire pousser les orties. Contradiction de l'étymologie ! »

Alphonse Allais

I II III

Fig. 2. — Les abeilles.
I : ouvrière; — II : faux bourdon; — III : reine.

Exercice 5

Trouvez les réponses aux questions.

A. De quoi le miel est-il le résultat ?

→ ....

....

B. Quand récolte-t-on le miel ?

→ ....

....

C. À quoi sert le miel ?

→ ....

....

D. Des pratiques interdites consistent à ajouter au miel pur du sable, de la craie, du plâtre, de la terre de pipe, de la chapelure, de la pulpe de châtaigne. Quel est l'intérêt ?

→ ....

....

L'ENSEIGNEMENT MÉNAGER

Le double objectif de **l'enseignement ménager** était d'apprendre aux jeunes élèves à être les auxiliaires de leur mère, soit en l'aidant dans les travaux de la maison, soit en la remplaçant pendant son absence. À terme il s'agissait également pour elles de devenir, pour leur propre compte, d'excellentes ménagères, de parfaites femmes au foyer.

Il s'agit d'être **polyvalentes** et d'acquérir des notions de base, en ce qui concerne la nourriture et la gestion des repas, le ménage et l'entretien de la maison (*voire de ses dépendances et du jardin, dans une France encore largement rurale*), sans oublier un poste important qui concerne tout ce qui a trait au textile, que ce soit les vêtements ou le linge de maison.

Exercice 1

La première leçon de l'enseignement ménager précise aux jeunes élèves tout ce que cette discipline va leur apprendre. Des verbes rythment les principales actions de ces futures diligentes fées du logis… liste non exhaustive ! Complétez-les !

A. Cui……………………………………

B. Les…………………………………… les sols.

C. Dés…………………………………… les sanitaires.

D. Ci…………………………………… les meubles.

E. Ast…………………………………… les parquets.

F. E…………………………………… une maison.

G. T……………………………………, r……………………
les vêtements simples de la maisonnée.

H. C…………………………………… le linge de maisonet les vêtements de la famille.

Exercice 2

Une bonne ménagère doit également connaître les règles de l'hygiène. Complétez ses deux vertus principales.

A. L'art de ………………… et………………… la santé.

B. L'art de prévenir les …………………………………… .

EAU DE JAVEL

Claude-Louis Berthollet (1748-1822), chimiste savoyard et médecin du duc d'Orléans, ayant constaté que le blanchiment du linge sur les prés était lié à l'action de l'oxygène de l'air chercha à reproduire artificiellement ce phénomène naturel. Il y parvint dans le village de Javel (*désormais quartier de Paris*) grâce à la solution chlorée qui sera nommée « *eau de Javel* ».

Exercice 3

Répondez à ces questions du certificat d'études.

A. Il est bon d'avoir chez soi une balance pour deux raisons ; lesquelles ?

→ ....

....

B. À quoi reconnaît-on un œuf frais ?

→ ....

....

LAVOISIER

Philosophe, économiste, agronome, Lavoisier est surtout passé à la postérité parce qu'il est considéré comme le père de la chimie moderne. Devenu fermier général, considéré à l'égal de ses vingt-sept pairs comme un traître par les révolutionnaires sous la Terreur, il est guillotiné le 8 mai 1794. Il a cinquante ans.

Citation

« La plus utile et honorable science et occupation à une femme, c'est la science du ménage. »

Michel de Montaigne, *De la vanité, Essais*

Exercice 4

Faites correspondre la liste des exercices avec celle des leçons.

A. ***Tremper deux morceaux d'étoffe dans du blanc d'œuf ; placer l'un dans l'eau bouillante, l'albumine se coagule et se fixe ; placer l'autre dans de l'eau froide, l'albumine se dissout et disparaît.***

B. ***Faire une dissolution de sulfate de cuivre.***

C. ***Préparer une conserve d'oseille, de haricots verts ou de cornichons.***

D. ***Préparer un roux brun.***

E. ***Faire caraméliser un morceau de sucre.***

F. ***Faire bouillir un oignon, en faire cuire un autre dans du beurre ; comparer les saveurs acquises.***

G. ***Pourquoi prenons-nous des aliments ?***

H. ***Comparer une poule âgée et un poulet.***

- 1. Objet et nécessité de l'alimentation ; le rôle des aliments, les viandes blanches et les volailles.
- 2. Les principales maladies infectieuses et contagieuses ; l'antisepsie.
- 3. Leçon de propreté : l'entretien du linge.
- 4. Le rôle de l'alimentation dans la santé.
- 5. La valeur alimentaire des légumes : leur conservation.
- 6. La cuisine : l'art des sauces.
- 7. La cuisine : l'art des desserts.
- 8. La cuisine : comment réussir un ragoût.

A. ...., B. ...., C. ...., D. ....,
E. ...., F. ...., G. ...., H. ....

L'ENSEIGNEMENT AGRICOLE

Exercice 1

Cochez la bonne réponse.

A. ***Quel est le nom d'un insecte à métamorphose complète, pourvu de pièces buccales broyeuses et d'ailes postérieures pliantes protégées au repos par une paire d'élytres cornées ?***

- ☐ Un coléoptère
- ☐ Un lépidoptère
- ☐ Un mégaloptère

B. ***Hanneton, charançon et vrillette…***

- ☐ Sont très utiles pour les cultures.
- ☐ Sont nuisibles pour les cultures.
- ☐ N'ont aucun impact sur les cultures.

C. ***La coccinelle est…***

- ☐ Un insecte qui se nourrit de pucerons.
- ☐ Appelée communément « *la bête à bon Dieu* ».
- ☐ Un coléoptère utile aux cultures.

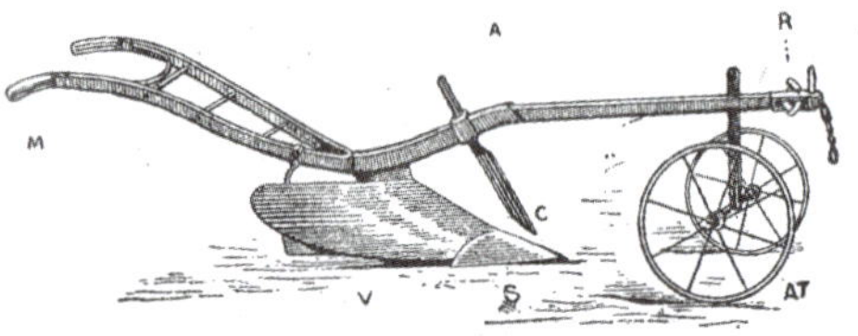

Une charrue.
A, âge ; C, coutre ; S, soc ; V, versoir ; M, mancherons ; AT, avant-train ; R, régulateur.

Exercice 2

Un seul de ces quatre arbres permet d'obtenir du caoutchouc. Barrez les trois autres.

A. Le baobab

B. Le seringa

C. L'hévéa

D. Le séquoia

Exercice 3

Indiquez vrai ou faux après chacune des affirmations suivantes.

A. ***Ameublir le sol, c'est :***

1. Y ajouter du sable.
☐ Vrai ☐ Faux

2. Le remuer dans tous les sens.
☐ Vrai ☐ Faux

3. L'arroser le plus fréquemment possible.
☐ Vrai ☐ Faux

4. L'enrichir avec des engrais marins.
☐ Vrai ☐ Faux

B. ***On ameublit le sol pour :***

1. Le rendre plus productif.
☐ Vrai ☐ Faux

2. Casser les mottes de terre.
☐ Vrai ☐ Faux

3. Faire absorber par la terre un maximum d'eaux pluviales.
☐ Vrai ☐ Faux

4. Favoriser le développement des racines de ce qui sera planté ultérieurement.
☐ Vrai ☐ Faux

Exercice 4

Quel point commun y a-t-il entre les instruments agricoles suivants ?

la charrue • la houe à cheval • la bêche • la herse

→ ……………………………………………………………

……………………………………………………………

……………………………………………………………

Exercice 5

Complétez le texte suivant en inscrivant les mots manquants dans les pointillés.

Les céréales sont des .... dont la .... renfermée dans des ...., nous fournit de la .... Les principales céréales cultivées dans le nord de la France sont au nombre de quatre : le ...., le ...., l'...................... et l'...................... Les céréales exigent ordinairement une terre riche en .... et bien .... Le blé demande un sol ....ni trop .... ni trop .... Le seigle vient bien dans les terrains .... et peu .... L'orge pousse dans ....

DÉFINITIONS

L'aubier et le duramen
L'aubier (du latin *albus*, qui signifie blanc) est la partie tendre et blanchâtre qui se forme chaque année entre le bois dur et l'écorce d'un arbre et où circule la sève. Le duramen (du latin *durus*, qui signifie dur) est la partie la plus ancienne, tout à fait lignifiée d'un tronc d'arbre. Généralement plus foncé que l'aubier, le duramen est le bois parfait.

La couleuvre
La couleuvre est un serpent généralement non venimeux dont les nombreuses espèces sont répandues dans le monde entier. La plupart des espèces sont plutôt diurnes. On nomme le petit de la couleuvre « **couleuvreau** ».

Citation

« Labourage et pâturage sont les deux mamelles de la France. »
Sully

LES INSECTES

Le corps des insectes est segmenté en trois parties principales : tête, thorax, abdomen. Ils ont trois paires de pattes articulées, des yeux composés et une paire d'antennes.

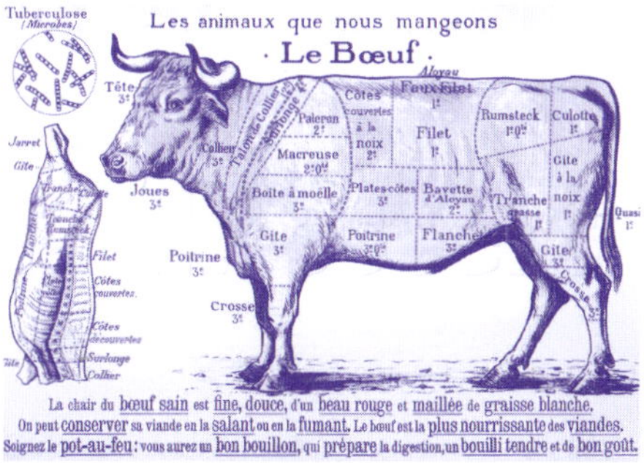

Exercice 6

A. ***Citez deux races de vaches élevées pour la boucherie.***

→ ....

→ ....

B. ***Quelles races de moutons élève-t-on pour leur laine ?***

→ ....

→ ....

→ ....

C. ***Quelles sont les meilleures races de porc ?***

→ ....

→ ....

→ ....

QUIZ POUR LES LAURÉATS DU CERTIFICAT D'ÉTUDES

Exercice 1

Cochez la bonne réponse.

Un jéroboam est l'équivalent de :

- ☐ 2 bouteilles
- ☐ 3 bouteilles
- ☐ 4 bouteilles
- ☐ 5 bouteilles

Exercice 2

Ajoutez la même lettre à ces trois mots et vous en découvrirez trois autres.

A. Pise ⟶ ....

B. Lire ⟶ ....

C. Suie ⟶ ....

Exercice 3

Changez une lettre à ces trois mots et vous en découvrirez trois autres.

A. Longue ⟶ ....

B. Liane ⟶ ....

C. Liste ⟶ ....

Exercice 4

Quelle est la suite logique ?

6 • 9 • 15 • 27 • 51 ⟶ ....

Exercice 5

Quel prénom vient logiquement à la suite de ceux-ci ?

A. François

B. Annie

C. Paul

D. Martine

E. Christian

F. Jeanne

G. Marcel

Est-ce que ce sera : ☐ Agnès ou ☐ Romain ?

L'HIPPOCAMPE

Le poisson le plus lent qui soit est un **hippocampe** ; il y a quelques espèces d'hippocampes, l'hippocampe nain ou hippocampe des gorgones est le plus petit d'entre eux ; il est rare que sa vitesse la plus élevée atteigne plus de 0,0015 km/h.

Exercice 6

Amateurs, à vos collections ! Voici une liste de noms de collectionneurs classés dans l'ordre alphabétique. Tout ceci est bel et beau.

Mais que collectionnent donc tous ces gens ?

A. Capillabélophile ⟶ ....

B. Canivettiste ⟶ ....

C. Notaphile ⟶ ....

D. Sidérophile ⟶ ....

E. Vexillologiste ⟶ ....

F. Vitolphiliste ⟶ ....

Exercice 7

Traquez les erreurs quand il y en a et corrigez-les :

A. Des personnes âgées et par trop crédules ont été les malheureuses victimes d'aiglefins sans scrupules. Quelle honte !

→ ....

....

....

B. Il est manifeste que dans cette lamentable affaire, nous sommes en présence d'un meurtre prémédité.

→ ....

....

C. Durant toute la conférence les auditeurs ont été extrêmement attentionnés.

→ ....

....

D. Le médecin de famille de mon oncle, se déclarant incompétent face à de tels symptômes,
a immédiatement adressé son client à un collègue.

→ ....

....

....

E. Cette personne fait l'unanimité partout où elle passe. Non seulement elle est brillante, mais encore elle est excessivement gentille.

→ ....

....

....

LE PROFESSEUR COMMENÇAIT A RELEVER LES COPIES.

JEU DES COMBLES

Le jeu dit le « **jeu des combles** » a fait fureur à la fin du XIXe siècle.
Dans les réunions de famille et même dans les réunions mondaines les plus huppées, on ne manquait jamais de sacrifier au rite du jeu des combles.
Alphonse Allais s'emparant brillamment du jeu en question donna quelques combles célèbres.

Quel est le comble de l'inattention ?
Se perdre dans la foule et aller chez le commissaire de police donner son signalement.

Quel est le comble du cynisme ?
Assassiner nuitamment un boutiquier et coller sur la devanture : « *fermé pour cause de décès* ».

Quel est le comble du snobisme ?
Ne pas sortir de chez soi et sonner sur son piano toutes les heures et toutes les demies pour faire croire aux voisins qu'on a une pendule.

PETITE RÉCRÉATION DE GÉOGRAPHIE, HISTOIRE & LEÇONS DE CHOSES

Exercice 1

Faits historiques sanglants

A. Dimanche 28 juin 1914 : l'archiduc François Ferdinand et son épouse sont à Sarajevo, capitale de la Bosnie qui vient d'être annexée par l'Autriche. ***Que se passe-t-il ?***

→...

....

....

B. Marseille, 9 octobre 1934 : le roi Alexandre de Yougoslavie et le ministre des affaires étrangères Barthou remontent la Canebière sous les ovations de la foule dans une Delage noire.
Mais la liesse populaire prend subitement fin et la foule est glacée d'effroi. ***Pourquoi ?***

→...

....

....

Paroles d'histoire

Georges Clemenceau (1841-1829), alias « **le père la victoire** », est connu pour ses formules à l'emporte-pièce qui ne manquent d'humour.
En voici un petit échantillon :
« *On ne ment jamais autant qu'avant les élections, pendant la guerre et après la chasse.* »
« *La France est un pays extrêmement fertile : on y plante des fonctionnaires et il pousse des impôts.* »

Exercice 2

Reliez les îles et les communes de France d'où vous prendrez le bateau pour les rejoindre.

1. Îles de Chausey •	• A. Marseille
2. Ratonneau •	• B. Bandol
3. Bendor •	• C. Granville
4. Îles des Glénans •	• D. Concarneau

Exercice 3

A. ***Trouvez les noms de départements auxquels les numéros suivants correspondent.***

15 • 24 • 30 • 40

→...

→...

→...

→...

B. ***Trouvez les numéros qui sont attribués aux départements suivants.***

- Le Loiret : ....
- La Haute-Marne : ....
- La Moselle :...
- La Somme :..
- L'Yonne :...

Exercice 4

À chacun son chien : tracez des flèches !

1. Mickey •	• A. Rantanplan
2. Lucky Luke •	• B. Milou
3. Tintin •	• C. Idéfix
4. Obélix •	• D. Pluto

ÉPREUVE COMPLÈTE DU CERTIFICAT D'ÉTUDES

RÉPUBLIQUE FRANÇAISE

INSTRUCTION PUBLIQUE

DÉPARTEMENT DE LA NIÈVRE

CERTIFICAT D'ÉTUDES PRIMAIRES

L'Inspecteur d'Académie du département de la Nièvre,

Vu les lois des 28 mars 1882 et 11 janvier 1910 ;

Vu le décret du 18 janvier 1887 et l'arrêté du 1er février 1924 portant modification à l'arrêté du 18 janvier 1887 ;

Vu le procès-verbal de l'examen subi par Mlle Pastout dans les conditions déterminées par l'arrêté susvisé ;

Vu le Certificat en date du 16 juin 1934, par lequel la Commission cantonale de Pouilly-sur-Loire siégeant pour la session de 1934, atteste que Mlle Pastout Lucette Berthe élève de l'école privée de Saint-Andelain née le 23 mars 1921 à La Charité-sur-Loire département de la Nièvre, a été jugée digne d'obtenir le Certificat d'Études primaires,

Délivre à Mlle Pastout Lucette Berthe le présent Certificat d'Études primaires pour servir et valoir ce que de droit.

Signature du Titulaire : Lucette Pastout

À Nevers, le 15 juillet 1934.

L'Inspecteur d'Académie.

ACADÉMIE DE DIJON – NEVERS – INSPECTION de la NIÈVRE

(1) Nom et prénoms.
(2) Nature de l'école.

ÉPREUVE COMPLÈTE DU CERTIFICAT D'ÉTUDES

Voici une épreuve complète du certificat d'études. Elle date de 1950 et a été donnée dans le département d'Ille-et-Vilaine. Le corrigé date également de la même époque.

I. Rédaction

La maman vient de faire la toilette du petit frère. Comme il est beau ! Il s'amuse bien sagement dans la cour ; mais des flaques d'eau le tentent... Décrivez la scène et terminez à votre fantaisie.

II. Dictée

Le printemps

Là-bas, dans la plaine où les blés et les seigles verdissent, des voix aériennes et mélodieuses confirment la bonne nouvelle. C'est le chœur matinal des alouettes. Dès l'aube la première éveillée a pris son essor et, montant en droite ligne si haut qu'elle a pu monter comme le matelot à la vigie du grand mât, elle annonce à tout son peuple que voici le temps des nids, puis elle se laisse tomber ainsi qu'un fil à plomb dans le sillon herbeux. Une seconde alouette s'élance, puis une troisième, puis vingt autres ; c'est à peine si on les voit là-haut dans le pourpre doré du soleil levant.

A. Theuriet

Questions et explications

A. ***Expliquez : « des voix aériennes et mélodieuses » ; « le chœur matinal des alouettes ».***

B. ***Relevez quelques expressions qui montrent que le printemps est revenu.***

C. ***Nature et fonction des propositions de la première phrase.***

III. Arithmétique

A. *Questions*

1. ***Calculez à un centième près le quotient 42,51 : 0,614.***

2. ***Quel est, à raison de 3 500 francs l'hectare, le prix d'un terrain de 2 940 m^2 ?***

3. ***Combien pourra-t-on acheter de cahiers à 1, 65 franc l'un avec 36 francs ?***

4. ***Un champ qui a la forme d'un parallélogramme a 28,80 a de surface. Sa hauteur mesure 45 m. Calculez sa base.***

5. ***Sur une facture de 2 375 francs, on me fait une remise de 4,50 %. Combien dois-je payer ?***

B. **Problème**

Un réservoir de base rectangulaire mesure 4 m de large, 5,75 m de long et 0,75 m de profondeur. Combien faut-il de temps à une motopompe qui débite 15 m^3 à l'heure pour le vider quand il est plein ? À 16,10 francs le bidon de 5 l, quelle sera la dépense si cette pompe consomme 12 l d'essence par heure de marche ?

IV. Interrogation écrite

A. Sciences

1. *Application de la dilatation des corps.*

2. *Dites en quelques lignes les caractéristiques de la dentition du chat.*

3. Croquis de la trachée-artère, des bronches et des poumons *(l'un des poumons vu extérieurement, l'autre en coupe)*

B. Histoire et géographie

1. *Que vous rappellent les dates 1685 ; 1783 ; 1815 ?*

2. *Ressources agricoles de Madagascar.*

3. Croquis de la ligne Paris-Calais. Placez deux autres villes.

V. Lecture courante

A. *Texte en prose*

Le pont du Gard

On m'avait dit d'aller voir le pont du Gard : je n'y manquai pas, c'était le premier ouvrage des Romains que j'eusse vu. Je m'attendais à voir un ouvrage digne des mains qui l'avaient construit. Pour le coup, l'objet passa mon attente, et ce fut la seule fois en ma vie. Il n'appartenait qu'aux Romains de produire cet effet. L'aspect de ce simple et noble ouvrage me frappa d'autant plus qu'il est au milieu d'un désert, où le silence et la solitude rendent l'objet plus frappant et l'admiration plus vive ; car ce prétendu pont n'était qu'un aqueduc.

Jean-Jacques Rousseau

Questions sur l'intelligence du texte

1. ***Quel sentiment Rousseau éprouve-t-il à l'égard des Romains ?***

....

....

....

....

....

....

....

....

2. ***Comment réagit-il en découvrant le pont du Gard ?***

....

....

....

....

....

....

....

....

B. *Texte en vers*

Dormeuse

Mais je veux qu'il dorme
Et qu'il se conforme
Au silence des oiseaux
Dans leurs maisons de roseaux !

Car si l'enfant pleure,
On entendra l'heure
Tinter partout qu'un enfant
A fait ce que Dieu défend !

L'écho de la rue
Au bruit accourue
Quand l'heure aura soupiré
Dira : « l'enfant a pleuré ! »

Et sa tendre mère,
Dans sa nuit amère,
Pour son ingrat nourrisson
Ne saura plus de chanson.

Marceline Desbordes-Valmore
(1787-1859)

Question sur l'intelligence du texte

Justifier le titre de ce morceau et citer un mot qui a un sens très voisin.

....

....

....

....

....

....

....

....

VI. Dessin

A. ***Dessiner deux dictionnaires l'un sur l'autre.***

VII. Couture

A.***10 cm de couture anglaise*** *(2 points ½)*

B. ***Faufiler un ourlet de 2 cm*** *(1 point)*

C. ***Sur le bord faire une bride en l'air*** *(1 point ½)*

QUELQUES MODÈLES D'ÉCRITURE

L'ANGLAISE

a b c d e f g h i j k l m n o p q r s t u v w x y z

1 2 3 4 5 6 7 8 9. A B C D E

F G H I J K L M N O P

Q R S T U V W X Y Z

LA BATARDE

abcdefghijklmnopqrstuvwxyz

Rhum 1, 2, 3, 4, 5, 6, 7, 8, 9, 0, Negrita

ABCDEFGHIJKLMN

OPQRSTUVWXYZ

LA RONDE

abcdefghijklmnopqrstuvwxyz. abc

123456789. ABCDEFGHIJ

KLMNOPQRSTUVW

XYZ. Rhum Negrita Negrita

LE BREVET

GRACE AUX POINTS
IMA
vous obtiendrez de merveilleuses images...
2 POINTS IMA
3 POINTS IMA
1 POINT IMA
CAHIER DE
appartenant à

Dictées

Album Chocolats
PETER, CAILLER, KOHLER, NESTLÉ
CHIENS ET CHATS
Série VII bis
Nº12
BON-POINT
NESTLÉ

Dictée : internes en 1901

Avant de vous lancer dans cette première dictée qui a fait les belles heures du BEPC, commencez par une petite révision et faites les exercices d'orthographe qui vous sont proposés.
Vous éviterez peut-être de commettre des fautes dans cette dictée comme dans les suivantes.

Exercice 1

Histoire de cour

De quelle cour s'agit-il ? Choisissez la bonne orthographe à chaque fois en vous aidant du contexte et inscrivez dans les pointillés cour, courre, cours, court ou courent.

À vous de jouer !

1. Victoria .... aussi vite qu'elle peut mais elle arrivera en retard à son .... de piano.

2. Guillaume dispute une partie de tennis acharnée sur le .... de tennis avec Bérénice.

3. Amaury .... dans la forêt.

4. Emeric participe à une chasse à .... en Sologne.

5. Quitte-moi cette horreur de pantalon trop .... et .... enfiler un short !

6. Isabelle et Muriel .... à perdre haleine dans la .... de récréation.

Exercice 2

On ou ont ?

Vous ne confondez pas « on » qui désigne les gens en général et qui est un pronom personnel indéfini et « ont » qui est le verbe avoir conjugué à la troisième personne du présent de l'indicatif.
Exemples : On aime skier surtout quand il fait beau. Isabelle et Albine ont skié tout l'hiver à Valloire. Elles ont été enchantées.
Astuce : quand vous avez un doute, remplacez « on » par « les gens » et « ont » par « avaient ».

1. Ils .... des chapeaux ronds, dit- ...., non sans malice.

2. Elles .... voyagé en avion jusqu'à Berlin.

3. .... annonce du verglas. Les automobilistes .... intérêt à être prudents.

4. .... dit que tout le monde a sept sosies.

Exercice 3

L'adjectif qualificatif

Ce mot simple ou composé fournit une précision au nom qu'il caractérise en lui offrant une qualité particulière. Exemples : Cet instituteur est aussi patient qu'il est agréable ; cette poupée est jolie, ses vêtements blancs sont très élégants.
L'adjectif s'accorde en genre (féminin/masculin)

et en nombre (singulier/pluriel) avec le nom auquel il se rapporte.

Accordez les adjectifs **frais, appétissant et délicieux** dans les phrases suivantes :

1. Ce poisson est ...., ... et ....

2. Cette salade est ...., ... et ....

3. Ces denrées sont ...., ... et ....

Exercice 4

« c » et « ç »

Observez : glace, glaçon, gerçure, garçon, fiançailles, aperçu.

1. Retrouvez la règle en la complétant : La cédille se place sous le c avec les voyelles ..., ..., ..., ... quand on veut conserver le son [...].

Remplacez les points par c ou ç :

2. Le ma...on a repeint la fa...ade en grima...ant : il a des ger...ures.

3. Frédéric ré...ite sa ré...itation à la perfection.

4. La fonte des gla...iers inquiète ce nivologue.

5. Les fian...ailles de l'an...ien for...at ne passent pas inaper...ues ni à Montlu...on ni à Besan...on.

Exercice 5

Mille

Mille est toujours invariable. Mais millier qui est un nom prend un s.

1. .... sabords ! s'exclame le capitaine.

2. Des .... d'oiseaux chantent dans la forêt.

Rappel : dans les dates il n'y a jamais d'accord. Exemple : l'an mille-neuf-cent-un

Dictée

Le matin, de très bonne heure, nous descendions dans la cour, et l'on nous accordait une courte récréation avant de rentrer en étude. C'était une petite cour pavée, entourée de murs. A cette heure, le soleil n'y donnait pas encore. Nous étions plongés dans une ombre glacée. Mais sur le toit voisin, nous apercevions, en levant la tête, les fils du télégraphe bleuis, dorés, rougis par le soleil levant et qui tremblaient sous le chant de mille petits oiseaux.

Personne ne criait ni ne jouait. Certains se promenaient de long en large sous le préau ; les autres s'entassaient auprès d'un portail condamné, dans une sorte de trou formé par une brusque descente qui mettait la cour de niveau avec la rue voisine. On s'asseyait, les jambes pendantes, sur les parapets de ce trou, sur les crochets de fer qui condamnaient le portail. On ne voyait pas dans la rue, mais parfois, contre les battants, tout près de soi, on entendait le pas de quelqu'un qui s'éloignait.

D'après Alain-Fournier, *Miracles* (1886-1914)

Dictée : le paon

Révision

Révisez quelques points d'orthographe avant de vous lancer dans la dictée.

Le paon et ses collègues

Inscrivez deux autres noms dans lesquels le son « AN » est transcrit par « AON ».

1. Le petit de la biche : ....

2. Grosse mouche piqueuse : ....

Exercice 1

Prêt ou près ?

Vous ne confondez pas « prêt » adjectif qualificatif avec « près » ou « près de » préposition ou locution prépositive ; le premier prend un accent circonflexe, le second un accent grave.
Astuce : quand vous avez un doute, optez pour le féminin, si vous pouvez écrire « prête » et que la phrase conserve son sens, « prêt » est la bonne orthographe.
Exemple : Bernard a dit qu'il serait prêt à l'heure et qu'il nous attendrait près du mur du château.

1. L'avion est .... à décoller et les passagers déjà .... à s'endormir.

2. .... de l'aéroport les boutiques sont luxueuses et les acheteurs .... à commettre des folies.

3. Les garçons sont .... de la tente.

4. Quand l'accord de la banque sera officiel, ils seront .... à négocier l'achat de ce pré tout .... de la forêt.

Exercice 2

Des verbes et des noms

Remplissez le tableau suivant en écrivant la 3e personne du singulier du présent de l'indicatif puis le nom commun de la même famille que le verbe.

Infinitif	Verbe conjugué	Nom
1. Travailler		
2. Détailler		
3. Emailler		
4. Batailler		

Exercice 3

« é » ou « er » ?

Vous ne confondez pas l'infinitif en – er et le participe passé épithète en – é. Astuce : quand vous avez un doute, remplacez le verbe à orthographier par un verbe du troisième groupe comme mordre ou vendre. Exemples : Amaury est consolé ; maintenant il va consoler son petit frère.

Complétez les terminaisons :

1. Pierre a achet...... des bonbons ; il va toujours les achet...... au marché.
2. L'oiseau est perch...... sur le sommet du sapin.
3. Nous allons jou...... au petit bac.
4. Le facteur est pass......, il m'a apport...... un colis de livres.

Exercice 4

Orthographe et culture générale

Qui a écrit :

« *Car vois-tu je t'aime*
Aujourd'hui plus qu'hier
Et bien moins que demain. »

1. Rosemonde Gérard, auteur et l'épouse d'Edmond Rostand.
2. Marcelline Desbordes-Valmore, poète et romancière du XIXe siècle.
3. Martial Pouldreuzic, inventif bijoutier de Trégunc (Finistère) qui a fait graver des médailles avec ce tercet, médailles qui connurent un colossal succès.

Dictée

Il va sûrement se marier aujourd'hui. Ce devait être pour hier. En habit de gala, il était prêt. Il n'attendait que sa fiancée. Elle n'est pas venue.

Elle ne peut tarder. Glorieux, il se promène avec une allure de prince indien et porte sur lui les riches présents d'usage. L'amour avive l'éclat de ses couleurs et son aigrette tremble comme une lyre. La fiancée n'arrive pas.

Il monte au haut du toit et regarde du côté du soleil. Il jette son cri diabolique : Léon ! Léon ! C'est ainsi qu'il appelle sa fiancée. Il ne voit rien venir et personne ne répond. Les volailles habituées ne lèvent même point la tête. Elles sont lasses de l'admirer. Il redescend dans la cour, si sûr d'être beau qu'il est incapable de rancune.

Son mariage sera pour demain. Et, ne sachant que faire du reste de la journée, il se dirige vers le perron. Il gravit les marches, comme des marches de temple, d'un pas officiel. Il relève sa robe à queue toute lourde des yeux qui n'ont pu se détacher d'elle. Il répète encore une fois la cérémonie.

Jules Renard, *Histoires naturelles* (1864-1910)

Dictée : un ancien bagnard

Avant de faire la dictée, procédez à quelques révisions.

Exercice 1

Êtes-vous sagace ?

Voici un certain nombre de mots que vous allez retrouver dans la dictée. Recopiez-les :

Depuis : ....

Doux : ....

Volontiers : ....

Fusil : ....

Rarement : ....

Jamais : ....

Coup : ....

Toujours : ....

Monnaie : ....

Quelle remarque pouvez-vous faire sur ces mots qui appartiennent à des catégories grammaticales différentes ? Indice : intéressez-vous à leur terminaison et n'hésitez pas à les lire à haute-voix.

....

....

....

Exercice 2

Ces ou ses ?

Vous ne confondez pas « ces » qui est un adjectif démonstratif, pluriel de ce, cet ou cette avec « ses » qui est un adjectif possessif et pluriel de son, sa.
Astuce : vous écrivez « ses » quand après le nom vous pouvez dire les siens, les siennes.
Exemples : Elle a ôté ses gants, elle m'a montré ses mains et j'ai pu admirer ses bagues qui sont splendides.
Les enfants ! Regardez ces jouets dans la vitrine, cette poupée, cet instrument de musique, ce train, c'est magnifique ! On voudrait posséder tous ces trésors !

1. Chacun prendra …… patins et ira directement à la patinoire.

2. …… fournitures scolaires sont d'une couleur ravissante.

3. Ne touche pas …… champignons, ils sont vénéneux !

4. Mon cousin m'a offert un excellent déjeuner : …… fraises des bois et …… champignons, les fruits de …… cueillettes étaient succulents.

Exercice 3

Quoique ou quoi que ?

« Quoique », en un seul mot, est une conjonction de subordination. Equivalent de « bien que », « quoique » s'écrit « quoiqu' » devant une voyelle.
« Quoi que », en deux mots est un pronom relatif indéfini dont le sens est « quelle que soit la chose que ». Devant une voyelle, il s'écrit « quoi qu' ».
Attention ! Généralement le verbe qui suit « quoique » ou « quoi que » est au mode subjonctif.
Dans l'expression « quoi qu'il en soit », « quoi que » s'écrit en deux mots.

1. .... je fasse, ma sœur est toujours ravie.

2. .... bonne latiniste, j'ai obtenu 4/20 au thème de la dernière composition.

3. .... il arrive, il s'en sortira, j'en suis sûr !

4. .... il fasse, il ne parvient pas à réussir ses meringues.

Dictée

Depuis qu'il était à Montreuil-sur-mer, on remarquait que d'année en année son langage devenait plus poli, plus choisi et plus doux.

Il emportait volontiers un fusil dans ses promenades, mais il s'en servait rarement. Quand cela lui arrivait par aventure, il avait un tir infaillible qui effrayait. Jamais il ne tuait un animal inoffensif. Jamais il ne tirait un petit oiseau.

Quoiqu'il ne fût plus jeune, on contait qu'il était d'une force prodigieuse. Il offrait un coup de main à qui en avait besoin, relevait un cheval, poussait à une roue embourbée, arrêtait par les cornes un taureau échappé. Il avait toujours ses poches pleines de monnaie en sortant et vides en rentrant. Quand il passait dans un village, les marmots déguenillés couraient joyeusement après lui et l'entouraient comme une nuée de moucherons.

On croyait deviner qu'il avait dû vivre jadis de la vie des champs, car il avait toutes sortes de secrets utiles qu'il enseignait aux paysans.

Victor Hugo, *les Misérables* (1802-1885)

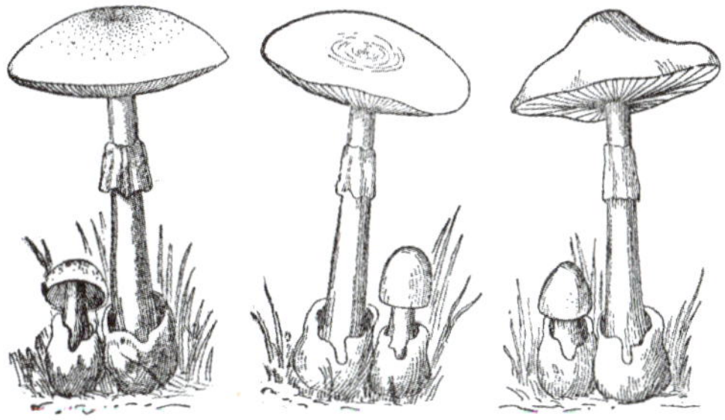

Fig. 257. — Champignons mortels.
Amanite phalloïde. Amanite de printemps. Amanite vireuse.

Dictée : le chalutier

Cette dictée comporte de nombreux homonymes. Afin d'éviter de commettre des fautes d'orthographe d'usage dans cette dictée et dans d'autres textes, révisez !

Exercice 1

Des homonymes à ne pas confondre

Inscrivez dans les pointillés des mots qui se prononcent de la même manière et s'écrivent différemment.

SÉRIE 1 : « ô temps suspends ton vol ... »

a. L'été de gros .... viennent agacer les vaches qui tentent vainement de les chasser.

b. Par .... de pluie, les enfants s'adonnent avec délices aux joies de la lecture.

c. J'ai .... de livres que je ne sais plus comment les classer.

d. .... va la cruche à l'eau qu'à la fin elle se casse.

e. Si tu as le ...., lis *Autant en emporte le vent*, c'est un chef-d'œuvre.

f. .... pour moi bredouilla le militaire, confus.

SÉRIE 2 : un peu de sérieux, voyons !

a. On nomme Bayard le chevalier .... peur et .... reproche.

b. N'est-pas irrespectueux de nommer le même Bayard, le chevalier .... et .... brioche ?

c. Les écureuils .... donnent à cœur joie : ils font une provision de noisettes pour un hiver .... disette.

d. La peur du .... est fréquente chez certains individus émotifs.

e. Ferez-vous cette dictée .... faute ? Ne me dites pas que vous en commettrez .... !

SÉRIE 3 : du gâteau à la demeure

a. Au nombre de mes pâtisseries préférées il y le .... parisien.

b. Sa villa est située à .... de colline.

c. Mon voisin est un sacré tir-au ....

SÉRIE 4 : ne touchez pas le fond !

a. Ce .... de commerce s'est vendu horriblement cher.

b. Attention ! Il y a du tanin au .... de la bouteille !

c. Quand la neige .... comment skier vite ?

d. Les élèves .... semblant de travailler mais en fait, ils .... des caricatures du professeur.

e. Théodore semble bourru mais au .... il est très gentil.

François Ier armé chevalier par Bayard (1515).

SÉRIE 5 : mots inconnus à découvrir d'après le contexte

a. Prendras-tu des ………… au gras ou à la sauce tomate ?

b. Les ………… de crabes, c'est délicieux, mais compliqué à décortiquer !

c. Avec sa ………… à modeler, Muriel confectionne des ………… pour ses poupées.

Exercice 2

Accent circonflexe, le bon réflexe !

Pour ne pas l'oublier, recopiez les expressions suivantes que vous retrouverez dans la dictée.

1. Un bateau de pêche : ………………………………
2. Les bêtes endormies : ………………………………
3. La brise est fraîche : ………………………………
4. Le bateau se met à pêcher : ………………………………
5. Deux câbles glissant sur deux rouleaux :

   ………………………………………………………………
6. Pourquoi dit-on « Le chapeau de la cime est tombé dans l'abîme ? »

   ………………………………………………………………

   ………………………………………………………………

Exercice 3

Mots et expressions du texte à recopier

1. Ne craindre aucun temps : ………………………………
2. Toujours dehors : ………………………………
3. Les vents durs et salés de la Manche : ………………

   ………………………………………………………………
4. Infatigable : ………………………………
5. L'Océan : ………………………………
6. L'embarcation : ………………………………

Dictée

Le chalutier est le bateau de pêche par excellence. Solide à ne craindre aucun temps, le ventre rond, roulé sans cesse par les lames comme un bouchon, toujours dehors, toujours fouetté par les vents durs et salés de la Manche, il travaille la mer, infatigable, la voile gonflée, traînant par le flanc un grand filet qui racle le fond de l'Océan, et détache et cueille toutes les bêtes endormies dans les roches, les poissons plats collés au sable, les crabes lourds aux pattes crochues, les homards aux moustaches pointues.

Quand la brise est fraîche et la vague courte, le bateau se met à pêcher. Son filet est fixé tout le long d'une grande tige de bois garnie de fer qu'il laisse descendre au moyen de deux câbles glissant sur deux rouleaux aux deux bouts de l'embarcation. Et le bateau, dérivant sous le vent et le courant, tire avec lui cet appareil qui ravage et dévaste le sol de la mer.

Guy de Maupassant, *En mer* (1850-1896)

Dictée : une mauvaise surprise

Cette dictée est l'occasion d'une petite révision de conjugaison.

Exercice 1

Le passé simple et l'imparfait

Rappels : on emploie l'imparfait pour une action passée qui a duré un certain temps, qui était habituelle (se répétait), pour une description et pour une action qui n'est pas achevée.
On emploie le passé simple pour une action ponctuelle, généralement brève, et qui n'a plus de lien avec le présent. On l'utilise aussi pour une succession d'actions.
C'est à la première personne du singulier que les risques de fautes sont importants avec certains verbes. Au passé simple on écrit -ai, à l'imparfait -ais. Exemples : Ce matin-là, je sonnai à la porte de mon voisin. Tous les matins, je sonnais à la porte de mon voisin.

Conjuguez à l'imparfait ou au passé simple les verbes à l'infinitif.

Marcher

1. Je ………… en montagne tous les étés.

2. Je ………… rue du Commerce quand un pot de fleurs tomba à mes pieds.

3. Je ………… depuis des heures quand j'aperçus enfin un chamois.

S'entraîner

4. Je ………… à parler italien tous les jours.

5. Je ………… à faire des exercices de maths, soudain le téléphone sonna.

6. Un jour de pluie, je ………… à jouer de la cornemuse avec mon oncle et soudain le fantôme apparut.

Glisser

7. Je ………… sur les vagues pendant des heures des après-midi durant.

8. J'étais bien parti. Au beau milieu de ma course je ………… sur une peau de banane et je fus disqualifié.

Exercice 2

Passé simple

Conjuguez les verbes à l'infinitif et entre parenthèses au passé simple :

Gwendoline (apercevoir) ………… Gladys. Elle lui (crier) ………… : « Viens me rejoindre ! » Mais Gladys ne (l'entendre) ………… pas et (partir) ……… dans l'autre sens si bien que les deux jeunes fille ne se (rencontrer) …………… pas ce jour-là. Elles en (être) ………… fort dépitées. Elles se (téléphoner) ……………… ou se (faire) ………… un courriel, je ne sais plus, le soir-même pour se raconter leur journée respective.

Exercice 3

Mots ou expressions du texte à recopier

La tranquillité : ……………………………………………

Une fenêtre : ……………………………………………

Rudement : ……………………………………………

Les tourbillons de neige : ……………………………

Leurs outils sur l'épaule : ……………………………

Celui-ci et celui-là : ……………………………………

Exercice 4

Le trait d'union

Rappel : en cas d'inversion du verbe et du pronom sujet, il faut relier les deux par un trait d'union. Exemples : Que devenez-vous ? Où habitez-vous maintenant ? Pour éviter deux voyelles ensemble on ajoute un t euphonique à la 3e personne du singulier, par exemple : Travaille-t-il tard ?

Voici des phrases affirmatives. Mettez-les à la forme interrogative sur les modèles suivants : Vous aimez Brahms/ Aimez-vous Brahms ? Mon frère rentre tôt/ Mon frère rentre-t-il tôt ?

1. La famille déjeune à midi :

....

2. L'enfant sourit :

....

3. Les oiseaux chantent :

....

4. Cette carte te plaît :

....

Exercice 5

Petit coup de balai !

A la première personne du présent de l'indicatif, vous pouvez écrire : je balaie ou je balaye. D'une manière générale, pour les verbes en -ayer, le y peut être remplacé par un i devant les terminaisons e, es, ent.

Conjuguez le verbe balayer au présent de l'indicatif.

Je .... nous ....

Tu .... vous ....

Il .... ils ....

Dictée

Le temps était noir et froid. Il faisait déjà nuit. Je sonnai à la petite porte avec la tranquillité d'un homme qui ne craint plus rien. Dès que la servante timide m'eut ouvert, je lui glissai une pièce d'or dans la main et lui en promis une autre si elle parvenait à me faire voir mademoiselle Alexandre. Sa réponse fut :
– Dans une heure, à la fenêtre grillée.
Et elle me referma la porte au nez si rudement que mon chapeau en trembla sur ma tête.
J'attendis une longue heure dans des tourbillons de neige, puis je m'approchai de la fenêtre. Rien ! Le vent faisait rage et la neige tombait dru. Les ouvriers qui passaient près de moi, leurs outils à l'épaule, tête basse sous les flocons épaissis, me heurtaient. Rien. Je craignais qu'on ne me remarquât. Je savais avoir mal fait en soudoyant une servante, mais je n'en avais nul regret. Celui-là est méprisable qui ne sait sortir au besoin de la règle commune. Un quart d'heure se passa. Rien. Enfin, la fenêtre s'entrouvrit.
– C'est vous, monsieur Bonnard ?
– C'est vous, Jeanne ? En un mot que devenez-vous ? (...)
– On m'a mise dans la cuisine et je balaye les salles.
– Dans la cuisine ! Balayeuse, vous ! Bonté divine !

Anatole France, *le Crime de Sylvestre Bonnard* (1844-1924)

Récréation

Exercice 1

Méli-mélo

Voici des dictons, des proverbes. S'ils ne comportent pas de fautes d'orthographe, en revanche, ils ont été mélangés. Rétablissez l'ordre !

1. La pluie du matin, les souris dansent.

....

2. Qui veut voyager loin, vaut mieux que deux tu l'auras.

....

3. Aide-toi, ménage ta monture.

....

4. Un tiens, n'arrête pas le pèlerin.

....

5. Quand le chat n'est pas là, le ciel t'aidera.

....

Exercice 2

Singularité

Ce petit texte a une particularité. Laquelle ?

Vision poétique
Une superbe dégringolade de vignobles, du sommet des collines jusqu'aux rives du fleuve enchantait le regard des buveurs de gnole et de guignolet attablés à l'auberge de Melle Vignolet. Des gondoles passaient, leurs belles passagères souriaient et les gondoliers chantaient des airs romantiques.

....

....

Exercice 3

Salade de noms

Retrouvez le nom de célèbres écrivains français dont les lettres des patronymes ont été placées dans le désordre :

1. SAUPAMANTS : ....

2. OZAL : ....

3. SOCOB : ....

4. GIVESNE : ....

5. EVRIATOL : ....

Citation

« Si haut qu'on monte,
on finit toujours par des cendres. »

Henri Rochefort

Questions-rédaction

Un principal aux idées modernes, Edmond About

Un ami regretté, George Sand

Le style est à la pointe de votre stylo

L'imagination est en vous

Récréation

L'École

Un principal aux idées modernes

Le principal attendait probablement cette réponse, car il partit de là pour nous conter qu'en Angleterre, en Suisse et dans d'autres pays également civilisés, il avait vu les internes s'asseoir deux fois par jour à la table de leurs maîtres, avec les femmes et les filles de la maison ; que ce genre de vie avait mille avantages sans aucun inconvénient sérieux, et que d'ailleurs c'était le seul moyen de faire marcher de front l'instruction et l'éducation, ces deux moitiés de la pédagogie. Il prononçait « pétacojie », mais nous ne nous moquions plus de son accent. A dater de ce jour, il n'y eut qu'une table dans la maison, et la famille de M. Lutzelmann devint la nôtre. La nourriture fut excellente sans rien perdre de sa simplicité ; chacun se servit à sa guise ; l'odieuse abondance disparut ; personne ne gâcha plus ni le pain ni la viande. Mais le nouveau régime eut surtout le mérite de centupler la somme de nos connaissances, de nous suggérer mille idées et de nous former un jugement droit. La grande affaire du principal était de nous faire causer. Edmond About, *le Roman d'un brave homme* (1828 -1885)

Exercice 1

Le principal

Le principal : quel est le sens du mot principal dans le texte ?
Fournissez un équivalent : ....

Exercice 2

Signification

Dans la première phrase du texte, « il partit de là » signifie :

1. Se mit en mouvement

2. Prit pour point de départ

3. Se lança

4. Se retira

Exercice 3

Compréhension

Dans la première phrase du texte, « il avait vu les internes… »

1. Quel est le sens du mot interne ?

....

2. Quel est son contraire dans ce cas-là ?

....

3. Quel est le sens particulier que prend le mot quand il est employé dans le contexte hospitalier ?

....

Exercice 4

Synonyme 1

Remplacez l'expression « faire marcher de front » par une expression de même sens :

....

Exercice 5

À votre guise

1. Se servir à sa guise signifie :

a. Copieusement

b. Avec modération

c. Avec délicatesse

d. Selon son goût

e. En fonction de son désir personnel

f. A son gré

2. Dans les phrases suivantes remplacez les expressions comportant le mot guise par des expressions de même sens.

a. Depuis que Victoria a quitté ses parents, elle peut enfin vivre à sa guise.

....

b. Cet enfant n'obéit pas à ses parents ; quoi qu'on lui dise, il n'en fait qu'à sa guise.

....

c. En guise de cravate, Rodolphe portait un ruban de velours.

....

d. Je n'ai pas pu lui offrir une boîte de peinture en guise de consolation je lui ai apporté des crayons de couleur.

....

Exercice 6

Synonyme 2

Dans la phrase « personne ne gâcha plus ni le vin ni la viande » remplacez « gâchez » par un verbe de même sens :

....

Exercice 7

Nature des mots

Quelle est la nature du mot principal dans les phrases suivantes ?
Rappel : la nature d'un mot c'est la classe grammaticale à laquelle il appartient. Elle ne change jamais, quelle que soit la place du mot dans la phrase. Il y a les mots variables (comme le nom, l'adjectif, l'article, le verbe, etc.) ou les mots invariables (comme l'adverbe, la préposition, la conjonction).

1. Quand le principal entre dans la classe, tous les élèves se lèvent.

....

2. Ma principale occupation du moment ? Organiser les fêtes de Noël.

....

3. Le principal atout de Léon ? Son charme.

....

Un ami regretté

J'habitais alors l'ancien boudoir de ma grand-mère. [...] Ce boudoir était si petit, qu'avec mes livres, mes herbiers, mes papillons et mes cailloux [...], il n'y avait pas de place pour un lit. J'y suppléais par un hamac. Je faisais mon bureau d'une armoire qui s'ouvrait en manière de secrétaire, et qu'un cricri, que l'habitude de me voir avait apprivoisé, occupa longtemps avec moi. Il y vivait de mes pains à cacheter, que j'avais soin de choisir blancs, dans la crainte qu'il ne s'empoisonnât. Il venait manger sur mon papier pendant que j'écrivais, après quoi il allait chanter dans un certain tiroir de prédilection. Quelquefois il marchait sur mon écriture, et j'étais obligée de le chasser pour qu'il ne s'avisât pas de goûter à l'encre fraîche. Un soir, ne l'entendant plus remuer et ne le voyant pas venir, je le cherchai partout. Je ne trouvai de mon ami que les deux pattes de derrière, entre la croisée et la boiserie. Il ne m'avait pas dit qu'il avait l'habitude de sortir, et la servante l'avait écrasé en fermant la fenêtre.
George Sand, *Histoire de ma vie* (1804-1876)

Exercice 1

Cricri

Dans l'extrait de George Sand le mot cricri désigne :

1. Une mite
2. Un grillon
3. Un scarabée
4. Un rat
5. Un moineau

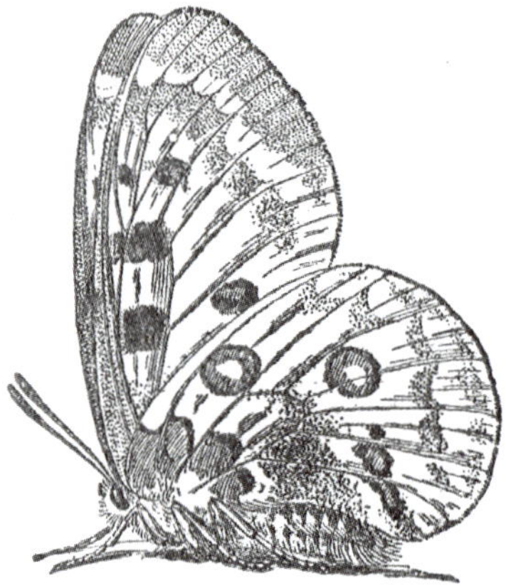

Exercice 2

À la quête des mots

Voici deux définitions correspondant à deux mots du texte. Lesquels ?

1. Petit salon élégant de dame :

....

2. Collection de plantes séchées destinées à l'étude conservées et aplaties entre deux feuillets : ....

Exercice 3

Vocabulaire

Expliquez ce que signifie la phrase :
« J'y suppléais par un hamac » :

....

....

....

Exercice 4

Question de sens

À quoi servait « un pain à cacheter » ? De quelle matière était-il composé ?

....

....

Exercice 5

Cricri, atchoum, pin-pon, miam-miam, toc-toc, tic-tac, poum, badaboum, meuh, cocorico.

1. Comment appelle-t-on ce genre de mots ?

....

2. Comment la langue a-t-elle créé ces mots ?

....

Exercice 6

À la quête des verbes

1. Je le cherchai ; Je ne trouvai : à quel temps verbal sont ces deux verbes ?

....

2. Je cherchais. Je ne trouvais : à quel temps verbal sont ces deux verbes quand ils sont terminés par un « s » ?

....

3. Direz-vous que le passé simple a été employé pour une action. Cochez vrai ou faux :

a. Qui s'est déroulée dans le passé **V** **F**

b. Qui a été brève **V** **F**

c. Qui a été ponctuelle,
ne s'est produite qu'une fois **V** **F**

Exercice 7

Grammaire

Complétez la règle de grammaire suivante en inscrivant les mots manquants :

On forme généralement le pluriel des noms en ajoutant un ...... à la forme du .... Il y a des cas particuliers notamment avec des noms se terminants par « ou ». On écrit un verrou, des verrous, mais il y a six exceptions qui font leur pluriel en « x ». Citez ces six noms :

1. H .... **4.** C ....

2. C .... **5.** J ....

3. G .... **6.** P..................................

Exercice 8

Quiz express

Répondez le plus rapidement possible. Comment appelle-t-on :

1. Un rectangle de toile ou de filet suspendu horizontalement par ses deux extrémités et que l'on utilise comme un lit :

....

2. Un châssis vitré ordinairement à battant qui ferme une fenêtre :

....

3. Un revêtement de mur en bois de menuiserie :

....

Le style est à la pointe de votre stylo

Qu'on la nomme rédaction, rédac ou composition française, elle exige toujours un minimum de style, alors entraînez-vous !

Exercice 1

Questions de style

Quand il y a lieu, corrigez les fautes commises dans les phrases suivantes. Quand il n'y a pas de fautes, inscrivez « bien ».

1. L'épicerie du père Thomas attire de nombreux clients qui viennent de tout le canton. Il est fort bien achalandé.
2. Les rayons de ce magasin sont toujours garnis de produits frais en abondance. C'est un établissement bien achalandé.
3. Cet après-midi Gloria est toute seule. La sœur à son voisin est partie à la manucure et son cousin est allé au médecin.
4. Mes amis sont ravis : ils passent leurs vacances en Savoie.
5. Tes amies sont-elles parties en Avignon comme prévu ?
6. Ces gens sont gentils, voire même adorables.
7. On était presque arrivé à la plage quand nous avons vu le bateau couler.

Exercice 2

Question de sens

Voici un texte de Voltaire, extrait de *Zadig*. Retrouvez le texte original en barrant les mots qui se sont ajoutés à la version de l'écrivain. Ces mots sont soit trop modernes pour l'époque à laquelle le texte a été composé, soit trop familiers par rapport au niveau de langue de Voltaire, soit ils n'ont aucun rapport avec l'histoire. Le basilic dont il est question est un lézard. Selon la légende, il pouvait tuer par son seul regard et il se tuait lui-même s'il s'apercevait dans un miroir.

« Arrivé dans une belle prairie, cuvette glaciaire, il y vit plusieurs femmes/greluches qui cherchaient quelque chose/ bricole avec beaucoup d'application. Il prit la liberté de s'approcher de l'une d'elles, et de lui demander s'il pouvait avoir l'honneur/le cran de les aider dans leurs recherches/ business. « Gardez-vous-en bien, répondit la Syrienne ; ce que nous cherchons/trafiquons ne peut être touché que par des femmes.

– Voilà qui est bien étrange/strange dit Zadig ; oserai-je vous prier de m'apprendre ce que c'est qu'il n'est permis qu'aux femmes de toucher ? C'est un basilic, dit-elle.

– Un basilic, jolie petite madame ! et pour quelle raison, s'il vous plaît, cherchez-vous un basilic ?

– C'est pour notre seigneur et maître Ogul, dont vous voyez le château de cartes sur le bord de cette rivière, au bout de la prairie. Nous sommes ses très humbles esclaves ; le seigneur Ogul est malade comme un chien ; son médecin de famille lui a ordonné de manger un basilic cuit dans l'eau rose ; et comme c'est un animal fort rare, et qui ne se laisse jamais prendre que par des femmes, le seigneur Ogul a promis de choisir pour sa femme bien-aimée celle de nous qui lui apporterait un basilic : laissez-moi chercher, s'il vous plaît : car vous voyez ce qu'il m'en coûterait si j'étais prévenue par mes compagnes.

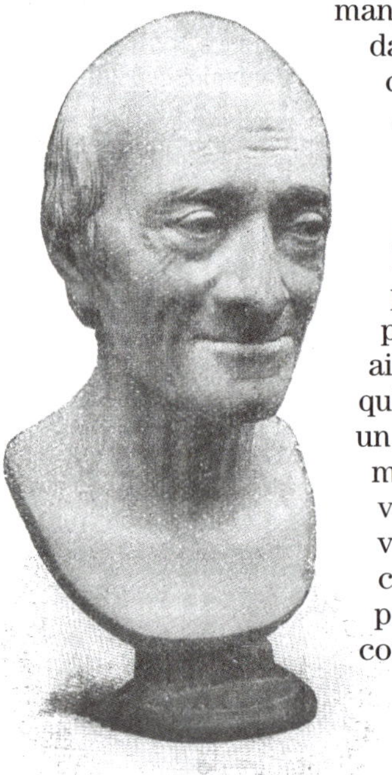

Exercice 3

Corrigez la copie

Marcellin est le champion toutes catégories des barbarismes. Rappel : le barbarisme est une faute de langage qui consiste à employer des mots déformés ou qui n'existent pas ou qui sont de pures inventions. Soulignez tous les barbarismes commis ici par Marcellin (il y en 10 au total) et proposez une correction.

Les ennuis de Gérard Mansoif

Hynoptisé par ses soucis pécuniers et la savonnette que venait de lui passer le précepteur des impôts, Gérard Mansoif buva une pintée de bière. Comme il était très énervé, son louchage naturel s'accentua. Toutefois, devant un aréopage de financiers il aurait pu faire une conférence pour justifier son bilan. Sa professeuse de golf qui l'accompagnait le conseilla doctement : « Gégé, arrête pour aujor'hui. Tu vas faire un infractus. Commande plutôt un sapin avant qu'on te mette dans le plumier, file à l'aréoport avant que le fisc ne t'entaule.

Les barbarismes de Gérard Mansoif et vos corrections :

1. ....   **6.** ....

2. ....   **7.** ....

3. ....   **8.** ....

4. ....   **9.** ....

5. ....   **10.** ....

Exercice 4

À vous de jouer !

Prenez quelques feuilles de papier pour faire une rédaction, et accordez-vous 1 heure pour faire l'exercice. Voici une sélection de sujets de rédaction qui ont été donnés au BEPC soit lors des épreuves proprement dites, soit lors des épreuves blanches, qui constituaient des entraînements. À vous d'y réfléchir !

Pour les amoureux des bêtes

1. Vous recueillez un animal perdu ou blessé. Vous le soignez de votre mieux. Comment vous témoigne-t-il sa reconnaissance ?

2. Une souris vient chaque jour commettre quelques méfaits dans la cuisine. Vous l'épiez et vous observez son manège. Quels pièges lui tendez-vous ? Réussit-elle à les déjouer ?

Des sujets de 1952

1. Un Parisien en vacances à la campagne dit à un paysan : « Je ne comprends pas que vous puissiez rester ici. » Faites-le parler.

2. Faites le récit d'une promenade solitaire, au cours de laquelle l'aspect des lieux a fait naître en vous toutes sortes de rêves.

3. L'arbre a souvent été personnifié par les écrivains. Exprimez les sentiments que l'homme peut lui prêter.

L'imagination est en vous

Exercice 1

Corrections et rédactions

Corrigez ces formulations qui présentent des erreurs, des inexactitudes. Pour toutes les phrases, rédigez un petit texte de votre choix, au centre duquel la phrase sera employée. Pour chacune des phrases, vous vous efforcerez de respecter le contexte qui vous est suggéré.

1. En rentrant de son périple, Amaury était si épuisé qu'il a dormi deux jours de suite.

2. Emeric a été vainqueur du tournoi d'échecs deux années de suite.

3. Séraphine Pipelette, la concierge du 28, est partie faire son marché. Mais elle a dit en fermant la loge : « je reviens de suite ».

4. Tu viens, on sort dehors ? Il fait tellement beau ! On rentrera dedans quand la nuit tombera et on montera en haut directement sans que les parents nous entendent.

5. Pauvre idiot que tu es ! Si tu ne connaissais pas ta leçon sur la cueillette des olives en Basse-Provence, t'avais qu'à pas répondre !

6. Le rôdeur errait. Soudain Il aperçut une voiture dont une vignette collée sur le pare-brise précisait qu'elle était en rodage.

....

....

....

....

....

....

Exercice 2

Remettez de l'ordre et de la logique

Voici un extrait de la pièce *Electre* de Sophocle. Il présente une course d'Oreste. Les différentes phrases numérotées de cet extrait sont dans le désordre. Remettez-les dans l'ordre du texte initial.

1. Il achève la course avec un succès qui s'accorde à sa prestance, et il sort de la lice ayant acquis l'honneur d'une pleine victoire.

2. A peine a-t-il entendu l'appel sonore du héraut annonçant la course à pied, la première des épreuves, qu'il entre dans la lice, splendide et provoquant l'admiration de tous.

3. Oreste était venu au célèbre concours, orgueil de la Grèce, pour concourir les couronnes delphiques.

Sophocle, *Electre*, traduction P. Mazon, Les Belles-Lettres

....

À vous de jouer !

Penez quelques feuilles de papier pour faire une rédaction, et accordez-vous 1 heure pour faire l'exercice. Voici une sélection de sujets de rédaction qui ont été donnés au BEPC soit lors des épreuves proprement dites, soit lors des épreuves blanches, qui constituaient des entraînements. A vous de traiter ces sujets en respectant les sacro saintes règles du genre :

– L'introduction qui présente le sujet et annonce le plan
– Le développement en plusieurs parties séparées par des alinéas
– La conclusion qui tire un bilan de votre devoir et ouvre une perspective.

Le tout naturellement sans faute d'orthographe et dans un français correct, avec un vocabulaire riche, varié, précis. Au nombre des règles d'or à respecter pour réussir l'épreuve : offrir à votre lecteur-correcteur / lectrice-correctrice un texte plaisant, agréable à lire qui retienne son attention.

Sujet 1 : Pour bricoleurs

Vous avez construit une cabane, confectionné un cerf-volant, un arc, un modèle réduit d'avion ou de bateau, un traîneau – ou même un simple sifflet d'écorce. Rappelez les étapes de votre travail. Echec ou succès ?

Sujet 2 : pour rêveurs et rêveuses

« J'ai sept à huit ans. Je cause avec les fleurs de la tapisserie. C'est dans ma chambre ; les grosses fleurs bleues de la tapisserie sont autant de portes mystérieuses de contes de fées. » (Cécile Sauvage). Vous est-il arrivé de prêter vie aux fleurs de la tapisserie de votre chambre et de vous entretenir avec elles ?

Récréation

Exercice 1

Vive l'à-peu-près !

Retrouvez les expressions connues dont celles-ci sont inspirées :

1. La bible ne fait pas le moine

....

2. Qui trop embrasse rate le train

....

3. À chaque tour suffit sa reine

....

4. Qui viendra verra

....

Sur ce modèle, amusez-vous à détourner des expressions connues de votre choix :

1. ....

....

2. ....

....

Exercice 2

Dans chacun des noms suivants remplacez une lettre par une autre de manière à obtenir des noms d'écrivains célèbres :

1. VERTE : ....

2. SAPE : ....

3. SILLON : ....

4. TIAN : ....

Anecdote

Vivre ou écrire, il faut choisir

Un jour l'écrivain Barbey d'Aurevilly reçoit un journaliste dans son château du Cotentin. Ce dernier est plutôt impressionné par l'austérité des lieux. Il ne peut s'empêcher de poser une question assez directe :

— Comment faites-vous, monsieur, pour vivre ici ?

Ce à quoi le subtil auteur normand rétorque, non une certaine morgue dont il ne se départit jamais, tout au long de sa vie :

— Vivre ? Mais nous avons des domestiques pour cela !

Histoire

Aidez
les combattants et leur famille
Le produit net de la Loterie Nationale est affecté au fonds de Solidarité Nationale créé en vue de contribuer aux charges des allocations militaires et des secours de toute nature accordés aux mobilisés ou à leur famille.
ACHETEZ DONC UN BILLET
DE LA
LOTERIE NATIONALE

Qui cabossa le vase de Soissons ?

Exercice 1

Dynastie et chronologie

Replacez dans l'ordre chronologique de 1 à 5 les différentes dynasties royales qui ont régné sur la France (faites correspondre le chiffre avec sa lettre).

.... **a.** Carolingiens

.... **b.** Capétiens

.... **c.** Mérovingiens

.... **d.** Bourbons

.... **e.** Valois

Exercice 2

Inconnu à nommer

Je suis né en 465, je règne de 481 à 511. Je lutte contre les Alamans et les Wisigoths. Premier souverain chrétien d'Europe, marié à Clotilde, princesse burgonde catholique, je suis baptisé par l'évêque de Reims, le futur Saint Rémi. La cérémonie se déroule le jour de Noël, en 496 ou en 498. J'ai vaincu les Alamans à Tolbiac en 496, mais j'ai marqué à jamais les mémoires pour le célèbre épisode du vase de Soissons.

Je suis ....

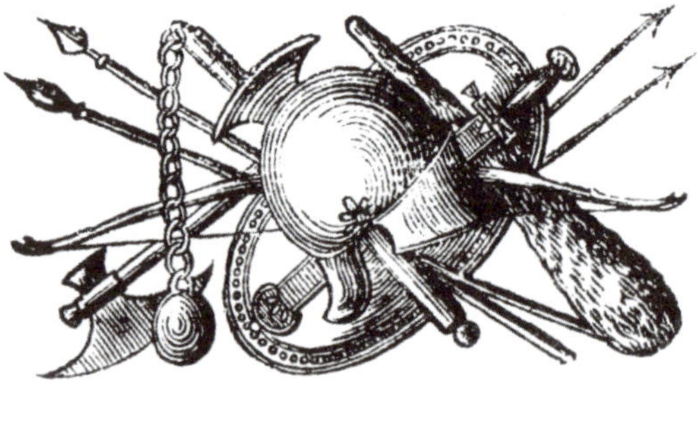

Exercice 3

Jamais sans ma mère

Tracez des flèches pour rendre à chaque roi sa mère :

1. Louis XI (1423-1483)	**a.** Charlotte de Savoie
2. Louis XIII (1601-1643)	**b.** Anne d'Autriche
3. Louis XIV (1638-1715)	**c.** Marie-Antoinette d'Autriche
4. Louis XVI (1754-1793)	**d.** Marie-Thérèse d'Autriche

Exercice 4

La guerre de cent ans

Dans le texte suivant consacré à la guerre de cent ans, encadrez la bonne réponse ou les phrases exactes parmi les différentes propositions en italique.

La guerre de cent ans oppose la France à *l'Italie, l'Angleterre, l'Allemagne, l'Espagne,* l'Angleterre, les Pays-Bas.
Batailles et cessez-le-feu *alternent,* les batailles *s'enchaînent sans relâche,* il n'y a *aucune trêve.*
1346 : les Français sont défaits à *Commercy, Crécy, Chambourcy. Calais, Dunkerque, Rouen* est annexé par les Anglais.
Jean Le Bon est vaincu à *Poitiers, Bourges, Pontoise, Pontarlier* et fait prisonnier.
Son fils Charles V parvient à redresser la situation grâce à *Godefroy de Bouillon, Bayard, Du Guesclin.*
1415 : c'est la fameuse bataille d'Azincourt (localité située dans l'actuel Pas-de-Calais).
La chevalerie française est mise en déroute par les Anglais en nombre pourtant inférieur.
En 1420, le traité de Troyes donne la France à l'Angleterre.

Anecdote

Qui a cassé le vase de Soissons ?

Dans *Histoire des Francs*, Grégoire de Tours relate l'anecdote suivante : vers 486, l'armée de Clovis ayant pillé des édifices religieux, s'empara, entre autres merveilles, d'un superbe vase en argent ; L'évêque Rémi pria Clovis de le lui restituer, ce à quoi le chef franc s'engagea. Mais un soldat brisa ledit vase de sa hache. Quelques mois plus tard, alors qu'il passait ses troupes en revue, Clovis reconnut le soldat, lui brisa le crâne d'un coup de francisque après lui avoir dit : « Ainsi as-tu fait du vase de Soissons. »

Exercice 5

Complétez les blancs

Jeanne d'Arc

1429 : Jeanne D'arc, quitte son village de D............ Elle va se mettre au service du roi C............ pour libérer la F............ du joug a............ À la tête d'une petite armée, elle délivre O............ et fait sacrer C............ à R............ en 1430. Elle ne parvient pas à libérer P............ ainsi que C............ où elle est emprisonnée. Jugée pour s............c'est l'évêque P............ C............ qui prononce sa condamnation, elle est b............ à R............ le 30 mai 1431. Au terme de cet épisode, la guerre de cent ans trouve son issue en 1453 après la bataille de C............. La France récupère la G............ et la G............ tandis que les Anglais conservent C.............

Exercice 6

Point commun

Quels sont les deux points communs qui existent entre les personnalités suivantes :
Duquesne, Duguay-Trouin, Jean Bart, Tourville, Forbin :

1. Votre première réponse porte sur la profession de ces célébrités :

   ....

2. Au service de quell roi ces célébrités ont-elles déployé leur talent ?

   ....

Les larmes de Marie Mancini

Exercice 1

Raison d'état

La séduisante et jeune Marie Mancini (1640-1715) vit une belle histoire d'amour avec le jeune et séduisant Louis XIV (1638-1717). Mais le cardinal Mazarin – qui n'est autre que l'oncle de Marie – ne va pas tarder à briser l'idylle des deux tourtereaux qui pourtant s'adorent et ont conçu le projet de se marier. Pour la grandeur de la France, l'ambitieux cardinal a en effet décidé que Louis devait épouser l'infante d'Espagne. Il sacrifie donc sa jeune parente éplorée et il lui fait quitter la Cour. C'est le cœur brisé qu'elle s'éloigne de l'amour de sa vie en prononçant ses mots : « vous êtes, roi, vous pleurez, et je pars. »

Quel le nom de l'Infante d'Espagne ?

....

Exercice 2

L'inconnue à nommer

J'ai été très belle et fort spirituelle. Voltaire disait de moi : « Elle pensait comme il faut, personne ne le sait mieux que moi. » Pendant cinq ans j'ai été la maîtresse de Louis XV. Dans les dix années qui ont suivi cette liaison, quand la Du Barry m'a supplantée dans son cœur, je suis restée sa meilleure amie. M'éloignant de Versailles, à Paris, j'avais acheté l'hôtel d'Evreux que j'ai habité et qui est devenu par la suite l'Elysée.

Je suis ....

Exercice 3

La citation en question

« Qu'il est grand, plus grand encore mort que vivant ! »

1. Qui a prononcé cette phrase ?
- **a.** Henri III
- **b.** Le général Leclerc
- **c.** Roger Borniche

2. Au sujet de qui ?
- **a.** Charles de Gaule
- **b.** Le duc Henri de Guise
- **c.** Emile Buisson

3. Où ?
- **a.** A Blois
- **b.** A Londres
- **c.** A Bernienville, près d'Evreux

4. Dans quelles circonstances ?
- **a.** En le voyant allongé sur une civière
- **b.** Après l'avoir fait assassiner
- **c.** En venant lui rendre hommage, un matin de très bonne heure, alors qu'il était encore couché

Exercice 4

Petites questions

Répondez le plus rapidement possible aux questions suivantes.

1. Qui a dit, vers 1600 : « Labourage et pâturage sont les deux mamelles de la France ? »

....

2. Le cardinal de Richelieu que l'on nomme souvent, de manière simple, « Richelieu » se nommait-il en réalité Sébastien Le Preste de Richelieu ?
Vrai   **Faux**

3. Vauban, le fameux architecte militaire morvandiau, dont on abrège familièrement le nom se nommait-il Armand-Jean du Plessis de Vauban ?
Vrai   **Faux**

4. Quel est l'article premier de la Déclaration des droits de l'homme ?

....

....

5. De quelle année cette déclaration date-t-elle ?

....

6. Quelle était la caractéristique physique principale de Mirabeau ?

....

7. Comment se nomme la jeune femme qui a planté un coup de couteau dans la poitrine de Jean-Paul Marat ?

....

8. Quel peintre célèbre a immortalisé cette scène ?

....

9. Le 13 avril 1655 qui a dit : « L'état, c'est moi. » ?

....

Exercice 5

Erreurs à trouver

Voici un texte présentant des informations sur la guerre de 1914-1918. Si vous constatez des erreurs, soulignez-les et corrigez-les.

La Grande Guerre débute par l'assassinat de l'archiduc François-Ferdinand, le 28 juin 1914 à Sarajevo. En septembre de la même année, les Allemands prennent Reims, Lille et Compiègne. Ils marchent sur Paris mais sont stoppés sur la Marne par les troupes de Joffre et de Gallieni. Poincaré prône alors l'union sacrée et la course à la mer. 1916, c'est notamment la bataille de Verdun, les Allemands s'emparent du fort de Douaumont. C'est le 2 avril 1917 que les États-Unis entrent en guerre aux côtés des Alliés. L'armistice sera signé le 10 novembre 1918 dans la forêt de Rethondes.

....

....

....

....

La République nous appelle

Exercice 1

L'état civil à trouver

Cochez la ou les bonne(s) réponse(s).

1. Claude Rouget de Lisle (1760-1836), l'auteur de *La Marseillaise*, était :
   - **a.** Notaire à Marseille et directeur de la fanfare municipale de la Pointe-Rouge
   - **b.** Officier du génie
   - **c.** Professeur de musique et de chant au conservatoire d'Arles
   - **d.** Restaurateur de tableaux à Quimperlé

2. Laetitia Ramolino était :
   - **a.** L'épouse (et la comptable) de l'industriel qui inventa le linoleum
   - **b.** Une économe mère de famille nombreuse au destin exceptionnel qui, même au cours des périodes les plus fastes et les plus fortunées de son existence, faisait se consumer les chandelles jusqu'à leur dernière extrémité. C'est à elle que nous devons l'expression « faire des économies de bouts de chandelles ».
   - **c.** La mère de Napoléon Bonaparte
   - **d.** Une Corse anxieuse, mais avisée et lucide qui, même quand ils étaient au faîte de la gloire et de la fortune, répétait à ses enfants : « pourvou que ça doure ! »

Exercice 2

Point commun

Quel point commun y-a-t-il entre ces personnalités ?

Jacques Dupont de l'Eure, François Arago, Louis Blanc, Adolphe Crémieux, Alphonse de Lamartine, Alexandre Ledru-Rollin ?

....

....

Exercice 3

Le bon mot en question

« Soldats, songez que, du haut de ces pyramides, quarante siècles vous contemplent. »

1. Qui l'a prononcé ? ....
2. Où ? ....
3. Quand ? ....
4. Dans quelle intention ? ....

Exercice 4

Du côté des présidents...

Voici la liste des présidents de la IIIe république (1870-1940). Ils apparaissent dans l'ordre chronologique de leur élection à la présidence. Mais vous devez apporter des compléments, soit dans les prénoms, soit dans les noms.

1871-1873 : Adolphe T ....

1873-1879 : Patrice de ....

1879-1887 : Jules G...

1887-1894 : .... Carnot

1894-1895 : Jean Casimir ....

1895-1899 : Félix F...

1899-1906 : Emile L...

1906-1913 : Armand F..

1913-1920 : Raymond P ....

1920-1920 : .... Deschanel

1920-1924 : Alexandre M...

1924-1931 : Gaston D ....

1931-1932 : Paul D...

1932-1940 : Albert L ....

Exercice 5

Quelques dates...

1. Qui a été président de 1947 à 1954 ?

....

2. René Coty est élu président en 1954. Qui lui succède ?

....

3. En quelle année ?

....

Anecdote

Le sang de nos ennemis

11 mai 1745 : La France vient de remporter la bataille de Fontenoy. Louis XV montre le champ de bataille au dauphin, son fils. L'adolescent, dans un élan d'enthousiasme juvénile s'exalte. Le monarque, que l'on a trop souvent accusé de froideur, d'indifférence et d'égoïsme, notamment à la fin de son règne, calme l'ardeur de son fils : « Voyez tout le sang que coûte un triomphe. Le sang de nos ennemis est toujours le sang des hommes, la vraie gloire, c'est de l'épargner. »

Récréation

Exercice 1

L'inconnue à découvrir

Je demande ma réhabilitation en 1953. En 1933, accusée d'avoir empoisonné mon père, j'ai été condamnée à mort, mais ma peine a été commuée en travaux forcés.
Par le jeu des grâces successives je suis sortie de prison à la Libération.
Sulfureuse et troublante héroïne au prénom de fleur, j'ai été réhabilitée en 1963.

Qui suis-je ? ....

Exercice 2

Cher Sully

Maximilien de Béthune, marquis de Rosny, passé à la postérité sous le nom de Sully, fut un proche d'Henri IV qui n'hésitait pas à dire de lui : « entre lui et moi, c'est à la vie, à la mort ». Après la disparition d'Henri IV, Sully se retire sur ses terres. Un jour cependant, Louis XIII le rappelle pour lui demander un conseil. Or dès que Sully paraît à la cour, les jeunes nobles éclatent de rire.

1. Pour quelle raison ?
   a. Sully a mis sa perruque complètement de travers
   b. il porte un costume démodé
   c. il chausse des sabots

2. Froissé de cet irrespectueux accueil, Sully déclare à Louis XIII :
   a. « Quand le roi, votre glorieux père, m'appelait en son conseil, il faisait d'abord sortir tous les bouffons. »
   b. « Pour qui sont ces serpents qui sifflent sur nos têtes ? »
   c. « J'admire fort votre majesté d'avoir la sublime patience de supporter cette armada de paltoquets que pour ma part j'enverrai prestement curer mes fossés avec mes manants. »

3. À la suite de cet incident, Sully :
   a. Tua en duel Amédée Bouchard de Montmorency
   b. Ne reparut plus de sa vie à la cour
   c. Sombra dans le désespoir

Exercice 3

Petit quiz sur Clemenceau

Répondez par Vrai ou Faux :

a. Il ne faut pas mettre d'accent à « Clemenceau » : ....

b. C'est à 76 ans que Clemenceau devient chef du gouvernement, en 1917 :................................

c. On l'a surnommé « le Tigre » :.............................

d. On l'a surnommé « le père la Victoire » :...........

Géographie

De la terre à la lune

Que d'eau ! Que d'eau !

Par monts et par vaux

Récréation

De la terre à la lune

Exercice 1

Rappelez-moi votre nom

Ce premier chapitre consacré aux notions de géographie qui étaient celles que possédaient les candidats au brevet emprunte son titre à un fameux roman de la littérature française du XIXe siècle. Qui en est l'auteur ?

1. Balzac

2. Zola

3. Jules Verne

4. George Sand

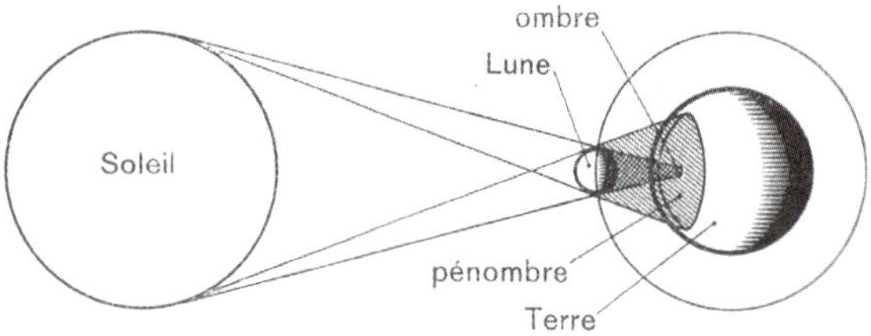

Exercice 2

Texte puzzle

Complétez le texte suivant en inscrivant les mots manquants dans les pointillés. En cas de doute, consultez la liste-réservoir de mots qui vous sont fournis dans le désordre.

Liste-réservoir : système solaire, planètes, Soleil, étoile.

À l'instar des huit autres .... la Terre tourne autour d'une .... : le ....
L'ensemble forme le ....

Exercice 3

Planètes

En vous aidant de la première lettre qui vous est fournie, complétez le nom de neuf planètes. Elles sont classées dans l'ordre suivant : de la plus proche à la plus éloignée du Soleil.

1. M..

2. V..

3. T..

4. M..

5. J ....

6. S..

7. U ....

8. N ....

9. P..

Citation

« *Ni la mort ni le soleil ne peuvent se regarder en face.* »

La Rochefoucauld, *Maximes* (1613-1680)

Exercice 4

Petites questions

Répondez le plus rapidement possible à chacune des questions suivantes.

1. La Terre entraîne avec elle une planète secondaire, un satellite, quel est son nom ?

....

2. Quel autre mot est synonyme de l'expression « la voie lactée » ?

....

3. Comment nomme-t-on un regroupement d'étoiles ?

....

ou ....

4. Quelle est la durée de la révolution de la Terre autour du Soleil ?

....

5. Comment nomme-t-on une ligne imaginaire, un grand cercle dont tous les points sont à égale distance des pôles ?

....

6. Qu'est-ce qui fait office de fuseaux horaires ?

....

7. Comment appelle-t-on la distance d'un lieu à l'Equateur ?

....

8. Où est situé le méridien de Greenwich ?

....

Exercice 5

Faites le bon choix !

Cochez la bonne réponse.

1. La distance de la Terre au Soleil est de :
a. 58 millions de kilomètres
b. 108 millions de kilomètres
c. 150 millions de kilomètres
d. 1426 millions de kilomètres
e. 5900 millions de kilomètres

2. La durée de révolution de Pluton autour du Soleil est de :
a. 84 ans
b. 165 ans
c. 249 ans

Que d'eau ! Que d'eau !

Exercice 1

Rappelez-moi votre nom

Quel est le président de la république française qui s'est illustré par cette formule : « Que d'eau, que d'eau ! ». Les circonstances étaient les suivantes : l'homme d'état s'était rendu le 26 juin 1875, sur des sites particulièrement sinistrés, lors des inondations de la Garonne, il observait les dégâts et apportait son réconfort à la population consternée. Il s'agit de :

1. Adolphe Thiers

2. Patrice de Mac Mahon

3. Jules Grévy

4. Sadi Carnot

Exercice 2

Sortez vos crayons de couleur !

Sur cette carte de France, refaites le tracé des fleuves et des rivières au crayon de couleur et en vous aidant de la première lettre qui vous est fournie, inscrivez leur nom en totalité.

Exercice 3

Cherchez la source et l'estuaire

1. Tracez des flèches pour faire correspondre le nom des fleuves et le nom du lieu où chacun prend sa source.

A. La Seine	**a.** Le Mont Gerbier-de-Jonc
B. La Loire	**b.** Le plateau de Langres
C. La Garonne	**c.** Le val d'Aran

2. Où la Seine se jette-t-elle dans la Manche ?

....

3. Complétez : La Loire se jette dans l'Océan Atlantique dans l'estuaire de

....

Citation

Les enfants de la France vus par Gaston Bonheur

« La France a quatre enfants : trois filles, la Seine (qui lui donnera bien des satisfactions), la Loire (paresseuse), la Garonne (rieuse) et un garçon (turbulent), le Rhône. Sans compter un enfant adultérin disputé, objet de toutes nos querelles et de tous nos procès : le Rhin. »

Gaston Bonheur, *l'Hexagone sacré*, in *Qui a cassé le vase de Soissons*, Robert Laffont (1913-1980)

Exercice 4

Frontières et côtes de France

La France compte 2 970 km de frontières terrestres avec quels pays ? Citez-les en commençant par le Nord :

1. Les frontières terrestres

a. ....

b. ....

c. ....

d. ....

e. ....

f. ....

g. ....

h. ....

Elle compte 2 692 km de côtes. Par quels espaces maritimes les côtes sont-elles bordées ? Citez-les en commençant par le Nord :

2. Les côtes maritimes

a. ....

b. ....

c. ....

d. ....

Exercice 5

Lacs et étangs de France

Répondez le plus rapidement possible aux questions suivantes.

1. Quel est le plus grand lac naturel d'Europe occidentale situé en France dans la région Rhône-Alpes, et en Suisse ?

....

2. Quel est le point commun entre les étangs suivants : Sanguinet, Biscarrosse, Lacanau et Soustons

....

3. Quel est le nom du plus grand lac d'origine glaciaire entièrement situé en France ?

....

Par monts et par vaux

Exercice 1

Massifs montagneux de France

Quels sont les grands massifs montagneux français ?

1. Les V..................

2. Le J..................

3. Les A..................

4. Le M.................. C..................

5. Les P..................

6. Les M.................. T ....
(M.................. N..................,
M.................., E..................)

Exercice 2

L'inconnu à nommer

Je suis un massif.
Je longe la Méditerranée.
Je suis situé entre Cannes et Saint-Raphaël.
Je suis long de 20 km et large de 15 km.
Ma superficie est de 300 km^2.
Mon nom vient du latin *sterilis* qui signifie « terre improductive ».

Je suis : ....

Exercice 3

Sommets

1. Quelle est l'altitude moyenne des sommets des montagnes de France ?
a. 250 mètres
b. 280 mètres
c. 310 mètres
d. 342 mètres
e. 400 mètres

2. Quel est le point culminant des sommets français ?

....

3. Quelle est sa hauteur ?

....

Exercice 4

Les montagnes et leurs points culminants

Tracez des flèches pour relier les chaînes de montagnes et leur sommet le plus élevé.

1. Les Alpes	**a.** Le Crêt de la Neige
2. Les Pyrénées	**b.** Le Puy de Sancy
3. Le Jura	**c.** Le Mont-Blanc
4. Le Massif Central	**d.** Le Grand Ballon
5. Les Vosges	**e.** Le Pic d'Aneto
6. Les Maures	**f.** La Sauvette

Exercice 5

Quiz express

Répondez le plus rapidement possible aux questions suivantes.

1. Qui a donné son nom à la Côte d'Azur ?

....

2. Par analogie avec quel nom ? Pour quelles raisons ?

....

3. Quelle est la plus longue artère de Paris ?

....

4. Quel est le plus petit des départements français d'Outre-Mer ?

....

Exercice 6

Départements, préfectures...

Complétez les blancs du tableau suivant.

N° du département	Nom du Département	Préfecture	Province/région
29		Quimper	
57	Moselle		
61		Alençon	
67			Alsace
73	Savoie		
90	Territoire de Belfort		
58			Bourgogne
77	Seine-et-Marne		
62		Arras	

Récréation

Exercice 1

Un mot, un seul !

Pour chacune des séries suivantes trouvez un mot ou une expression unique qui s'applique à tous :

Série 1
L'alsacien, le basque, le breton, le catalan, le corse, l'occitan.

....

Série 2
Martinique, Guyane, Guadeloupe, Réunion.

....

Série 3
L'Orne, la Touque, la Vire.

....

Série 4
La toundra et la taïga.

....

Exercice 2

Complétez !

En vous aidant de la première lettre de chaque nom ainsi que du nombre de tirets (à chaque tiret correspond une lettre) inscrivez les noms.

1. Des volcans

a. E _ _ _

b. S _ _ _ _ _ _ _ _

c. V _ _ _ _ _

d. V _ _ _ _ _ _

2. Des déserts

a. G _ _ _

b. K _ _ _ _ _ _

c. S _ _ _ _ _

d. S _ _ _ _ _

Mathématiques et géométrie

Mise en route

Faites vos comptes

Faites vos preuves

Faites bonne figure

Récréation

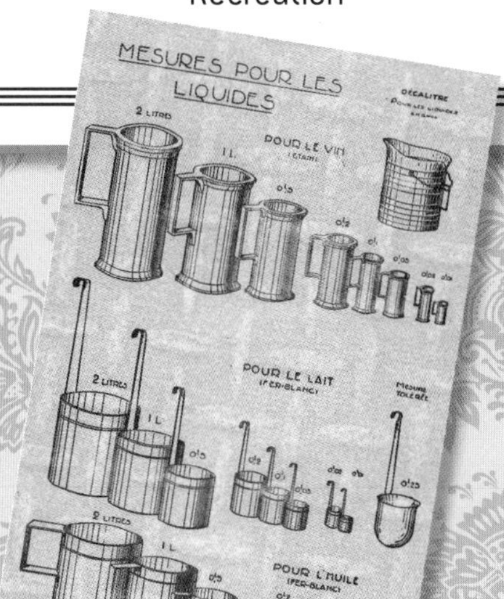

Mise en route

Exercice 1

Le mot « mathématiques »

Cochez la ou les bonne(s) réponse(s).

Le mot « mathématiques » :

1. Vient du latin « mathematicus » qui signifie compter, dénombrer
2. Vient du grec « manthanein » qui signifie apprendre et qui a donné le mot « mathématiques »
3. On disait autrefois « la mathématique » on dit aujourd'hui les mathématiques
4. Tire son nom de l'érudit hongrois Mathéo Maticus qui vulgarisa la discipline au XVIIe siècle dans toute l'Europe

Exercice 2

Apportez-moi l'addition !

Répondez le plus rapidement possible aux questions suivantes.

1. Un dictionnaire se compose de 6 tomes qui ont respectivement 1 040, 1 024, 1 120, 1 104 1 146 pages. Quel est le nombre total des pages de ce dictionnaire ?

....

2. Un marchand a acheté un fût de vin pour 320 francs. Il a payé 120 francs pour le transport et 70 francs pour frais divers. Il veut en revendant le vin faire un bénéfice de 120 francs. Quel doit être le prix de vente du vin ?

....

....

3. Pour un arbre de Noël un instituteur achète pour 2 904 francs de jouets. Il paie en outre sur le montant de la facture 29,30 francs de taxe de transaction et 21 francs de port. Quel est le prix de revient des jouets ?

....

....

Exercice 3

Du côté des mathématiciens...

Barrez de cette liste les noms des célébrités qui ne sont pas des noms de mathématiciens.

1. Ambroise Paré
2. Euclide
3. Archimède
4. Elisée Reclus
5. Cassini
6. Henri Poincaré
7. Pythagoret
8. Evariste Gallois
9. Thalès de Millet

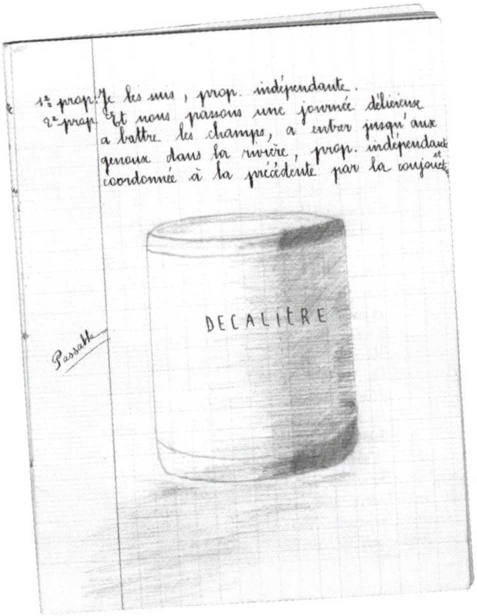

Exercice 4

Petites questions

Répondez-y le plus rapidement possible.

1. 6 sucettes valent 96 centimes. Combien valent 4 sucettes ?

....

2. Quel est le nombre qui complète logiquement la série suivante ?

2, 3, 10, 26, 72,196, ...

3. Comment obtenir 24 en utilisant une seule fois les nombres suivants : 5, 5, 5 et 1 ? Les opérations autorisées sont l'addition, la soustraction, la multiplication et la division.

....

....

4. Combien font 45 x 11 ? ....

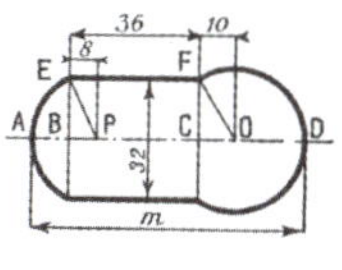

Fig. 19.

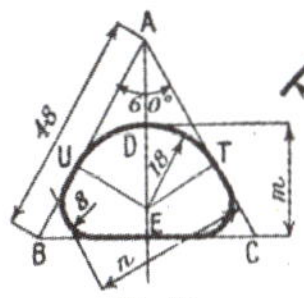

Fig. 20.

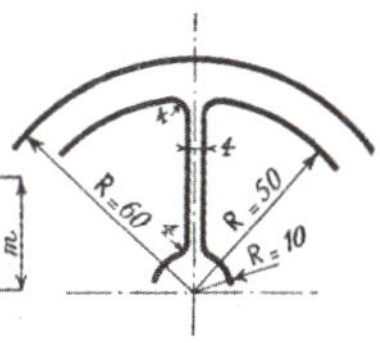

Fig. 21.

L'astuce qui sauve

Pour multiplier par 11 un nombre de deux chiffres, il faut intercaler leur somme entre ces deux chiffres.
Exemple : 4 + 5 = 9 donc 45 x 11 = 495

Cas où il y a une retenue : 7 + 8 = 15 ; la retenue s'ajoute au 7 donc 78 x 11 = 858

Exercice 5

Soignez-vous soigneusement !

Vous consultez votre homéopathe pour une bronchite. Il vous prescrit 3 comprimés à prendre toutes les demi-heures. Combien de comprimés prenez-vous en 24 heures ?

....

....

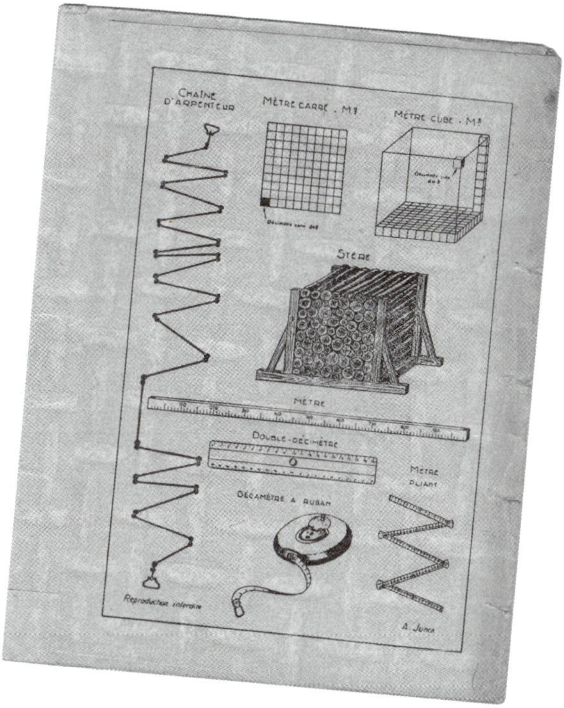

Faites vos comptes

Exercice 1

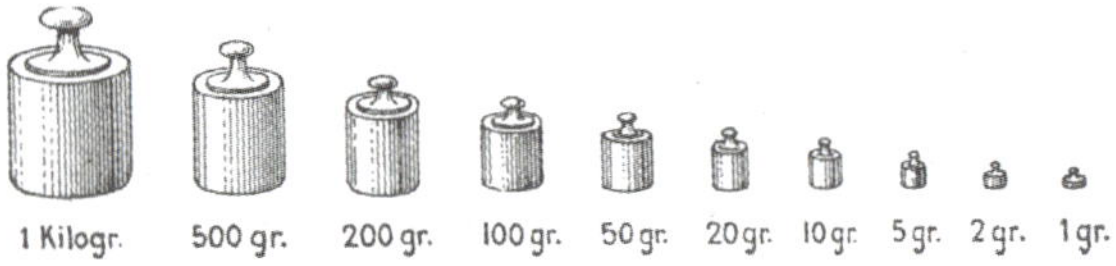

Le bon mot

Quel est la définition de chaque mot :

1. Algèbre **3.** Calcul

2. Chiffre **4.** Nombre

a. Concept de base des mathématiques, une des notions fondamentales de l'entendement que l'on peut rapporter à d'autres idées (de pluralité, d'ensemble, de correspondance).

b. Opération ou ensemble d'opérations effectués sur des symboles représentant des grandeurs.

c. Chacun des caractères qui représentent des nombres.

d. Science qui utilise les règles opératoires sur des nombres réels ou complexes qui peuvent être représentés par des lettres.

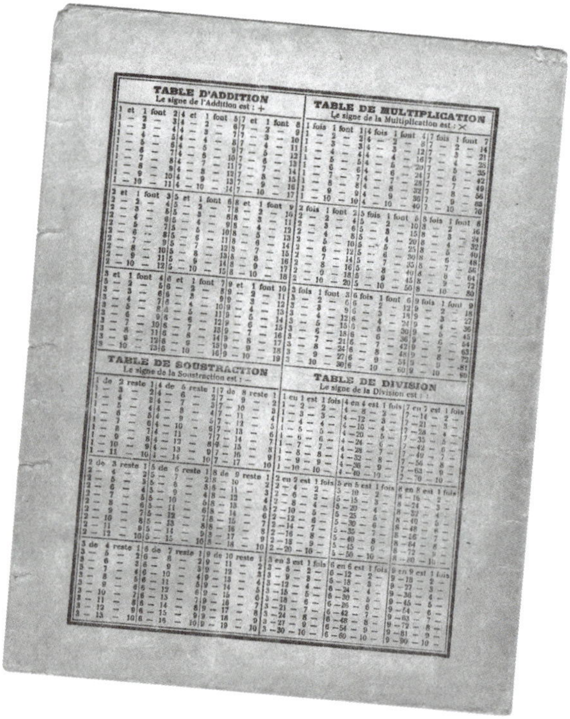
TABLE D'ADDITION
Le signe de l'Addition est : +

TABLE DE MULTIPLICATION
Le signe de la Multiplication est : ×

TABLE DE SOUSTRACTION
Le signe de la Soustraction est : −

TABLE DE DIVISION
Le signe de la Division est : :

Exercice 2

Remue-méninges

Répondez le plus rapidement possible.

1. Le grand nombre d'une soustraction est 97 927. Le petit nombre est inconnu. La différence entre les deux nombres de la soustraction est 9 098. Calculez le petit nombre.

....

....

2. Dans un livre ont été arrachées toutes les pages comprises entre celles numérotées 78 et 107. Combien y-a-t-il eu de pages arrachées au total ?

....

....

3. Un marchand de primeurs achète des pommes pour 2 075 francs. Les pommes s'étant avariées, il les revend en faisant une perte de 698 francs. Quel est le prix de ventes des pommes ?

....

....

4. Un crémier avait des œufs qu'il avait achetés 725 francs. En les transportant, il en casse. Il vend le reste 687 francs. Quelle est sa perte totale ?

....

....

Exercice 3

Apportez-moi la note, s'il vous plait !

1. Des amis font un repas en commun au restaurant. S'ils versent chacun 21 francs, il manque 10,50 francs pour payer la note totale. Soit x le nombre de personnes. Exprimez en fonction de x la somme totale versée ainsi que le montant de la note totale à payer.

....

....

....

....

2. S'ils versent chacun 25 francs, la somme totale versée dépasse le montant de la note totale de 17,50 francs. Refaire le même travail qu'à la question 1.

....

....

....

....

3. En utilisant les deux premières questions, déterminez le nombre de personnes qui ont participé au repas ainsi que le prix du repas par personne.

....

....

....

....

a. La somme totale versée est de :

....

b. Le nombre de personnes qui ont participé au repas est de : ....

Le prix du repas par personne est de : ....

Exercice 4

Les bonnes affaires de Gwendoline

Pour l'anniversaire de son petit frère Gwendoline achète un autobus qui coûte 30 francs. Quand elle passe à la caisse, la marchande lui consent un rabais de 30 %.

Combien Gwendoline payera-t-elle l'autobus au final ?

....

....

Exercice 5

Les maths et vous, à vous de voir !

« *Les mathématiques sont la seule science où l'on ne sait pas de quoi on parle ni si ce que l'on dit est vrai.* »
Bertrand Russel (1872-1970) mathématicien, logicien, philosophe, épistémologue, homme politique et moraliste britannique.

« *On se souviendra d'Archimède quand on aura oublié Eschyle parce que les langues meurent mais pas les idées mathématiques.* »
David Hilbert (1862-1943) mathématicien allemand considéré comme l'un des plus grands mathématiciens du XXe siècle à l'instar d'Henri Poincaré.

Votre avis sur la question des mathématiques :

....

....

....

....

....

Faites vos preuves

Exercice 1

Multiplications et preuves par 9

Effectuez les opérations suivantes et faites la preuve par 9.

1. 586 x 279 = ...

....

2. 2 107 x 378 = ...

....

3. 67,08 x 30,2 = ...

....

4. 8 263 x 450 = ...

....

5. 459, 20 x 37,40 = ...

....

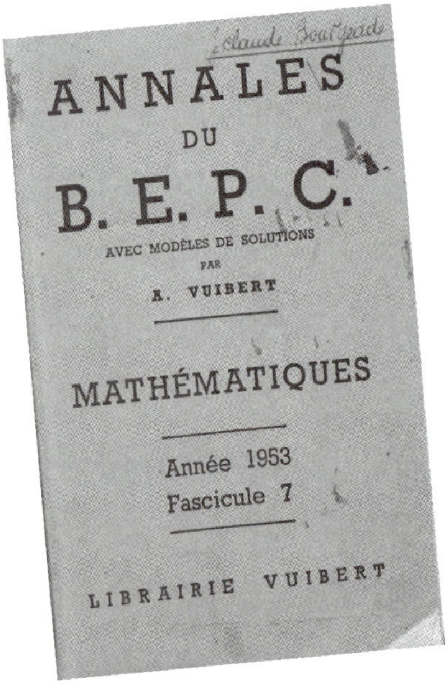

Exercice 2

Le problème de l'élève distrait

Devant multiplier 428 par 20,5 un écolier distrait a effectué la multiplication 428 par 20.

Sans poser les opérations, dites de combien le résultat trouvé est inférieur au résultat réel.

....

Exercice 3

Question de train

Un train fait 100 mètre de long. Il met 30 secondes pour traverser un tunnel qui fait 400 mètres.

Quelle est sa vitesse ? Exprimez-la en kilomètres à l' heure.

....

....

....

....

Exercice 4

Le prix des bijoux de Mme Bidou

Madame Bidou a acheté un bracelet et une bague pour un montant total de 11 000 francs. Le bracelet vaut 10 000 francs de plus que la bague.

Combien vaut la bague de Mme Bidou ?

....

....

....

Exercice 5

Bon voyage !

14 personnes effectuent un petit parcours en car. Les adultes payent le plein tarif qui est de 10 francs par personne. Les enfants payent demi-tarif. Le coût total s'élève à 100 francs.

On demande quel est l'écart entre le nombre d'adultes et le nombre d'enfants ?

....

....

....

....

Exercice 6

L'échelle de Gloria

Quelle est la hauteur de l'échelle de Gloria sachant qu'elle mesure 60 centimètres de plus que la moitié de sa propre longueur ?

....

....

....

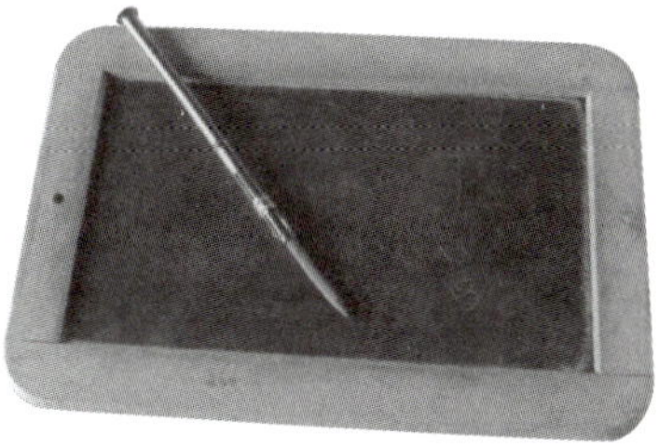

Exercice 7

L'inconnu à identifier

Je suis né à Bourg-la-Reine le 25 octobre 1811 et mort à Paris le 31 mai 1832.
Ma disparition, à l'âge de vingt ans, des suites de blessures lors d'un duel, reste énigmatique.
J'étais un républicain convaincu qui affichait ses positions et j'avais été emprisonné à la prison Sainte-Pélagie de Paris.
La théorie que j'ai eu le temps d'élaborer et qui porte mon nom est toujours féconde au xxe siècle, elle a rendu possible la synthèse de la géométrie et de l'algèbre.

Je suis : **1.** Henri Poincaré
2. Evariste Galois
3. Christiaan Huygens

Exercice 8

Les dragées du mariage

Anne et Louis ont acheté pour leur mariage 3 003 dragées au chocolat et 3 731 dragées aux amandes. Louis propose de répartir ces dragées de façon identique dans 20 corbeilles. Chaque corbeille doit avoir la même composition.

Combien restera-t-il de dragées non utilisées une fois que les corbeilles auront été remplies ?

....

....

....

....

Faites bonne figure

Exercice 1

À chacun son nom !

Voici la représentation de dix figures géométriques, inscrivez leur nom.

1. ....

2. ....

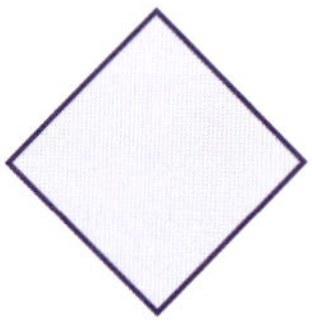

3. ....

4. ....

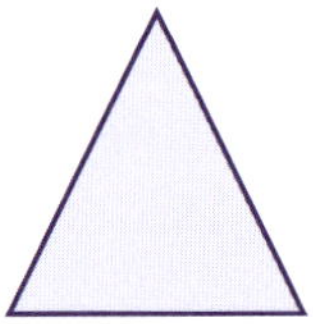

5. ....

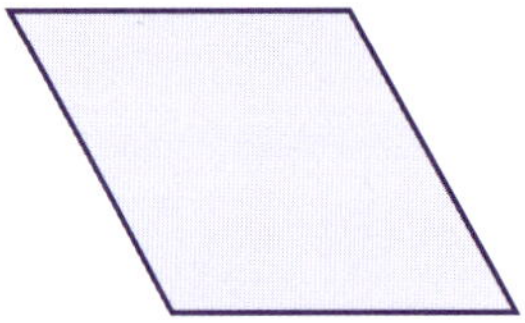

6. ....

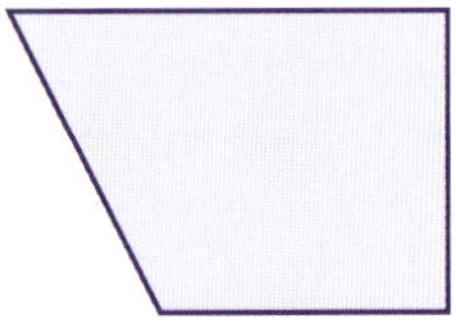

7. ....

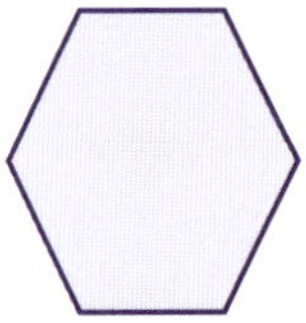

8. ....

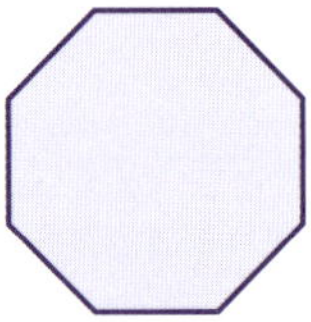

9. ....

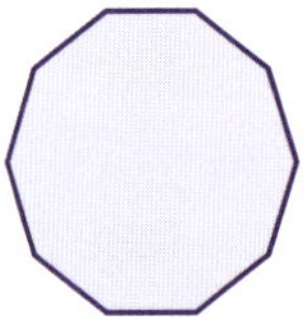

10. ....

Exercice 2

Quiz Express

Cochez les bonnes réponses.

1. Un angle aigu mesure :
a. Moins de 90°
b. Entre 90° et 180°
c. Plus de 180°

2. Dans un triangle rectangle, la somme des carrés des côtés de l'angle droit est :
a. Variable selon le type de triangle que l'on considère
b. Égale au carré de l'hypoténuse
c. Égale au carré de l'hypoténuse x 2

3. « Dans tout triangle rectangle la somme des carrés des côtés de l'angle droit est égale au carré de l'hypoténuse. »
Ce théorème est attribué à :
a. Pascal
b. Pythagore
c. Euclide
d. Thalès

Exercice 3

Changement de moquette !

Vous découvrez en solde la moquette azur dont vous avez toujours rêvé pour votre bureau. Cette moquette de démonstration fait la surface de votre pièce mais elle est rectangulaire alors que votre bureau est carré. Vous achetez cependant la moquette azur dont la longueur est égale au double de la largeur.

Comment allez-vous la découper de manière à obtenir un carré de même surface pour recouvrir le sol de votre bureau ?

....

....

....

Exercice 4

La géométrie euclidienne

Retrouvez les 3 premiers axiomes (sur 5) de la géométrie d'Euclide.

En cas de panne voici les mots à inscrire, ils vous sont fournis dans le désordre :
ligne, droite, cercle.

1. Un segment de …………… peut être tracé en joignant deux points quelconques distincts.

2. Un segment de droite peut être prolongé indéfiniment en …………… droite.

3. Étant donné un segment de droite quelconque, un …………… peut être tracé en prenant ce segment comme le rayon de l'une de ses extrémités comme centre.

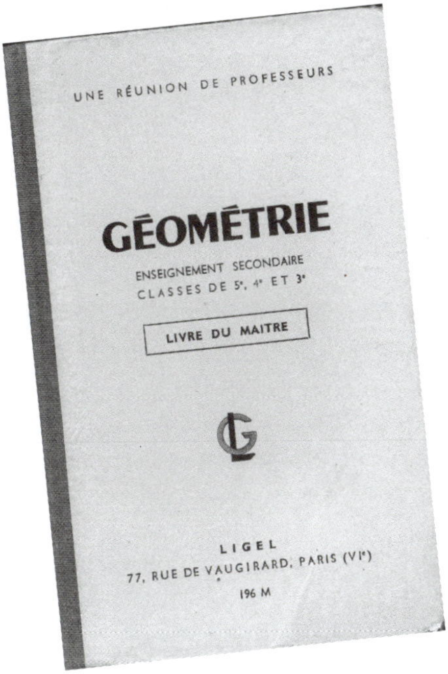

Exercice 5

Le cercle et vous

Quels sont les noms des différents tracés qui figurent sur le cercle :

1. ……………………………………………………………

2. ……………………………………………………………

3. ……………………………………………………………

4. ……………………………………………………………

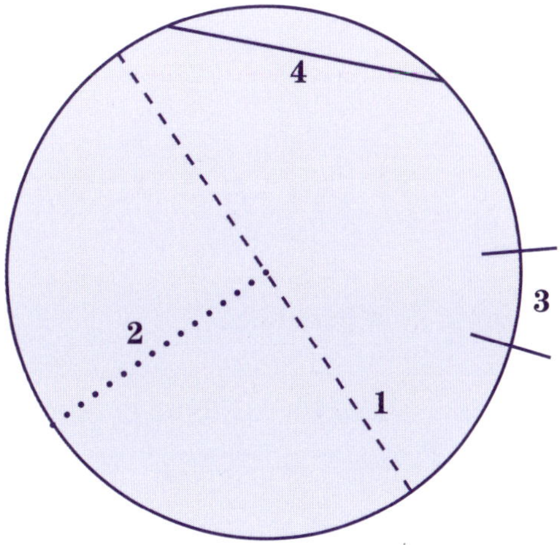

Exercice 6

À chacun son côté

Combien de côtés ont ces figures ?

1. Le losange : ……………………………………………

2. L'hexagone : ……………………………………………

3. L'octogone : ……………………………………………

4. Le parallélogramme : ……………………………………

5. Le pentagone : ……………………………………………

Récréation

Exercice 1

Mots à trouver

En vous aidant du contexte inscrivez dans les pointillés l'un des mots suivants :
chiffres, **l'algèbre**, **mathématique**.

J'étais alors en proie à la ....
Temps sombre ! Enfant ému du frisson poétique,
Pauvre oiseau qui heurtait du crâne mes barreaux,
On me livrait tout vif aux ....,
noirs bourreaux ;
On me faisait de force ingurgiter ....

1. Problème. — Mener, par un point A, la perpendiculaire à un plan P.

Premier cas : le point A est dans le plan P (fig. 1).

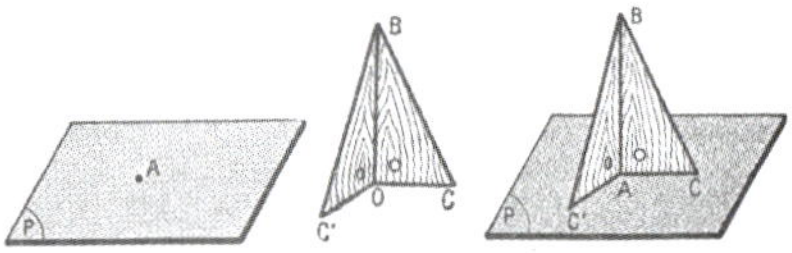

Fig. 1. Fig. 2. Fig. 3.
Construction de la **perpendiculaire** AB en un point A d'un plan P.

a. *Par A, on peut mener une perpendiculaire au plan P.*

Fixons deux équerres l'une à l'autre de manière qu'elles aient en commun le côté OB de l'angle droit (fig. 2), sans être dans le même plan.

Plaçons-les de manière que O soit en A et que les autres côtés OC et OC' des angles droits soient dans le P plan (fig. 3) ; la droite AB, qui est perpendiculaire aux droites distinctes OC et OC' du plan P, est perpendiculaire au plan P.

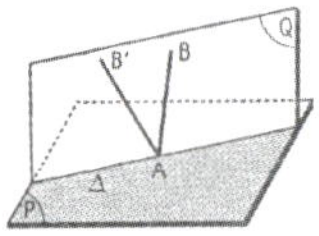

Fig. 4.

b. *Par A, on ne peut mener qu'une perpendiculaire au plan P.*

Si l'on pouvait mener, par A, deux perpendiculaires AB et AB' au plan P (fig. 4), leur plan Q couperait le plan P suivant une droite Δ qui serait perpendiculaire à AB et AB'. Dans le plan Q, on pourrait donc mener, par A, deux perpendiculaires à Δ, ce qui est absurde.

Exercice 2

L'amphore et la goutte

Combien de gouttes d'huile d'olive peut-on mettre dans une amphore vide d'une contenance de 2,75 litres ?

....

....

....

Exercice 3

Soustraction rapide

Combien de fois peut-on soustraire 6 000 de 35 000 ?

....

....

Exercice 4

Partage équitable

Aristide veut partager 3 pommes entre 2 pères et leurs 2 fils et que chacun ait exactement une pomme. Aristide y parviendra-t-il ?

Si c'est possible, dans quelles conditions est-ce réalisable ?

....

....

....

Exercice 5

Suite logique

Quel nombre doit venir à la suite de cette séquence pour qu'elle soit logique ?

1 3 7 15 31 63 ....

Autres disciplines

Instruction civique : À vos stylos citoyennes et citoyens !

Physique-chimie : De la masse à l'atome

Latin : Vous referez bien un peu de latin ?

Le BEPC et vous

Récréation

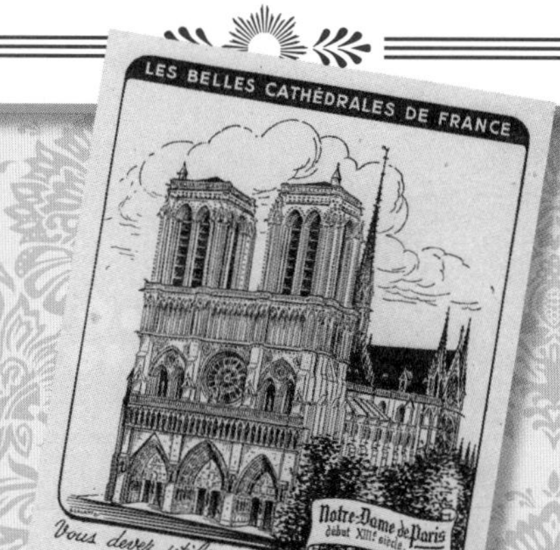

À vos stylos citoyennes et citoyens !

Exercice 1

Puzzle

Complétez l'article premier de la Déclaration des droits de l'homme et du citoyen.

« Les hommes .... et ....
libres et égaux en .... Les distinctions sociales ne peuvent être .... que sur .... commune.

Exercice 2

Valeurs

1. Quelles sont les trois valeurs de la République française inscrites au fronton des établissements ?

   a. ....

   b. ....

   c. ....

2. Quel dernier mot s'est récemment ajouté à cet historique trio ?

   ....

Exercice 3

Symboles

Citez quatre symboles de la République française.

1. ....

2. ....

3. ....

4. ....

Exercice 4

Adages

Voici des adages juridiques que tous les citoyens, toutes les citoyennes sont censés connaître et respecter. Ils sont incomplets.

Inscrivez les mots manquants.

1. Nul n'est censé ....

2. On ne peut être ....

3. Une même justice pour ....

4. Tout homme est déclaré innocent

   ....

5. La peine est suffisante si elle empêche le coupable de le ....

6. La peine est injuste si elle est

   ....

   ou si elle est trop

   ....

Exercice 5

L'inconnu à découvrir

Mon prénom que l'on ignore généralement est Claude.
Je suis né le 10 mai 1760 à Lons le saunier, sous les arcades de la rue du commerce, où ma mère était descendue de Montaigu au marché, je suis décédé le 26 juin 1836 à Choisy-le-roi.
J'ai été officier du génie mais je suis surtout passé à la postérité pour mon œuvre de poète et d'auteur dramatique.
Si on connaît peu l'hymne dithyrambique sur la conjuration de Robespierre et la révolution du 9 thermidor, en revanche on me connaît et on me chante souvent, dans le monde entier pour une de mes compositions très fameuse.

Je suis ....

Exercice 6

Eh bien... Chantez maintenant !

Commencez par complétez les blancs !

Couplet 1

Allons enfants de la Patrie,
Le jour de .... est arrivé !
Contre nous de la tyrannie
L'étendard .... est levé, (bis)
Entendez-vous dans les campagnes
Mugir ces .... soldats ?
Ils viennent jusque dans vos bras
Egorger vos fils, vos compagnes !

Refrain

Aux armes, citoyens,
Formez vos bataillons,
.... ! ....
Qu'un sang ....
Abreuve nos sillons !

Couplet 2

Que veut cette horde d'esclaves,
De traîtres, de rois conjurés ?
Pour qui ces ignobles entraves,
Ces fers dès longtemps préparés ? (bis)
Français, pour nous, ah ! quel outrage !
Quels transports il doit exciter !
C'est nous qu'on ose méditer
De rendre à l'antique esclavage !

Exercice 7

La Marseillaise et vous

1. Comment s'appelait la Marseillaise au moment de sa création ?

   ....

2. Combien de pieds ont ses vers ?

   ....

3. Comment s'appelle ce type de vers ?

   ....

De la masse à l'atome

Exercice 1

La masse et le poids

Entourez la bonne réponse.

1. La masse dépend de la quantité de matière de l'objet, soit de la somme des particules qui constituent cet objet (atomes ou molécules) :

Vrai **Faux**

2. Le poids est une force dépendant du lieu où l'on se trouve :

Vrai **Faux**

3. Le poids mesure la force d'attraction d'un astre sur un objet :

Vrai **Faux**

Exercice 2

Quiz express

Répondez le plus rapidement possible aux questions suivantes.

1. Dans le langage courant avec quelle notion confond-on la masse ?

....

2. Avec quel instrument mesure-t-on la masse ?

....

3. Quelle est l'unité de masse ?

....

4. Quelle est l'unité de tension électrique ?

....

5. Quelle différence y-a-t-il entre le courant continu et le courant alternatif ?

....

....

Exercice 3

Que la lumière et la matière soient !

Complétez !

1. La réfraction est la ....

des rayons ....

passant ....

d'un milieu ....

dans un autre.

2. L'état solide est c ....

et o..

3. L'état liquide est c..

et d..

4. L'état gazeux est non c..

et d..

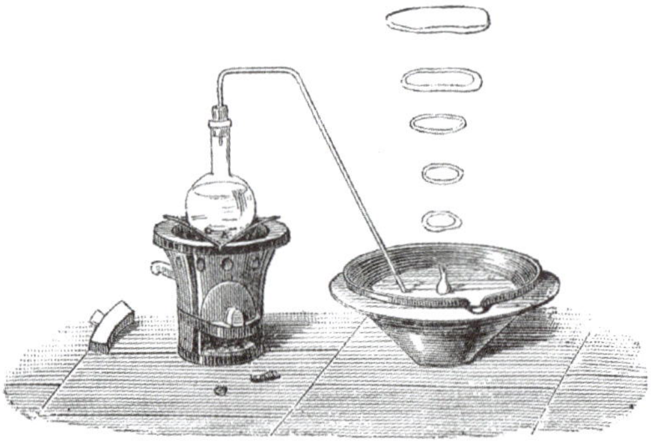

Préparation du phosphure d'hydrogène.

Quelques numéros atomiques :

33 : arsenic

50 : étain

78 : platine

79 : or

100 : fermium

102 : nobélium

Exercice 4

L'inconnu à nommer

Je suis un grain de matière extrêmement petit, invisible à l'œil nu.
Je suis le constituant de la matière indivisible et insécable.
Je suis la plus petite partie d'un corps pur.

Je suis ....

Exercice 5

La structure de l'atome

Complétez par les mots manquants.

1. L'atome se compose d'un ....

constitué de .... (neutres)

et de .... (positifs)

et de .... (négatifs).

2. Un atome est électriquement neutre.
Il possède autant de charges

positives .... que

de charges négatives (.....................................).

Exercice 6

Ions, cations, anions

Cochez la ou les bonne(s) réponse(s).

1. Un ion est :
- **a.** Un atome
- **b.** Un groupe d'atomes
- **c.** Un atome ou un groupe d'atomes qui a perdu ou gagné un ou plusieurs électrons

2. Les cations sont :
- **a.** Les ions positifs
- **b.** Les ions positifs qui ont perdu des électrons symbole de l'atome +
- **c.** Ils sont attirés par le pôle – lors de l'électrolyse

3. Les anions sont :
- **a.** Les ions négatifs
- **b.** Les ions négatifs qui ont gagné des électrons symboles de l'atome –
- **c.** Ils ont attirés par le pôle + lors de l'électrolyse

Vous referez bien un peu de latin ?

Exercice 1

De ville en ville

Quel est le nom actuel de ces cités gallo-romaines ?

1. Massilia : ....

2. Lutetia : ....

3. Lugdunum : ....

4. Augustudunum : ....

Exercice 2

Racines

Quel est le sens de ces mots latins ? Pour vous aider, un mot français, issu de la racine latine, vous est fourni.

1. Ager, agri ; agricole :

....

2. Aqua, aquae ; aquatique :

....

3. Primus, prima, primum ; primipare :

....

4. Ultimus, ultima, ultimum ; ultime :

....

Exercice 3

Expressions courtes

Dans les phrases suivantes, traduisez les expressions latines, en vous aidant du contexte.

1. Mon oncle Emeric occupe cette fonction très absorbante *ad honores*. Heureusement qu'il est très fortuné !

   ...., ...

2. Les enfants ont lu cet ouvrage dans une version *ad usum delphini* :

   ...., ...

3. Le centenaire consentit à rédiger son testament *in articulo mortis* :

   ....

Exercice 4

Traduisez

Faites correspondre à chaque phrase ou expression latine sa traduction latine.

1. Sol lucet omnibus

2. Si vis pacem, para bellum

3. Nunc est bibendo

4. Carpe diem

5. Sursum corda !

a. C'est maintenant qu'il faut boire

b. Si tu veux la paix, prépare la guerre

c. Le soleil luit pour tout le monde

d. Haut les cœurs !

e. Profite du jour présent/
Jouis de l'instant présent.

1. ...... **2.** ...... **3.** ...... **4.** ...... **5.** ......

Exercice 5

Distribution

Voici des expressions latines. Distribuez-les dans les phrases suivantes, en fonction du contexte où elles sont particulièrement bien adaptées.

1. Ad vitam aeternam

2. dura lex sed lex

3. cave canem, in fine

4. o tempora o mores

a. Avec l'intention d'effrayer d'éventuels cambrioleurs, Violette a accroché sur son portail un écriteau sur lequel on peut lire :

....

b. Godefroy avait juré à Gloria qu'il l'aimerait

....

c. Il nous faut payer nos impôts !

.... !

d. Mon oncle Horace de Chambilly qui ne sortait de son château qu'une fois tous les dix ans pour se rendre au salon de l'agriculture à Paris, médusé par les changements qu'il constatait s'écriait à chaque fois :

.... !

e. Le débats furent longs et houleux mais

....

le bon sens triompha.

Exercice 6

Contextualisez

À chacune des expressions suivantes, faites correspondre une des expressions latines.

1. Panem et circenses

2. Asinus asinum fricat

3. Oleum perdidisti

4. Nulus dies sine linea

5. Ad angusta per angusta

a. Cette expression s'employait quand une personne avait perdu son temps, sa peine, en vain. Au sens propre, son huile.

b. Juvénal adressait ses mots de mépris aux Romains qui étaient incapables de s'intéresser à autre chose qu'aux distributions gratuites de blé et aux jeux du cirque.

c. Se dit de deux personnes qui s'adressent mutuellement des éloges.

d. Vers de larges horizons par d'étroits défilés ou A de grandioses résultats en passant par des voies étroites.

e. Pas un jour sans une ligne.

1. ....

2. ....

3. ....

4. ....

5. ....

Le BEPC et vous

Le brevet, dans les collèges, a connu de nombreuses mutations depuis sa création. On peut même dire qu'il a eu plusieurs vies. Il n'est donc pas inintéressant de revenir sur le passé de cette belle institution française qui nous réservera quelques surprises. Voici quelques questions d'ordre général. Pour vous guider dans certaines de vos réponses, nous vous proposons parfois des choix. À vous de faire les bons !

1. Que signifie, en toutes lettres, BEPC ?

....

....

2. Aujourd'hui, en 2016, et depuis un certain nombre d'années déjà, on ne passe plus le BEPC mais un examen du même genre.
a. Quel est son nom ?
b. Comment abrège-t-on ce nom ?

a. ....

b. ....

....

3. Quel est le niveau de ce diplôme d'état français dans l'échelle officielle ci-dessous ? Encadrez un chiffre :

1　　2　　3　　6　　7

4. Quel était, en général, l'âge moyen des élèves qui passaient le BEPC ?

....

5. Quel est en général l'âge moyen des élèves qui passent le brevet des collèges ?

....

6. Quel lien y-a-t-il entre entre la décision d'attribution du brevet et la décision d'orientation prise après le collège ?

....

7. Etait-il nécessaire d'être titulaire du BEPC pour entrer dans une classe de seconde générale de lycée ?

Oui　　　　**Non**

8. Qui était responsable de l'attribution ou du refus du diplôme de BEPC ?

....

....

9. Qui est responsable de la décision d'orientation des élèves après le collège ?

....

....

10. En quelle année le BEPC a-t-il été créé ? Entourez la bonne date :

1945 **1947** **1950** **1953**

1957 **1958** **1960** **1962**

11. À quel diplôme le BEPC se substitue-t-il ?
a. Le certificat d'études
b. Le brevet élémentaire
c. L'examen de fin d'études

12. Le décret officiel qui institue le BEPC stipule que le BEPC offrira aux candidats qui l'obtiendront « des avantages au moins équivalents » à ceux qui étaient offerts par le brevet élémentaire.
Au nombre de ces avantages, quel était celui qui était considéré comme le plus important, le plus précieux ?

....

....

13. En quelle année est créé le diplôme national de brevet des collèges ?

1968 **1970** **1980**

1982 **1990**

14. À partir de 1988, l'examen du brevet comportera trois séries. Lesquelles ?

a. ....

b. ....

c. ....

15. En 2012, le nombre de ces séries est réduit à deux ; lesquelles ?

a. ....

b. ....

16. Quels étaient les objectifs de ces épreuves ?
a. Quel a été l'objectif du BEPC ?

....

....

b. Attester la maîtrise du socle commun :

des ....

des ....

de la ....

Récréation

Exercice 1

Salade de noms

Retrouvez le nom de célèbres mathématiciens français. Les lettres qui forment leur patronyme apparaissent dans le désordre.

1. O N P C I A R E : ....

2. T E S D A R C E S : ....

3. A L O G I S : ....

4. A S P A L C : ....

5. T O N E D E R C O C : ....

6. P A L L A C E : ....

Exercice 2

Un mot en vedette

Toutes les personnalités françaises dont vous allez découvrir le prénom, le nom de famille ainsi que les dates d'existence se sont illustrées dans un même domaine. Précisez lequel à chaque fois.

Groupe 1

1. Marcellin Berthellot (1827-1907)

....

2. Marie Curie (1887-1943)

....

3. Claude-Louis Berthollet (1748-1822)

....

4. Antoine Lavoisier (1734-1794)

....

5. Louis Pasteur (1822-1895)

....

6. Irène Joliot-Curie (1897-1958)

....

Groupe 2

1. André-Marie Ampère (1775-1836)

....

2. Pierre Curie (1859-1906)

....

3. Henri Becquerel (1852-1908)

....

4. Georges Charpak (1924-2010)

....

5. Gaspard-Gustave Coriolis (1792-1834)

....

6. Edouard Branly (1844-1940)

....

Exercice 3

Bémol

Vous pouvez cependant apporter un bémol quant au domaine de spécialisation que vous avez inscrit pour les groupes 1 et 2. Indice : vous avez inscrit Marie Curie dans le groupe 1 et Pierre Curie dans le groupe 2. Or une grande partie de leur œuvre est commune. Quelle nuance pouvez-vous donc apporter ?

....

....

....

....

ARTS.

LA LECTURE

Mme HÉLIER-MALAURIE
Directrice d'École
VIVE LA LECTURE !
Deuxième livre de lecture courante
Cours élémentaire
Illustrations de Raylambert
ALBIN MICHEL ÉDITEUR. PARIS

Bonheurs d'enfance

Une poupée pour Cosette

La porte se rouvrit, l'homme reparut, il portait dans ses deux mains la poupée fabuleuse dont nous avons parlé, et que tous les marmots du village contemplaient depuis le matin, et il la posa debout devant Cosette en disant :

– Tiens, c'est pour toi.

Il faut croire que, depuis plus d'une heure qu'il était là, au milieu de sa rêverie, il avait confusément remarqué cette boutique de bimbeloterie éclairée de lampions et de chandelles si splendidement qu'on l'apercevait à travers la vitre du cabaret comme une illumination.

Cosette leva les yeux, elle avait vu venir l'homme à elle avec cette poupée comme elle eût vu venir le soleil, elle entendit ces paroles inouïes : c'est pour toi, elle le regarda, elle regarda la poupée, puis elle recula lentement, et s'alla cacher tout au fond sous la table dans le coin du mur. Elle ne pleurait plus, elle ne criait plus, elle avait l'air de ne plus oser respirer.

La Thénardier, Éponine, Azelma étaient autant de statues.

Les buveurs eux-mêmes s'étaient arrêtés. Il s'était fait un silence solennel dans tout le cabaret.

Victor Hugo (1802-1885), *les Misérables* (1862)

Exercice 1

Les personnages

Les personnages ou groupes de personnages présents dans l'extrait. Nommez-les tous :

1. ....

2. ....

3. ....

4. ....

5. ....

6. ....

7. ....

Exercice 2

L'objet essentiel

1. Il joue un rôle capital dans l'histoire. De quel objet s'agit-il ?

....

2. Comment cet objet est-il unanimement perçu ?

....

Exercice 3

Le lieu

Dans quel lieu précis l'action se déroule-t-elle ? Relevez deux mots du texte qui vous permettent de répondre :

1. ....

2. ....

Exercice 4

Titres

Barrez les titres qui ne pourraient pas être donnés à cet extrait :

1. Ébahissement au bistrot
2. Un merveilleux cadeau
3. Tombée du ciel un soir de Noël
4. Générosité, jalousie et changement de vie

Exercice 5

Le petit monde de Cosette

Faites appel à vos souvenirs (ou relisez *les Misérables*) pour répondre aux questions suivantes :

1. Les Thénardier auront un troisième enfant qui sera tué sur les barricades, à Paris, lors de l'insurrection de 1848, quel est son nom ?

   ....

2. Quel nom prend Jean Valjean, le forçat, quand il devient un homme respecté et respectable ?

   ....

3. Qui le poursuit de sa haine tenace ?

   ....

4. Qui Cosette épousera-t-elle ?

   ....

Exercice 6

Quels personnages secondaires Hugo évoque-t-il dans cet extrait ?

« C'est toujours la même histoire. Ces pauvres êtres vivants, ces créatures de Dieu, sans appui désormais, sans guide, sans asile, s'en allèrent au hasard, qui sait même ? Chacun de leur côté peut-être, et s'enfoncèrent peu à peu dans cette froide brume où s'engloutissent les destinées solitaires, mornes ténèbres où disparaissent successivement tant de têtes infortunées dans la sombre marche du genre humain. Ils quittèrent le pays. Le clocher de ce qui avait été leur village les oublia ; la borne de ce qui avait été leur champ les oublia ; après quelques années de séjour au bagne, Jean Valjean lui-même les oublia.

Victor Hugo (1802-1885), *les Misérables* (1862), tome I, livre 2, chapitre 6

....

....

Le rat en guenilles

Ma chambre, où je ne m'installais plus jamais pour travailler, où je n'entrais plus guère que le soir pour dormir, redevint pendant ce beau mois de juin mon lieu de délices, après le dîner, par les longs crépuscules tièdes et charmants. C'est que j'avais inventé un jeu, un perfectionnement du rat en guenilles que les gamins vulgaires font courir au bout d'une ficelle, le soir, dans les jambes des passants. [...] Le soir, dès que le jour baissait, un oiseau de ma fabrication – espèce de corbeau saugrenu charpenté en fil de fer avec des ailes de soie noire – sortait sournoisement d'entre mes persiennes, aussitôt refermées, et descendait, d'une allure drôle, se poser au milieu de la rue sur les pavés. Un anneau auquel il était suspendu pouvait courir librement le long de la ficelle, devenue invisible au crépuscule, et, tout le temps, je le faisais sautiller, sautiller par terre, dans une agitation comique.

Et quand les passants se baissaient pour regarder quelle était cette invraisemblable bête qui se trémoussait tant, – crac ! Je tirais bien fort le bout gardé dans ma main : l'oiseau alors remontait très haut en l'air, après leur avoir sauté au nez.

Oh ! Derrière mes persiennes, me suis-je amusé, ces beaux soirs -là ; ai-je ri, tout seul, des cris, des effarements, des réflexions, des conjectures. Ce qui m'étonne, c'est qu'après le premier moment de frayeur, les gens prenaient le parti de rire autant que moi ; il est vrai, la plupart étaient des voisins, qui devinaient de qui cette mystification devait leur venir, – et j'étais aimé dans mon quartier en ce temps-là.

Pierre Loti (1850-1923), *le Roman d'un enfant* (1890)

Exercice 1

Un jeu ingénieux

L'auteur précise qu'il a inventé son jeu à partir d'un jeu existant « celui du rat en guenilles ». Pour autant, afin que son astuce fonctionne, il a besoin d'une installation élaborée et d'une complicité. Comment s'y prend-il ?

....

....

....

....

Exercice 2

Que de bonheur !

Relevez tous les mots et expressions du texte qui attestent que le narrateur prend un plaisir extraordinaire à ce jeu ingénieux qu'il a inventé en perfectionnant le jeu du rat en guenilles.

1. ....

2. ....

3. ....

4. ....

5. ....

6. ....

Exercice 3

Titres en vrac

Voici des titres de romans de Pierre Loti. Reconstituez-les dans leur intégralité.

Mon frère **1.**	**a.** La sombre route
Pêcheur **2.**	**b.** deux chattes
Le roman **3.**	**c.** d'Islande
Reflets sur **4.**	**d.** Pékin
Vie de **5.**	**e.** Yves
Les derniers **6.** jours de	**f.** d'un enfant

Exercice 4

Mots mêlés

Retrouvez des mots des deux extraits du texte qui sont mêlés deux par deux.

1. F R I L E F :

.... et ....

2. S U I M O N I J :

.... et ....

3. Z E N N E G S :

.... et ....

4. T R A Q U I E R R I :

.... et ....

Exercice 5

Suite en kit

Voici la suite immédiate de l'extrait du texte de Pierre Loti. Pour la découvrir, il vous faudra commencer par compléter les blancs en inscrivant les mots manquants dans les pointillés. Aidez-vous du contexte, et puisez dans la liste-réservoir où ils sont fournis dans le désordre.

Liste réservoir : *oiseau, matelots, reliques, tacitement, enfantillages, mystère, juin, soirées.*

Ou bien c'étaient des m................, passants de bonne composition, qui se montrent en général indulgents aux e................ et pour cause.
Mais ce qui restera pour moi incompréhensible, c'est que, dans ma famille, où on péchait plutôt par excès de réserve, on ait pu fermer les yeux là-dessus, tolérer même t................ ce jeu pendant tout un printemps ; je ne me suis jamais expliqué ce manque de correction, et les années, au lieu de m'éclaircir ce m................, n'ont fait que me le rendre plus surprenant encore.
Cet o................ noir est naturellement devenu une de mes nombreuses r................ : de loin en loin, tous les deux ou trois ans, je le regarde : un peu mité, mais me rappelant toujours les belles s................ des mois de j................ disparus, les griseries délicieuses des anciens printemps.

Ronde troublante

A peine avais-je remarqué, dans la ronde où nous dansions, une blonde, grande et belle, qu'on appelait Adrienne. Tout d'un coup, suivant les règles de la danse, Adrienne se trouva placée seule avec moi au milieu du cercle. Nos tailles étaient pareilles. On nous dit de nous embrasser, et la danse et le chœur tournaient plus vivement que jamais. En lui donnant ce baiser, je ne pus m'empêcher de lui presser la main. Les longs anneaux roulés de ses cheveux d'or effleuraient mes joues. De ce moment, un trouble inconnu s'empara de moi. – La belle devait chanter pour avoir le droit de rentrer dans la danse. On s'assit autour d'elle, et aussitôt, d'une voix fraîche et pénétrante, légèrement voilée, comme celle des filles de ce pays brumeux, elle chanta une de ces anciennes romances pleines de mélancolie et d'amour, qui racontent toujours les malheurs d'une princesse enfermée dans sa tour par la volonté d'un père qui la punit d'avoir aimé. La mélodie se terminait à chaque stance par ces trilles chevrotants que font valoir si bien les voix jeunes, quand elles imitent par un frisson modulé la voix tremblante des aïeules.

À mesure qu'elle chantait, l'ombre descendait des grands arbres, et le clair de lune naissant tombait sur elle seule, isolée de notre cercle attentif. – Elle se tut, et personne n'osa rompre le silence. La pelouse était couverte de faibles vapeurs condensées, qui déroulaient leurs blancs flocons sur les pointes des herbes. Nous pensions être en paradis.

Gérard de Nerval (1808-1855) *Sylvie* (1853)

Exercice 1

1. Qui ?

Qui participe à cette ronde ?

a. ....

b. ....

c. ....

2. Où ?

Où la scène se déroule-t-elle ? Relevez deux mots placés à la fin du texte.

a. ....

b. ....

3. Quand ?

À quel moment de la journée cette ronde se déroule-t-elle ? Relevez deux mots placés à la fin de l'extrait.

a. ....

b. ....

Exercice 2

La magie du bonheur

1. Ce moment est magique pour le narrateur ; cette magie a plusieurs sources, lesquelles ?

a. ....

b. ....

c. ....

2. Recopiez la phrase du texte qui exprime le bonheur du narrateur.

....

....

....

Exercice 3

Mots mêlés

Retrouvez des mots du texte dont les lettres ont été mélangées ; à chaque groupe de lettres correspond deux mots.

1. R H O R N E B E D E S

....

2. C L I R U A L N E

....

3. M O E V L O I D I E X

....

4. F O S L O C O N A S

....

Lecture poétique

El Desdichado

Je suis le Ténébreux, – le Veuf, – l'Inconsolé,
Le Prince d'Aquitaine à la Tour abolie :
Ma seule Étoile est morte, – et mon luth constellé
Porte le Soleil noir de la Mélancolie.

Dans la nuit du Tombeau, Toi qui m'as consolé,
Rends-moi le Pausilippe et la mer d'Italie,
La fleur qui plaisait tant à mon coeur désolé,
Et la treille où le Pampre à la Rose s'allie.

Suis-je Amour ou Phoebus ?... Lusignan ou Biron ?
Mon front est rouge encor du baiser de la Reine ;
J'ai rêvé dans la Grotte où nage la Sirène...

Et j'ai deux fois vainqueur traversé l'Achéron :
Modulant tour à tour sur la lyre d'Orphée
Les soupirs de la Sainte et les cris de la Fée.

Gérard de Nerval (1808-1855), *Odelettes* (1832-1839)

Les joies de l'école buissonnière

Nous avions onze ans. Il nous semblait qu'il y avait onze ans que cela durait, nous en avions assez d'être de bons élèves. Après le déjeuner, comme nous retournions à l'école, Gilardin me dit :

– Si on n'y allait pas ? [...]

Nous nous rendîmes immédiatement à l'endroit où nos parents nous défendaient d'aller : c'était à la rivière. À la vérité, on n'y courait aucun danger. La rivière, pendant l'hiver, n'était ni large ni profonde, et l'été, elle était réduite à un simple filet d'eau.

Nous fîmes les choses en grand. Comme nous posions nos souliers pour nous laver les pieds, il nous vint à l'esprit qu'il vaudrait mieux se comporter vis-à-vis de la rivière comme si elle était un fleuve important, et nous nous déshabillâmes tout à fait. L'eau nous montait seulement à la cheville, mais nous profitâmes de ce que nous étions tout nus pour nous rouler dedans. Nous eussions bien voulu qu'il se produisît en cet instant une inondation. Aucun doute n'ébranlait notre confiance : nous étions certains que nous aurions su nager. [...]

Un admirable après-midi commença. Nous ne voulions pas suivre les routes, là où marche tout le monde, nous allions à travers les prés. Le plus souvent, marcher ne nous suffisait pas, nous courions. Nous courions dans la liberté, heureux d'avoir des membres, et nous en servant pour notre plaisir.

Charles-Louis Philippe (1874-1909), *les Contes du matin*, 1916

Exercice 1

Les héros du texte

1. Combien sont-ils ? ....

2. On connaît le nom de l'un d'entre eux, comment s'appelle-t-il ? ....

3. Qui est l'autre ? ....

4. Quel est leur âge ? ....

5. Quelle décision prennent-ils au début de l'extrait ? ....

6. En quoi cette décision est-elle étonnante de la part de ces deux écoliers ? ....

....

....

Exercice 2

Les activités de l'après-midi

1. Il y en a deux qui sont essentielles ; lesquelles ?

a. ....

b. ....

2. Mais ces deux activités, au demeurant traditionnelles, vont s'exercer de manière particulière.

a. Où la première se déroule-t-elle ?

b. Où la seconde se déroule-t-elle ?

c. De quelle manière s'effectue-t-elle ?

Exercice 3

Un titre

Relisez le texte. Deux phrases de l'extrait pourraient servir de titre à ce passage. Lesquelles ?

1.

2.

Exercice 5

De la lecture à l'écriture

1. Composez un paragraphe de six lignes environ qui commencera par « Nous avions onze ans. »

2. Composez un paragraphe de six lignes environ qui se terminera par « Nous en avions assez d'être de bons élèves. »

3. Rédigez une lettre à un proche dans lequel vous placerez « nous fîmes les choses en grand ».

Exercice 4

C'est vous qui corrigez les fautes !

Fautes d'orthographe ou de style, soulignez-les et proposez un commentaire et une correction :

1. Les enfants m'ont rabattu les oreilles avec l'excellente journée qu'ils ont passée.

2. Camille adore les ballades, que ce soit au bord de la mer, en montagne ou à la campagne.

3. Le narrateur, son ami et moi sont prêts à mettre cette excellente pièce de théâtre en scène.

4. Je n'aime pas les films en noir et blanc quand ils ont été coloriés.

Exercice 6

Vous avez lu ? Eh bien écrivez maintenant !

1. Imaginez le plan d'une nouvelle (époque, lieux, personnages, intrigue) dont la première phrase sera : « Un admirable après-midi commença. »

Le jardin sous la neige

Ce jour-là, comme d'habitude, Maman ouvrit la fenêtre sur le Jardin... Il n'y avait plus de Jardin ! Quelqu'un l'avait changé pendant la nuit en extraordinaire pays sans allées, lisse et beau comme une nappe blanche où personne, jamais, n'avait marché. Il était plein d'oiseaux noirs et gris, les corbeaux de la Cathédrale et d'autres plus petits qui voletaient, et dont les pattes laissaient, sur la blancheur, des signes.

Les branches de l'if, du cerisier, de l'abricotier, de tous les arbustes autour, pendaient lourdement, chargées de neige. Entre les branches étaient suspendus des ponts, des grottes, des châteaux où s'ouvraient des salles éblouissantes, mais si étroites que les moineaux eux-mêmes étaient trop gros pour y loger. Mais je m'inventais, moi, plus petite qu'eux et j'entrais. J'entrais, je voyais des salles, des trônes, des lustres étincelants, des galeries qui s'en allaient à perte de vue dans la demeure des reines cachées et où, peut-être, si je pouvais les suivre assez loin dans le secret de la neige, je rencontrerais la Fée qui avait, pendant la nuit, fait disparaître le Jardin.

Marie Noël (1883-1967) *Petit-Jour* (1964)

Mémoire et concentration

Faites travailler votre mémoire et exercez votre capacité de concentration. Relisez le texte de Marie Noël autant de fois que vous le souhaitez et que vous le jugerez nécessaire, jusqu'à ce que vous ayez la certitude de l'avoir mémorisé, dans l'ensemble comme dans le détail.

Exercice 1

Questions et réponses

Répondez aux questions suivantes, sans consulter le texte... et méfiez-vous des pièges qui vous sont tendus !

1. Qui a ouvert la fenêtre ? ....

2. À quel moment de la journée cette fenêtre a-t-elle été ouverte ? ....

3. De quel jour de la semaine s'agit-il ?

....

4. Pourquoi l'auteur peut-elle écrire que le jardin a disparu ? ....

5. La couleur des oiseaux du jardin est-elle précisée ? ....

Auquel cas, précisez-la : ....

6. Pourquoi, selon l'auteur, les moineaux ne peuvent-ils pas loger dans « les salles éblouissantes » ? ....

Exercice 2

Démêler le vrai du faux

Voici des affirmations concernant le texte. Cochez celles qui sont exactes.

☐ **1.** Le jardin est comparé à un pays.

☐ **2.** Personne n'a encore marché dans le jardin quand la narratrice le voit, par la fenêtre ouverte.

☐ **3.** La narratrice mentionne trois sortes d'oiseaux différents dans cet extrait.

☐ **4.** La narratrice aperçoit la trace des pattes des oiseaux sur la neige.

☐ **5.** Les arbres du jardin qu'énumère la narratrice sont : l'if, le sapin, le cerisier, l'abricotier.

☐ **6.** Marie-Noël évoque la blancheur des cygnes.

Exercice 3

Puzzle

Recomposez de mémoire des expressions ou des phrases du texte en inscrivant les mots manquants dans les pointillés :

1. Quelqu'un l'avait changé pendant la nuit en un extraordinaire .... sans ....

2. Lisse et beau comme une .... blanche.

3. Je rencontrerai la .... qui avait pendant la .... fait disparaître le ....

Exercice 4

Mots

Voici cinq listes de mots. Dans chacune d'elles barrez le ou les mots qui ne figurent pas dans le texte.

1. Branches, tronc, feuillage, buisson, arbuste, pommier, pin, abricotier.

2. Cathédrale, basilique, place.

3. Ponts, grottes, châteaux, manoirs, allées.

4. Trônes, lustres, galeries, nappe.

5. Reine, fée, corbeau, nain, Noël.

Exercice 5

Le salon où l'on lit

Tracez des flèches pour rendre à chaque auteur son œuvre, puis lisez-la ou relisez-la !

Le jardin des Trinitaires **.1**	**a.** José Cabanis
Le pays où l'on n'arrive jamais **.2**	**b.** Hergé
Les jardins de la nuit **.3**	**c.** André Dhôtel
On a marché sur la lune **.4**	**d.** Henri Bosco
Le jardin de Bérénice **.5**	**e.** Hans-Christian Andersen
La reine des neiges **.6**	**f.** Maurice Barrès

Récréation

Exercice 1

Unique

Pour chacune des séries suivantes, inscrivez un mot ou une expression unique :

1. Porte-plume, buvard, plume, plumier, protège-cahier, crayon de couleur, gomme :

....

2. Kaléidoscope, toupie, cube, baigneur, dinette, ferme, garage, poupée, berceau :

....

3. Roudoudou, praline, dragée, réglisse, caramel, sucre d'orge, pâte de fruit :

....

4. Agate, calot, abeille, cardinal, boulard, mammouth, banane, arc-en-ciel :

....

Exercice 2

Bonheurs d'enfance

En inscrivant dans les tirets les lettres manquantes retrouvez des mots (noms communs ou verbes à l'infinitif) qui sont en rapport étroit avec des plaisirs enfantins.

1. À la montagne, l'hiver :

a. L _ _ E

b. P _ _ I _ _ R

c. G _ _ S _ _ D _

d. S _ _ _ R

e. B _ _ L _ de N _ _ G _

2. À la mer, l'été :

a. N _ G _ R

b. P _ C _ _ R

c. P _ _ _ G _ R

d. C _ Q _ _ _ _ A _ E

e. C _ _ _ E _ _ de S _ _ L _

Exercice 3

Humour

Voici trois citations :
« *Mieux vaut élever son esprit que des chats siamois.* » ;
« *Le devoir, c'est le devoir, et vice-versa.* » ;
« *Pour être le premier, il n'est pas nécessaire d'être plusieurs.* »

Qui est l'auteur de ces trois citations ?

....

Indices : Je suis né à Paris le 20 juillet 1921 dans une famille d'artistes, particulièrement d'acteurs de théâtre. J'ai été le plus jeune bachelier de France, à quatorze ans. J'ai fait partie de la troupe des Branquignols entre les années 1940 et 1950. Dans *les Tontons flingueurs,* le film de Georges Lautner, je suis maître Folace, le notaire de Louis, alias « le mexicain ». L'année suivante, je serai un des barbouzes dans *les Barbouzes*.

Nos amies les bêtes

La chatte et le perroquet

M. Piccolin et le chien

La mule du pape

Le renard

Récréation

La chatte et le perroquet

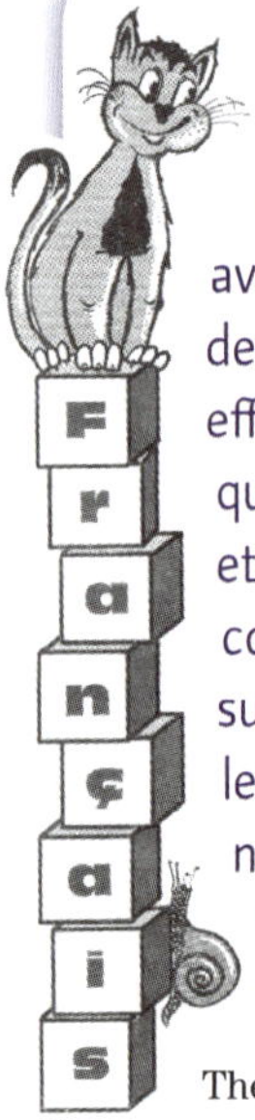

Un jour, un de nos amis, partant pour quelques jours, nous confia son perroquet pour en avoir soin tant que durerait son absence. L'oiseau se sentant dépaysé était monté, à l'aide de son bec, jusqu'au haut de son perchoir et roulait autour de lui, d'un air passablement effaré, ses yeux semblables à des clous de fauteuil, en fronçant les membranes blanches qui lui servaient de paupières. Madame-Théophile, notre chatte rousse à prunelles bleues et le nez rose, ainsi nommée parce qu'elle vivait avec nous dans une intimité tout à fait conjugale, n'avait jamais vu de perroquet ; et cet animal, nouveau pour elle, lui causait une surprise évidente. Aussi immobile qu'un chat embaumé d'Égypte dans son lacis de bandelettes, elle regardait l'oiseau avec un air de méditation profonde, rassemblant toutes les notions d'histoire naturelle qu'elle avait pu recueillir sur les toits, dans la cour et le jardin.

L'ombre de ses pensées passait par ses prunelles changeantes et nous pûmes y lire ce résumé de son examen : « Décidément c'est un poulet vert. »

Théophile Gautier (1811-1872), *Ménagerie intime* (1869)

Exercice 1

Le perroquet en question

Relisez soigneusement le texte, mémorisez les informations qui vous sont fournies et répondez aux questions suivantes sans reprendre l'extrait sous les yeux :

1. Dans quelles circonstances le narrateur se retrouve-t-il avec un perroquet chez lui ?

2. Combien de temps va-t-il devoir assurer la garde de ce perroquet ?

3. Comment le perroquet se sent-il quand il arrive chez le narrateur ?

4. Quel est son premier mouvement ?

5. À quels objets le narrateur compare-t-il les yeux du perroquet ?

6. À quoi compare-t-il ses paupières ?

7. Quel est l'air du perroquet ?

Exercice 2

La chatte de Théophile

Si le perroquet de l'ami de Théophile Gautier ne bénéficie guère d'un portrait très flatteur, en revanche, l'auteur, grand amateur de félins devant l'Éternel, va brosser de celle qui fut et demeura une de ses chattes préférées un portrait des plus louangeurs.

1. L'apparence : un portrait tout en couleurs : quelles sont les précisions fournies par l'auteur :

……………………………………………………………………

2. Le comportement : le perroquet n'a jamais vu de chat ni de chatte ; la chatte n'a jamais vu de perroquet. Le perroquet grimpe au sommet de son perchoir et il « a l'air passablement effaré ». Bien différente est l'attitude de Mme Théophile ; que de dignité et de sang-froid dans sa « surprise évidente ». Comment réagit-elle ?

……………………………………………………………………

3. À quelle conclusion parvient-elle ? Citez le texte :

……………………………………………………………………

Exercice 3

Quiz express

1. Que signifie l'expression « faire le perroquet » ?

……………………………………………………………………

2. Dans « Les bijoux de la Castafiore » (un album des aventures de Tintin d'Hergé) qui offre un perroquet au capitaine Haddock ?

……………………………………………………………………

3. Quel est le nom du perroquet du capitaine Haddock dans les albums d'Hergé ?

……………………………………………………………………

4. Citez deux des caractéristiques principales des perroquets, en général :

……………………………………………………………………

……………………………………………………………………

5. Qui a introduit en Europe les premiers perroquets ?

……………………………………………………………………

Exercice 4

Loulou, le perroquet de Félicité

Pour bien comprendre cet extrait, il vous faudra inscrire les voyelles dans les tirets des mots d'où elles ont été ôtées.

Il s'appelait Loulou. Son corps était v _ rt, le bout de ses _ _ l _ s rose, son front bleu et sa g _ r g _ d _ r _ _.
Mais il avait la fatigante m _ n _ _ de mordre son bâton, s'arrachait les plumes, éparpillait ses ordures, répandait l'eau de sa b _ _ gn _ _ r _ ; Mme Aubain, qu'il ennuyait, le donna pour toujours à Félicité.
Elle entreprit de l'instruire ; bientôt il répéta : « Charmant garçon ! Serviteur, monsieur ! Je vous salue, Marie ! » Il était placé auprès de la p _ rt _, et plusieurs s'étonnaient qu'il ne répondît pas au nom de J _ cqu _ t, puisque tous les perroquets s'appellent J _ cqu _ t. On le comparait à une d _ nd _, à une b _ ch _ : autant de coups de poignard pour Félicité ! Étrange obstination de Loulou, ne parlant plus du moment qu'on le regardait !

Gustave Flaubert (1821-1880), *Un cœur simple* (1877)

Monsieur Piccolin et le chien

Lasse d'avoir tant marché, la famille Piccolin décide qu'elle va se rafraîchir dans cette ferme, et M. Piccolin, du pied, pousse la barrière. Il recule, parce qu'un chien attaché aboie, furieux, et se précipite vers lui, d'une longueur de chaîne.
– On voit que tu ne m'as jamais vu, dit M. Piccolin ; tu ne me reconnais pas.
Il demande à la fermière qui regarde ces visiteurs, de sa porte, sans se déranger :
– Est-ce qu'il mord, votre chien, ma brave femme ?
– Il mordrait, s'il pouvait, dit la fermière, et quand on le lâche la nuit, je vous promets qu'il ne fait guère bon rôder autour d'ici.
– Oh ! Je sais, dit M. Piccolin, qu'on les apprivoise avec du fromage de gruyère.
– Ne vous y fiez point, dit la fermière, si vous tenez à vos mollets.
– J'y tiens, dit M. Piccolin. En attendant, je vous prie de me donner quatre tasses de lait pour moi et ma famille. La fermière ne se presse pas de les servir. Elle les sert pourtant, et, comme elle a autre chose à faire, elle ne s'inquiète plus d'eux. Les Piccolin, tenant du bout des doigts leurs tasses de lait qu'ils boivent par petites gorgées, se promènent dans la cour. Ils regardent les volailles et les instruments aratoires. Mais une inquiétude limite leur plaisir, et ils jettent fréquemment un coup d'œil au chien qui continue d'aboyer derrière eux.
– Te tairas-tu ? lui dit M. Piccolin ; ne sommes-nous pas encore amis ?
Le chien tout noir montre ses dents si blanches qu'une femme en serait fière, dit Mme Piccolin, et semble un nègre révolté.
– La belle bête ! dit M. Piccolin. Quoiqu'on ait du courage, elle impressionne.

Jules Renard (1864-1910), *Bucoliques* (1898)

Exercice 1

Les personnages

Nommez tous les humains présents dans le texte, qu'il s'agisse d'individus isolés ou de groupe. Quand plusieurs termes désignent la même personne, notez tous les termes qui les désignent.

1. ....

2. ....

3. ....

4. ....

Exercice 2

L'attitude de M. Piccolin

1. De quelle manière pénètre-t-il chez la fermière ? Recopiez l'expression du texte qui nous renseigne :

....

2. À votre façon, avec vos propres mots, décrivez l'attitude de M. Piccolin :

....

....

3. Quelle expression emploie-t-il pour s'adresser à la fermière ?

....

4. Quel commentaire faites-vous ?
Quel sentiment cette expression traduit-elle ?

....

....

....

5. « Quatre tasses de lait pour moi et pour ma famille » ; M. Piccolin commet une faute de style : on ne doit jamais se faire passer avant les autres, mais se mentionner après les avoir cités. Or, précisément cette faute est révélatrice de son attitude ; quels traits de son caractère révèle-t-elle ?

....

....

Exercice 3

Le comportement de la fermière

Relevez dans l'ordre du texte, tout ce qui concerne son attitude et ses paroles :

1. ....

2. ....

3. ....

4. ....

Exercice 4

Bilan

Faites le point en remplissant la fiche suivante de la manière la plus concise possible :

1. Personnages de l'action
Les êtres animés en présence :

a. ....

b. ....

c. ....

2. L'enjeu
Que se passe-t-il d'essentiel :

....

....

Exercice 5

Hypothèse

Quelle va être la suite immédiate du texte à votre avis ?

La mule du pape

Après sa vigne de Château-Neuf, ce que le pape aimait le plus au monde, c'était sa mule. Le bonhomme en raffolait de cette bête-là. Tous les soirs avant de se coucher il allait voir si son écurie était bien fermée, si rien ne manquait dans sa mangeoire, et jamais il ne se serait levé de table sans faire préparer sous ses yeux un grand bol de vin à la française, avec beaucoup de sucre et d'aromates, qu'il allait lui porter lui-même, malgré les observations de ses cardinaux… Il faut dire aussi que la bête en valait la peine. C'était une belle mule noire mouchetée de rouge, le pied sûr, le poil luisant, la croupe large et pleine, portant fièrement sa petite tête sèche toute harnachée de pompons, de nœuds, de grelots d'argent, de bouffettes ; avec cela douce comme un ange, l'œil naïf, et deux longues oreilles, toujours en branle, qui lui donnaient l'air bon enfant… Tout Avignon la respectait, et, quand elle allait dans les rues, il n'y avait pas de bonnes manières qu'on ne lui fît ; car chacun savait que c'était le meilleur moyen d'être bien en cour, et qu'avec son air innocent, la mule du Pape en avait mené plus d'un à la fortune, à preuve Tistet Védène et sa prodigieuse aventure.

Alphonse Daudet (1840-1897), *la Mule du pape, in Lettres de mon moulin* (1870)

Exercice 1

La perle des mules

1. Quelles sont les qualités et les caractéristiques physiques de la mule du pape :

a. ....

b. ....

c. ....

d. ....

e. ....

2. Quelles sont les qualités de son caractère ?

a. ....

b. ....

c. ....

d. ....

e. Compte-tenu de ses qualités et de l'affection que lui voue le pape, comment les Avignonnais considèrent-ils la mule ?

....

....

Exercice 2

À la chasse à l'adjectif

Barrez de cette liste tous les adjectifs qui ne peuvent pas qualifier la mule :

- respectée
- respectable
- respectueuse
- adulée
- abhorrée
- chérie
- dorlotée
- obsolète
- pontifiée
- précieuse
- belle
- douce
- cardinalice
- flattée
- flagorneuse
- nivéale

Exercice 3

Mule et compagnie

Soit le mot mule

a. Ajoutez une lettre pour former le nom d'un autre animal : ....

b. Ajoutez une lettre pour former le nom d'un mollusque : ....

c. Otez le « e », remplacez-le par une voyelle, ajoutez une consonne finale pour former le nom d'un rongeur : ....

d. Quand le mot mule ne désigne pas un animal mais une chose, que désigne-t-il ? ....

Exercice 4

Quiz express

Tout sur la mule. Répondez le plus rapidement possible aux questions suivantes :

1. Quels accouplements produisent une mule ?

.... et ....

2. La mule se reproduit-elle en général ?

....

3. Qu'est-ce qu'une mulasse ?

....

4. Que signifie l'expression « travailler comme une mule ? »

....

Exercice 5

Lectures des Lettres de mon moulin

Voici des phrases emblématiques des textes les plus célèbres des *Lettres de mon moulin*. Rendez à chaque phrase le titre de l'œuvre dont elle est extraite en puisant dans la liste des titres.

Les titres :

1. Le curé de Cucugnan : ....

2. L'élixir du Révérend père Gaucher : ....

3. La diligence de Beaucaire : ....

Les extraits :

a. J'avais pris la diligence de Beaucaire, une bonne vieille patache qui n'a pas grand-chemin à faire avant d'être rendue chez elle, mais qui flâne tout le long de la route, pour avoir l'air, le soir, d'arriver de très loin.

b. Demain lundi, je confesserai les vieux et les vieilles. Ce n'est rien. Mardi, les enfants, j'aurai bientôt fait. Mercredi, les garçons et les filles. Cela pourra être long. Jeudi, les hommes, nous couperons court. Vendredi, les femmes. Je dirai : Pas d'histoires ! Samedi : le meunier ! … ce n'est pas trop d'un jour pour lui tout seul… Et, si dimanche nous avons fini, nous serons bien heureux.

c. Buvez ceci, mon voisin ; vous m'en direz des nouvelles. Et, goutte-à-goutte, avec le soin minutieux d'un lapidaire comptant des perles, le curé de Graveson me versa deux doigts d'une liqueur verte, dorée, chaude, étincelante, exquise… J'en eus l'estomac tout ensoleillé.

Le renard

Le renard possède des sens d'une finesse unique. La chute d'une feuille ébranle son oreille pointue, animée de frémissements continuels, ouverte à toutes les vibrations aériennes. Il ne confond jamais les bruits, voix d'homme, cri de bête, rumeur des choses ou du vent ; il n'erre jamais sur le point d'où ils arrivent ; il les entend à une distance énorme. Il penche la tête et devine. Son nez est aussi subtil que son oreille. Marchant toujours dans le vent, l'émanation la plus fugitive l'impressionne. Il perçoit un monde d'odeurs révélatrices dans un souffle, le moindre vestige reste imprégné pour lui d'une senteur vivante. Quand on pose un piège, il faut chausser des sabots neufs. Pour ses yeux, ardents et inquiets, mobiles, dilatés, comme si des images lointaines les emplissaient, ils ont la promptitude et l'étendue, l'infaillibilité de ceux de l'aigle. C'est un spectacle frappant d'assister au départ d'un renard pour la chasse. Lové sur un point culminant, dissimulé dans un fourré qu'il dépasse du front seul, il fait le tour du pays de l'œil, du nez et de l'oreille. Il écoute, il scrute, il renifle l'espace. Il hume l'air par saccades pour l'aspirer profondément, il ferme et rouvre les paupières pour aiguiser sa vue, il avance sa tête afin de capter les sons épars. Il se dresse en découvrant des dents acérées, et bondit en avant comme sur un signe attendu...

Joseph de Pesquidoux (1869-1946), *Chez nous -Travaux et rustiques jeux* (1920)

Exercice 1

Les sens du renard

1. Joseph de Pesquidoux fait l'éloge de trois sens particulièrement remarquables chez le renard. Lesquels ?

....

....

2. Quels sont les deux autres sens dont Pesquidoux ne fait pas mention ici ?

....

....

Exercice 2

Vocabulaire

Certains mots, certaines expressions, ou certaines tournures de phrases employés dans ce texte ont un sens particulier. Fournissez des équivalents qui rendront l'ensemble plus clair.

1. Il n'erre jamais :

....

2. Marchant toujours dans le vent :

....

3. Vestige :

....

4. Pour ses yeux :

....

Exercice 3

Êtes-vous sagace ?

1. L'auteur précise que « quand on pose un piège, il faut chausser des sabots neufs. » Pour quelle raison les sabots doivent-ils être neufs ?

....

2. Autrefois les sabotiers confectionnaient des « sabots de braconniers ». Quelle était leur particularité ? Quelle était leur fonction ?

....

3. Joseph de Pesquidoux est considéré comme un excellent écrivain rustique. Quelle est l'étymologie du mot « rustique » ? Quel est le sens de l'adjectif dans cette expression ?

....

....

Exercice 4

Le Renard et les Raisins

Cette célèbre fable de Jean de La Fontaine est présentée ici avec une erreur à chaque vers. En vous aidant de votre bon sens, en comptant le nombre de pieds de chaque vers et en observant l'orthographe et les rimes, identifiez ces erreurs.

Certain Renard parisien, d'autres disent
Normand,
Mourant presque de soif, vit au haut d'une treille
Des cerises mûrs apparemment,
Et couverts d'une pellicule vermeille.
Le minou en eût fait volontiers un repas ;
Mais comme il n'y parvenait pas atteindre :
«Ils sont trop pourris, dit-il, et bons pour des
goujats.
Fit-il pas mieux que de se mettre à hurler ?

Jean de La Fontaine, *Fable*, Livre III

Exercice 5

Les pièges du renard

Voici un autre extrait de Joseph de Pesquidoux. Certains mots ont été chamboulés. Remettez-les dans l'ordre pour reconstituer la version originale :

Le renard *uet* _ _ _ au gîte, à l'affût, sous les arbres, dans l'eau, partout où se trouve une *ropie* _ _ _ _ _, chair et poisson, fruits et sucreries, il dévore tout. Il ne se trompe point de qualité. C'est toujours la volaille la plus fine qu'il ravit, le perdreau le plus tendre qu'il surprend au *din* _ _ _, la tanche la plus grasse dont il vide la *sesan* _ _ _ _ _, le fruit le plus juteux où il goûte, le *liem* _ _ _ _ le plus parfumé qu'il pille.

Le salon où l'on lit

Voici deux œuvres afin de découvrir ou retrouver des plaisirs de lecture avec Goupil.

Louis Pergaud, *De Goupil à Margot* (1920)

Henri Bosco, *le Renard dans l'île* (1974)

Récréation

Exercice 1

Bestiaire enchanté

Complétez les expressions suivantes dans lesquelles les animaux se taillent la part du lion.

1. Têtu comme une ....
2. Doux comme un ....
3. Malin comme un ....
4. Rusé comme un ....
5. Méchant comme une ....

Exercice 2

Titres des fables de La Fontaine

Retrouvez les titres des fables de Jean de La Fontaine en inscrivant les lettres manquantes dans les tirets. À chaque tiret correspond une lettre.

1. Les animaux malades de la P _ _ _ _
2. Un animal dans la L _ _ _
3. L'aigle et la P _ _
4. La belette entrée dans un G _ _ _ _ _ _
5. L'astrologue qui se laisse tomber dans un P _ _ _ _
6. Le berger et la M _ _

Exercice 3

Titres en kit

Complétez les titres des fables de La Fontaine, après avoir coché la bonne réponse.

1. Titre : Conseil tenu par ....
Qui ?
a. Les veaux **c.** Les rats
b. Les vaches **d.** Les rois

2. Titre : Le chartier ....
Dans quel état se trouve-t-il ?
a. Ennuyé **c.** Divorcé
b. Embourbé **d.** Mourant

3. Titre : L'huitre et ....
Avec qui est-elle ?
a. Les faucheurs **c.** Les menteurs
b. Les plaideurs **d.** Les pêcheurs

4. Titre : Le lion devenu ....
Comment est-il devenu ?
a. Violent **c.** Vieux
b. Stupide **d.** Boiteux

Exercice 4

À chacun son œuvre

Tracez des flèches pour rendre à chaque écrivain son œuvre.

Des souris et des hommes .1	**a.** François Mauriac
Le nœud de vipères .2	**b.** Agatha Christie
La mouette .3	**c.** John Steinbeck
Le chien des Baskerville .4	**d.** Anton Tchekov
Le guépard .5	**e.** Giuseppe Tomasi di Lampedusa

Aventures en tous genres

Un drôle de civet

[...] Je retirai le civet du feu et l'allai cacher dans l'armoire aux balais. Cette opération s'effectua heureusement, à cela près que j'eus quatre doigts de la main droite, le coude gauche et les deux genoux brûlés, le visage échaudé, mon tablier, mes bas et mes souliers gâtés et que la sauce fut aux trois quarts renversée sur le carreau avec nombre de lardons et de petits oignons. Incontinent, je courus chercher l'arche de Noé que j'avais reçue pour mes étrennes et je versai tous les animaux qu'elle renfermait dans une belle casserole de cuivre que je mis sur le fourneau à la place du civet de lièvre. (...). Je jouissais par avance de l'émerveillement de Mélanie, quand cette simple créature, croyant trouver le lièvre, qu'elle avait apprêté, découvrirait en son lieu, le lion et la lionne, l'âne et l'ânesse, l'éléphant et sa compagne, enfin toutes les bêtes échappées du déluge, sans compter Noé et sa famille que j'avais fricassés avec elles par mégarde. Mais l'événement trompa mes prévisions. Une puanteur insupportable qui venait de la cuisine ne tarda pas à se répandre dans tout l'appartement, imprévue de moi et surprenante pour tout autre. Ma mère, suffoquée, courut à la cuisine pour en chercher la cause et trouva la vieille Mélanie qui, tout essoufflée et son panier encore au bras, tirait du feu la casserole où fumaient horriblement les restes noircis des animaux de l'arche.

– Ma « castrole » ! Ma belle « castrole » ! S'écria Mélanie avec l'accent du désespoir.

Anatole France (1844-1924), *le Petit Pierre* (1918)

Exercice 1

Héros

1. Les héros humains de l'aventure. Nommez-les.

a. ....

b. ....

c. ....

2. Quelle est la fonction occupée par Mélanie ?

....

....

Exercice 2

Aventures

En réalité, plusieurs aventures sont racontées dans ce court extrait.

1. Qu'arrive-t-il physiquement au héros de l'histoire, au narrateur ?

....

....

2. Qu'arrive-t-il à ses vêtements et à ses chaussures ?

....

....

3. Quel sort est réservé à la sauce qu'avait concoctée Mélanie ?

....

....

4. Quel sort est réservé aux jouets ?

....

....

Exercice 3

Les intentions du narrateur

1. Direz-vous qu'il a agi :

a. par méchanceté

b. par inconscience

c. par puérilité

2. Direz-vous qu'il souhaitait :

a. provoquer la surprise de Mélanie

b. tenter une expérience scientifique

c. attirer l'attention de ses parents

Exercice 4

L'histoire et vous

Imaginez la suite immédiate du texte. Selon vous l'enfant va :

1. regretter amèrement son geste

2. le considérer comme un exploit

3. s'en enorgueillir

4. s'empresser d'en demander pardon à Mélanie

Exercice 5

Mots chamboulés

Replacez les lettres dans l'ordre pour recomposer des mots du texte.

1. T I C E V : ....

2. N I U C I S E : ....

3. F I N N E : ....

4. A T U R E : ....

5. R U U T N E A P : ....

6. A T O L S R E C : ....

Tintin, La Crique et la mercière

À onze heures, Tintin et La Crique se dirigèrent vers la maison de la Jullaude, et, après avoir salué poliment et demandé un sou de boutons de chemises, ils s'enquirent du prix de l'élastique. La débitante, au lieu de leur donner le renseignement sollicité, les fixa d'un œil curieux et répondit à Tintin par cette doucereuse et insidieuse interrogation :

– C'est pour votre maman ?

– Non ! intervint La Crique, défiant. C'est pour sa sœur.

Et comme l'autre, toujours souriante, leur donnait des prix, il poussa légèrement du coude son voisin en lui disant : Sortons ! Dès qu'ils furent dehors, La Crique expliqua sa pensée :

– T'as pas vu cette vieille bavarde qui voulait savoir pourquoi, comment, ousque, quand et puis encore quoi ? Si nous avons envie que tout le village le sache bientôt que nous avons un trésor de guerre, il n'y a qu'à acheter chez elle. Vois-tu, il ne faut pas prendre ce qu'il nous faut tout d'un coup, ou bien cela donnerait des soupçons ; il vaut mieux que nous achetions un jour une chose, l'autre jour une autre et ainsi de suite, et quant à aller encore chez cette sale cabe-là, jamais !

– Ce qu'il y a encore de mieux, répliqua Tintin, vois-tu, c'est d'envoyer ma sœur Marie chez la mère Maillot. On croira que c'est ma mère qui l'envoie en commission et puis, tu sais, elle s'y connaît mieux que nous pour ces affaires-là, elle sait même marchander, mon vieux ; t'es sûr qu'elle nous fera avoir la bonne mesure de ficelle et deux ou trois boutons par-dessus.

– T'as raison, convint La Crique. Et comme ils rejoignaient Camus, sa fronde à la main, en train de viser des moineaux qui picoraient sur le fumier du père Gugu, ils lui montrèrent les boutons de chemise en verre blanc cousus sur un petit carton bleu ; il y en avait cinquante et ils lui confièrent qu'à cela se bornaient leurs achats du moment, lui donnèrent les raisons de leur abstention prudente et lui affirmèrent que, pour une heure, tout serait quand même acheté.

Louis Pergaud (1882-1915), *la Guerre des boutons, roman de ma douzième année* (1913)

Exercice 1

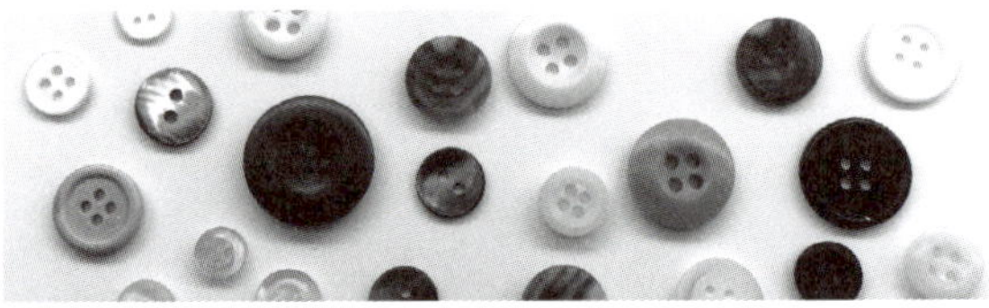

Les acheteurs

1. Qui sont-ils ?

a. ....

b. ....

2. Quand ils partent faire leurs courses qu'ont-ils l'intention d'acheter ?

....

3. Finalement, à quoi va se borner leur achat ?

....

4. Pour quelle raison les deux jeunes acheteurs se bornent-ils à n'acheter que des boutons ?

....

5. Comment s'y prendront-ils pour compléter leurs achats ?

....

Excercice 2

La mercière

1. Quel est son nom ?

....

2. Comment pouvez-vous expliquer la présence de l'article défini « la » devant « Jullaude » ?

....

3. Tout au long de l'extrait, la mercière va être désignée de plusieurs manières. Recopiez ces termes et expressions :

a. ....

b. ....

c. ....

4. Quel équivalent pouvez-vous donner à l'expression locale « cette sale cabe-là » ? Formulez des suppositions d'après le contexte.

....

5. Quelle est l'attitude des deux enfants quand ils pénètrent dans la boutique de la mercière ?

....

6. Pour autant, la mercière ne va pas se comporter avec Tintin et La Crique comme avec des clients ordinaires. Quelle attitude va-t-elle adopter avec les deux enfants ?

....

Excercice 3

À malin, malin et demi

Cet extrait met en valeur les qualités des enfants face à une adulte. Quelles qualités manifeste notamment La Crique ?

....

Excercice 4

Vous avez dit « boutons » ?

Formulez des hypothèses ou faites appel à vos souvenirs. Pour quelle raison les deux enfants veulent-ils à tout prix faire une provision de boutons et d'autre fournitures de couture ? (Souvenez-vous du titre : *la Guerre des boutons, roman de ma douzième année*)

....

....

Excercice 5

Changements de lettres

Changez une seule lettre de chacun des mots suivants de manière à obtenir à chaque fois un mot nouveau.

1. Bouton : ....

2. Livre : ....

3. Route : ....

4. Bord : ....

5. Mou : ....

6. Saute : ....

Le gâteau des rois

Au dessert, on apporta le gâteau des rois. Or, chaque année, M. Chantal était roi. Était-ce l'effet d'un hasard continu ou d'une convention familiale, je n'en sais rien, mais il trouvait infailliblement la fève dans sa part de pâtisserie, et il proclamait reine Madame Chantal. Aussi, fus-je stupéfait en sentant dans une bouchée de brioche quelque chose de très dur qui faillit me casser une dent. J'ôtai doucement cet objet de la bouche et j'aperçus une petite poupée de porcelaine, pas plus grosse qu'un haricot. La surprise me fit dire : « Ah ! » On me regarda, et Chantal s'écria en battant des mains : « C'est Gaston ! C'est Gaston ! Vive le roi ! Vive le roi ! ». Tout le monde reprit en chœur : « Vive le roi ! » Et je rougis jusqu'aux oreilles, comme on rougit souvent, sans raison, dans les situations un peu sottes. Je demeurais les yeux baissés, tenant entre deux doigts ce grain de faïence, m'efforçant de rire et ne sachant que faire ni que dire, lorsque Chantal reprit : « Maintenant, il faut choisir une reine. » Alors je fus atterré. En une seconde, mille pensées, mille suppositions me traversèrent l'esprit. Voulait-on me faire désigner une des demoiselles Chantal ? Était-ce là un moyen de me faire dire celle que je préférais ?...

Guy de Maupassant (1850-1893), *Mademoiselle Perle* (1886)

Exercice 1

Personnages

Nommez-les. Compte-tenu des éléments fournis par l'extrait, vous pourrez apporter une précision après avoir inscrit chaque nom, établissant ainsi les relations entre les différents personnages.

1. ....

2. ....

3. ....

4. ....

Exercice 2

Circonstances

1. En une phrase, présentez la situation initiale en fournissant un maximum de précisions :

....

....

....

2. Direz-vous de cette situation qu'elle est :

a. Banale
b. Aventureuse
c. Anodine
e. Gênante
f. Complexe
d. Lourde de conséquences

3. Dans le cas présent, cette situation revêt pour Gaston, le narrateur, un aspect tout à fait particulier. Relevez tous les termes du texte qui ne laissent planer aucun doute à ce sujet :

a. Un adjectif : ....

b. Un nom : ....

c. Un verbe : ....

d. Trois expressions décrivant des attitudes physiques :

....

....

....

4. Gaston se sent piégé par cette situation au demeurant banale : avoir trouvé la fève dans le gâteau des rois. On a tout lieu de penser que ce sont les Chantal qui lui ont glissé intentionnellement la fève dans sa part de gâteau. Quel est en réalité l'enjeu ?

....

Exercice 3

Amateurs, à vos collections !

Pour chaque objet, faites correspondre le nom que l'on donne à celui ou celle qui le collectionne en traçant des flèches :

Fèves de galettes des rois **.1**	**a.** philocorbier
Bocaux et conserves **.2**	**b.** fabofiliste
Corbillards **.3**	**c.** ornéophile
Balles **.4**	**d.** tégulophile
Guirlandes **.5**	**e.** pallaphiliste
Tuiles anciennes marquées **.6**	**f.** appertophile

Exercice 4

Cuisiniers, à vos corrections !

Voici une recette de tarte à la rhubarbe et aux noisettes. Lisez-la attentivement.

Ingrédients : 1 pâte brisée, 1 kg de rhubarbe, 300 g de sucre en poudre, 5 blancs d'œuf, 100 g de noisette, sucre glace.

Réalisation : Étalez votre pâte dans le moule. • Piquez-la avec une fourchette pour éviter qu'elle gonfle à la cuisson, faites-la cuire à four chaud pendant une demi-heure. • Coupez vos tiges de rhubarbe en tronçons, faites-les cuire dans de l'eau avec 100 grammes de sucre. • Quand elles sont cuites, réduisez-les en compote. • Égouttez votre rhubarbe, posez-la sur votre pâte, incorporez-y sucre restant, versez cette préparation sur la rhubarbe. • Râpez les noisettes, saupoudrez-en le dessus de la tarte. • Faites cuire à feu très doux, thermostat 3, 45 minutes environ.

Où est l'erreur ? ....

Rectifiez l'erreur et faites la recette, gourmandise garantie !

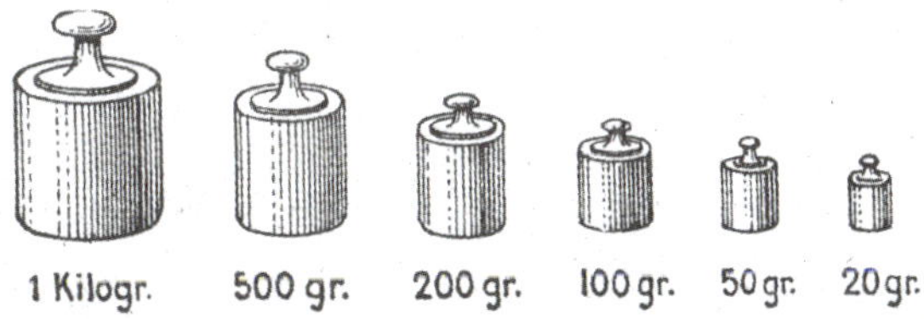

Au feu, les pompiers !

L'autre semaine, il pouvait être une heure du matin, tout le bourg dormait, j'écrivais dans ma chambre, lorsque tout à coup je m'aperçois que mon papier est devenu rouge sous ma plume. Je lève les yeux, je n'étais plus éclairé par ma lampe, mais par mes fenêtres. Mes deux fenêtres s'étaient changées en deux grandes tables d'opale rose à travers lesquelles se répandait autour de moi une réverbération étrange. Je les ouvre, je regarde. Une grosse voûte de flamme et de fumée se courbait à quelques toises au-dessus de ma tête avec un bruit effrayant. C'était tout simplement l'hôtel P., le gasthaus voisin du mien, qui avait pris feu, et qui brûlait.
En un instant l'auberge se réveille, tout le bourg est sur pied, le cri : Feuer ! feuer ! emplit le quai et les rues, le tocsin éclate. Moi, je ferme mes croisées et j'ouvre ma porte. Autre spectacle. Le grand escalier de bois de mon gasthaus, touchant presque à la maison incendiée et éclairé par de larges fenêtres, semblait lui-même tout en feu ; et sur cet escalier, du haut en bas, se heurtait, se pressait et se foulait une cohue d'ombres surchargées de silhouettes bizarres. C'était toute l'auberge qui déménageait, l'un en caleçon, l'autre en chemise, les voyageurs avec leurs malles, les domestiques avec les meubles. Tous ces fuyards étaient encore à moitié endormis. Personne ne criait ni ne parlait. C'était le bruit d'une fourmilière.

Victor Hugo (1802-1885), *le Rhin, lettres à un ami* (1842)

Exercice 1

Questions de mots

Voici des éléments de définition. Retrouvez à quels mots du texte renvoient ces éléments.

1. Réflexion de la lumière, de la chaleur ou d'un son sur une surface :

....

2. Ancienne mesure de longueur valant six pieds :

....

3. Assemblée nombreuse et tumultueuse :

....

4. Vêtement couvrant le torse :

....

5. Personne employée pour le service, l'entretien d'une maison ou le service d'un établissement :

....

Exercice 2

Mots chamboulés

En replaçant les lettres dans l'ordre, retrouvez des mots que vous avez lus dans le texte de Victor Hugo.

1. L A M E L S : ....

2. A Q U I : ....

3. O C H U E : ....

4. E G E N A D I T A M E E N : ....

5. P R I E P A : ....

Exercice 3

Histoire de noms

Voici des noms communs. Quel point commun ont-ils entre eux ?
Silhouette, poubelle, macadam, braille, bottin, zeppelin, mécène, sandwich, boycott, kir, jacuzzi.

Indice : si vous ne trouvez pas, prenez le temps de recopier chacun d'entre eux en le faisant commencer par une lettre majuscule.

....

....

Exercice 4

Entraînez votre mémoire

Relisez à nouveau le texte de Victor Hugo autant de fois que vous le jugerez nécessaire jusqu'à ce que vous ayez la certitude d'en avoir retenu aussi bien l'essentiel que le détail. Puis cachez-le et répondez aux questions suivantes. Méfiez-vous des questions-pièges !

1. Quelle heure est-il quand Victor Hugo se rend compte qu'il se passe quelque chose d'insolite ?

....

2. À qui fait-il part de ses inquiétudes ?

....

3. Quel est le nom de l'établissement qui est en train de brûler ?

....

4. Quand l'auberge se réveille quels cris entend-on ?

....

5. En quel matériau est l'escalier de l'auberge ?

....

6. Quels types de sons profèrent les gens qui évacuent l'hôtel ? (Citer la courte phrase de Victor Hugo qui est placée à la fin de l'extrait)

....

7. De quel type d'écrit cet extrait est-il tiré ?

....

Exercice 5

À vos commentaires !

Passez de l'autre côté du miroir, sans hésiter.
Voici deux expressions du texte :
« Mon papier est devenu rouge sous ma plume. »
« Je n'étais plus éclairé par ma lampe, mais par mes fenêtres. »
Ces deux notations vous semblent :

☐ Réalistes ☐ Vraisemblables ☐ Exagérées

Quand l'auteur précise à la fin de sa lettre que les domestiques déménageaient des meubles, quelle réaction ce détail vous inspire-t-il ?

....

Récréation

Exercice 1

Des citations et des auteurs

Rendez à chaque citation son auteur en traçant des flèches.

« Après nous le déluge. » .1

« Noblesse oblige. » .2

« Il ne manque pas un bouton de guêtre. » .3

« La ligne bleue des Vosges. » .4

« Je vous ai compris. » .5

« Joseph, si notre père nous voyait. » .6

a. Maréchal Lebœuf

b. Charles de Gaulle

c. Duc de Levis Mirepoix

d. Napoléon Ier

e. Madame de Pompadour

f. Jules Ferry

Exercice 2

Question de mots

Cochez les bonnes réponses. Méfiez -vous des pièges !

1. D'une personne qui aime l'aventure, qui s'y lance volontiers on dit qu'elle est :

a. Aventureuse **c.** Hardie
b. Audacieuse **d.** Téméraire

2. Une personne qui prend des décisions politiques hâtives est :

a. Une aventuriste **c.** Une aventurine
b. Une aventurière **d.** Une aveuglationniste

3. Aventurer, c'est :

a. Hasarder **c.** Commettre
b. Risquer **d.** Compromettre

Exercice 3

Quiz express

Répondez le plus rapidement aux questions suivantes.

1. En termes de minéralogie, comment appelle-t-on une variété de quartz translucide à inclusion de mica ?

....

2. Comment nomme-t-on la tendance politique qui consiste à prendre des décisions politiques hâtives et dangereuses ?

....

3. Que signifie « dire la bonne aventure à quelqu'un ? »

....

4. Pour une relation amoureuse passagère, une intrigue, une passade, une liaison sans importance, peut-on employer le terme d'aventure ?

....

5. Que signifie l'expression « partir à l'aventure ?

....

Lieux magiques

Le magasin de Florentin

Ce magasin, avec ses comptoirs d'épicerie et de rouennerie, donnait par de nombreuses fenêtres sur la route et, par la porte vitrée, sur la grande place de l'église. Mais, chose étrange, quoi qu'assez ordinaire dans ce pays pauvre, la terre battue dans toute la boutique tenait lieu de plancher.
Par derrière c'étaient six chambres, chacune remplie d'une seule et même marchandise : la chambre aux chapeaux, la chambre au jardinage, la chambre aux lampes... que sais-je ? Il me semblait, lorsque j'étais enfant et que je traversais ce dédale d'objets de bazar, que je n'en épuiserais jamais du regard toutes les merveilles. Et, à cette époque encore, je trouvais qu'il n'y avait de vraies vacances que passées en ce lieu.
La famille vivait dans une grande cuisine dont la porte s'ouvrait sur le magasin - cuisine où brillaient aux fins de septembre de grandes flambées de cheminée, où les chasseurs et les braconniers qui vendaient du gibier à Florentin venaient de grand matin se faire servir à boire, tandis que les petites filles, déjà levées, couraient, criaient, se passaient les unes aux autres du «sent-y-bon» sur leurs cheveux lissés. Aux murs, de vieilles photographies, de vieux groupes scolaires jaunis montraient mon père – on mettait longtemps à le reconnaître en uniforme - au milieu de ses camarades d'École Normale...
C'est là que se passaient nos matinées ; et aussi dans la cour où Florentin faisait pousser des dahlias et élevait des pintades ; où l'on torréfiait le café, assis sur des boîtes à savon ; où nous déballions des caisses remplies d'objets divers précieusement enveloppés et dont nous ne savions pas toujours le nom...

Alain-Fournier (1886-1914) *le Grand Meaulnes* (1913)

Exercice 1

Exercez votre mémoire

Relisez le texte d'Alain Fournier autant de fois que vous le jugerez nécessaire pour le mémoriser aussi bien dans l'ensemble que dans le détail.

1. Répondez ensuite par oui ou non aux questions suivantes, sans reprendre le texte sous les yeux.

a. Le magasin de Florentin donne-t-il sur la route ? ☐ **oui** ☐ **non**

b. Le magasin de Florentin donne-t-il sur la grande place de l'église ? ☐ **oui** ☐ **non**

c. Le narrateur réside-t-il dans le village où est situé le magasin ? ☐ **oui** ☐ **non**

d. Le narrateur et les autres enfants de la famille aident-ils les adultes dans les travaux du commerce ? ☐ **oui** ☐ **non**

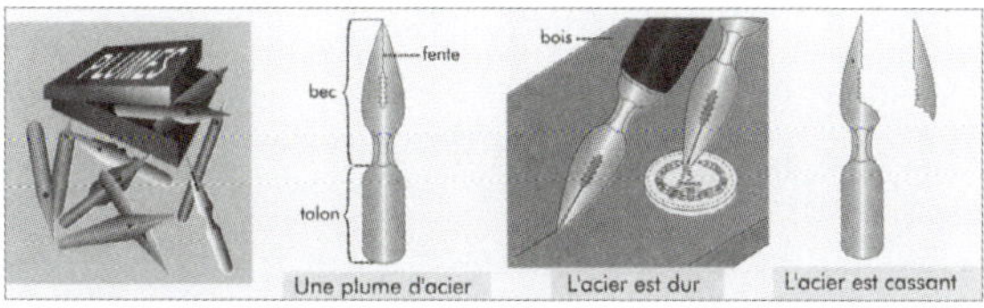

Une plume d'acier — L'acier est dur — L'acier est cassant

2. Répondez le plus rapidement possible par des mots ou des expressions.

a. Qu'est-ce qui tient lieu de plancher dans la boutique de Florentin ?

....

b. Dans quelle pièce la famille vit-elle ?

....

c. À la fin du mois de septembre, qui vient rendre visite à Florentin ?

....

d. Que fait pousser Florentin dans la cour ?

....

e. Qu'élève Florentin dans la cour ?

....

f. Quand les enfants torréfient le café, sur quoi sont-ils assis ?

....

Exercice 2

Un mot pour un autre

Par quel mot ou par quelle expression, qui a le même sens mais qui est d'un emploi plus contemporain, pouvez-vous remplacer les mots ou expression suivants que vous avez découverts dans le texte.

1. Rouennerie : ....

2. Chambre : ....

3. Sent-y-bon : ....

Exercice 3

Un magasin d'importance

1. Quels détails du texte indiquent que le magasin est un magasin important ?

a. ....

b. ....

c. ....

d. ....

2. Dans le magasin de l'oncle Florentin, on trouve de tout. Les mentions du texte le précisent. Ne recopiez ici que des noms communs et concrets. Remarques : le nom que vous recopierez à la lettre g de la liste suivante sera, lui abstrait, général et laudatif ; les noms que vous inscrirez en h et i, vous devrez les déduire du contexte.

a. ....

b. ....

c. ....

d. ....

e. ....

f. ....

g. ....

h. ....

i. ....

Le royaume du roi de la mer

Bien loin dans la mer, l'eau est bleue comme les feuilles des bluets, pure comme le verre le plus transparent, mais si profonde qu'il serait inutile d'y jeter l'ancre, et qu'il faudrait y entasser une quantité infinie de tours d'églises les unes sur les autres pour mesurer la distance du fond à la surface.

C'est là que demeure le peuple de la mer. Mais n'allez pas croire que ce fond se compose seulement de sable blanc ; non, il y croît des plantes et des arbres bizarres, et si souples, que le moindre mouvement de l'eau les fait s'agiter comme s'ils étaient vivants. Tous les poissons, grands et petits, vont et viennent entre les branches comme les oiseaux dans l'air. À l'endroit le plus profond se trouve le château du roi de la mer, dont les murs sont de corail, les fenêtres de bel ambre jaune, et le toit de coquillages qui s'ouvrent et se ferment pour recevoir l'eau ou la rejeter. Chacun de ces coquillages referme des perles brillantes dont la moindre ferait honneur à la couronne d'une reine.[...]

Toute la journée, les enfants jouaient dans les grandes salles du château, où des fleurs vivantes poussaient sur les murs. Lorsqu'on ouvrait les fenêtres d'ambre jaune, les poissons y entraient comme chez nous les hirondelles, et ils mangeaient dans la main des petites sirènes qui les caressaient. Devant le château était un grand jardin avec des arbres d'un bleu sombre ou d'un rouge de feu. Les fruits brillaient comme de l'or, et les fleurs, agitant sans cesse leur tige et leurs feuilles, ressemblaient à de petites flammes. Le sol se composait de sable blanc et fin, et une lueur bleue merveilleuse, qui se répandait partout, aurait fait croire qu'on était dans l'air, au milieu de l'azur du ciel, plutôt que sous la mer. Les jours de calme, on pouvait apercevoir le soleil, semblable à une petite fleur de pourpre versant la lumière de son calice.

Hans Christian Andersen (1805-1875), *la Petite Sirène*, *Contes*, Traduction David Soldi (1876)

Exercice 1

L'art de la comparaison

Ce début du conte *la Petite Sirène*, comporte de nombreuses comparaisons. La comparaison est un procédé de style qui met en relation deux termes : un comparé et un comparant, à l'aide d'un mot qui est souvent « comme ». Retrouvez, de mémoire, sans vous référer au texte les comparaisons du texte d'Andersen.

1. L'eau est bleue comme ....

2. Pure comme ....

3. Les poissons vont et viennent entre les branches comme ....

4. Les poissons entrent dans le château de la mer comme chez nous ....

5. Les fruits brillaient comme ....

6. Une comparaison placée à la fin du texte, n'est pas introduite par « comme » ; complétez-la : « leurs feuilles ressemblaient à des .... »

Exercice 2

Vrai ou faux ?

Relisez l'extrait d'Andersen autant de fois que vous le souhaitez et mémorisez les détails qui vous sont fournis. Puis cachez le texte, lisez les questions et cochez les bonnes réponses.

1. L'eau est :

- **a.** ☐ Bleue comme les fleurs des bleuets
- **b.** ☐ Pure comme le verre le plus transparent
- **c.** ☐ Très profonde

2. Le fond :

- **a.** ☐ Se compose seulement de sable blanc
- **b.** ☐ Il y pousse des plantes bizarres
- **c.** ☐ Il y croît des arbres étranges

3. Le château du roi de la mer :

- **a.** ☐ Les murs sont de corail
- **b.** ☐ Les fenêtres sont de bel ambre jaune
- **c.** ☐ Les toits sont de coquillages

Exercice 3

Quiz rapide

Répondez le plus rapidement possible aux questions suivantes, en vous méfiant des pièges !

1. Du royaume du roi de la mer, les jours de calme, que peut-on apercevoir ?

....

2. À quel endroit de la mer se trouve le château du roi de la mer ?

....

3. Que referment les coquillages ?

....

4. Où les enfants jouent-ils ?

....

5. Où les fleurs poussent-elles ?

....

6. De quelles couleurs sont les fleurs du grand jardin ?

....

Exercice 4

Jeux de mots

1. Soit le mot « corail », trouvez quatre mots se terminant par « ail ».

a. ....

b. ....

c. ....

d. ....

2. Soit le mot « marmaille », trouvez quatre mots se terminant par « aille ».

a. ....

b. ....

c. ....

d. ....

Une école de village

J'ai eu le bonheur d'aller à l'école primaire de mon village. Elle ne ressemblait pas aux bâtisses maussades qu'on voit dans les grandes villes, dont les fenêtres sont garnies de carreaux dépolis, et dont les cours sont pareilles à des préaux de prison. C'est qu'elle était installée au milieu des champs, au milieu des bruits rustiques, au milieu des odeurs printanières, comme une ruche. C'était une grande salle au premier étage de la maison commune, ouverte sur les marronniers de la place. Par moment, on voyait la voile brune d'un chaland glissant au ras des toits, et, quand on rentrait les foins, les larges voitures frôlaient les murailles cahotant les faucheurs et les faneuses qui, couchés sur la masse odorante, nous faisaient des signes d'amitié au passage. L'hiver, quand on célébrait les mariages, le maître s'absentait un moment et nous remettait à la surveillance d'un moniteur.

Émile Moselly (1870-1918), *le Rouet d'ivoire, enfances lorraines* (1907)

Exercice 1

Les écoles des villes

Pour décrire l'école primaire de son village, Émile Moselly a recours à une méthode aussi originale qu'elle est efficace. Il précise tout ce qu'elle n'est pas. Il présente les écoles urbaines, en tous cas telles qu'il les voit, lui. Comment sont-elles ?

1. ....

2. ....

3. ....

Exercice 2

Situation géographique

1. Relevez un début de phrase explicite du texte d'Émile Moselly présentant la situation géographique de son école d'enfance :

....

....

2. Cette indication laisse supposer clairement que le bâtiment scolaire est vraiment isolé, édifié à l'écart de tout. Pour autant, dans la suite du texte, quatre mentions vont venir apporter un démenti à cette affirmation. Notez ces quatre démentis et précisez en quoi ils apportent un bémol à l'idée selon laquelle l'école serait isolée.

L'école est donc située :

....

....

....

....

Exercice 3

L'école de toutes les sensations

Quelles sensations, sans aucun rapport avec les activités purement scolaires au programme, les élèves peuvent-ils éprouver tout au long de l'année passée dans cette école primaire :

1. Sensations auditives :

....

2. Sensations olfactives :

....

3. Sensations visuelles :

....

Exercice 4

Une école ouverte sur la vie

Les écoliers, même quand ils sont concentrés sur leurs travaux scolaires, sont en contact avec des adultes qui ont quitté les bancs de l'école depuis un certain temps déjà.
Inscrivez-les tous, ceux dont le nom apparaît en toutes lettres, comme ceux dont on peut induire la présence par une claire allusion.

1. ....

2. ....

3. ....

4. ....

Exercice 5

De quelle école s'agit-il ?

Voici un extrait du début d'un roman célèbre de la littérature française :
« Nous habitions les bâtiments du Cours Supérieur de Sainte-Agathe. Mon père, que j'appelais M. Seurel, comme les autres élèves, y dirigeait à la fois le Cours Supérieur, où l'on préparait le brevet d'instituteur, et le Cours Moyen. Ma mère faisait la petite classe. Une longue maison rouge, avec cinq portes vitrées, sous des vignes vierges, à l'extrémité du bourg ; une cour immense avec préaux et buanderie, qui ouvrait en avant sur le village par un grand portail ; sur le côté nord, la route où donnait une petite grille et qui menait vers La Gare, à trois kilomètres ; au sud et par derrière, des champs, des jardins et des prés qui rejoignaient les faubourgs… tel est le plan sommaire de cette demeure où s'écoulèrent les jours les plus tourmentés et les plus chers de ma vie – demeure d'où partirent et où revinrent se briser, comme des vagues sur un rocher désert, nos aventures. »

Titre du roman dans lequel cette école joue un rôle primordial :

....

Auteur de ce roman :

....

Toutes les beautés de la Touraine

Connaissez-vous cette contrée que l'on surnommée le jardin de la France, ce pays où l'on respire un air si pur dans les plaines verdoyantes arrosées par un grand fleuve ? Si vous avez traversé, dans les mois d'été, la belle Touraine, vous aurez regretté de ne pouvoir déterminer, entre les deux rives, celle où vous choisiriez votre demeure, pour y oublier les hommes auprès d'un être aimé. Lorsque l'on accompagne le flot jaune et lent du beau fleuve, on ne cesse de perdre ses regards dans les riants détails de la rive droite. Des vallons peuplés de jolies maisons blanches qu'entourent des bosquets, des coteaux jaunis par les vignes ou blanchis par les fleurs du cerisier, de vieux murs couverts de chèvrefeuilles naissants, des jardins de roses d'où sort tout à coup une tour élancée, tout rappelle la fécondité de la terre ou l'ancienneté de ses monuments, et tout intéresse dans les œuvres de ses habitants industrieux. »

Alfred de Vigny (1797-1863), *Cinq-Mars* (1826)

Exercice 1

Hymne à la Touraine

Alfred de Vigny fait dans ce texte une déclaration d'amour à une province de France. Quelles expressions fort élogieuses emploie-t-il pour évoquer cette contrée ?

1. ....

2. ....

Exercice 2

Une symphonie de coloris

1. Complétez la palette de couleurs offerte par Vigny dans cet extrait :

a. Les plaines sont ....

b. Le flot du fleuve est ....

c. Les jolies maisons sont ....

d. Les coteaux sont ....
par les vignes

e. Les coteaux sont ....
par les fleurs de cerisiers

2. D'autres couleurs ne sont pas nommées mais vous pouvez les déduire facilement, il y a :

a. Le .... des chèvrefeuilles

b. Le ....

et le .... des roses

Exercice 3

Mots chamboulés

Retrouvez la manière dont chacun des mots suivants est qualifié. Supprimez pour chacun d'entre eux des lettres qui se sont ajoutées au mot que vous avez lu dans l'extrait de *Cinq-Mars*.

1. L'air est : R A P R U O R E V E :

....

2. Le fleuve est : O G A R P A I N O D :

....

3. Les détails de la rive droite sont :

I R Z I A U N O T S : ....

4. Les maisons blanches sont : E J I O V L U I E S :

....

5. Les chèvrefeuilles sont : S U A N I S A N T S :

....

6. La tour est : E C O E U P L E A N :

....

Exercice 4

Vrai ou faux

Cochez les bonnes réponses.

1. Dans le texte de Vigny vous avez lu les mots suivants :

☐ **a.** Châteaux ☐ **c.** Demeures
☐ **b.** Manoirs ☐ **d.** Maisonnettes

2. Il est question de :

☐ **a.** Bouquets de roses
☐ **b.** Bosquets de chèvrefeuilles
☐ **c.** Buis
☐ **d.** Cyprès

3. Alfred de Vigny admire :

☐ **a.** l'ancienneté des monuments
☐ **b.** La vétusté des monuments

4. Les habitants de la région décrite par Vigny sont qualifiés de :

☐ **a.** Industriels ☐ **c.** Sympathiques
☐ **b.** Industrieux ☐ **d.** Débonnaires

Exercice 5

À la rime !

En vous aidant du nombre de pieds et des rimes, de la première lettre du mot et du nombre de tirets (à chaque tiret correspond une lettre) inscrivez les mots qui manquent dans les vers de ce célèbre poème d'Alfred de Vigny.

« J"aime le son du c _ _ , le s _ _ _ , au fond
des bois,
Soit qu'il chante les pleurs de la b _ _ _ _
aux a _ _ _ _,
Ou l'adieu du c _ _ _ _ _ _ _ _ que l'écho faible
accueille,
Et que le vent du nord porte de f _ _ _ _ _ _
en feuille.

Que de fois, s _ _ _ , dans l'ombre à minuit
demeuré,
J'ai souri de l'entendre, et plus souvent
p _ _ _ _ _ !
Car je croyais ouïr de ces b _ _ _ _ _ prophétiques
Qui précédaient la mort des Paladins antiques. »

Alfred de Vigny, *Poèmes antiques et modernes*

Le Pont du Gard

On m'avait dit d'aller voir le Pont du Gard ; je n'y manquai pas. Après un déjeuner d'excellentes figues, je pris un guide, et j'allai voir le Pont du Gard. C'était le premier ouvrage des Romains que j'eusse vu. Je m'attendais à voir un monument digne des mains qui l'avaient construit. Pour le coup l'objet passa mon attente ; et ce fut la seule fois en ma vie. Il n'appartenait qu'aux Romains de produire cet effet. L'aspect de ce simple et noble ouvrage me frappa d'autant plus qu'il est au milieu d'un désert où le silence et la solitude rendent l'objet plus frappant et l'admiration plus vive, car ce prétendu pont n'était qu'un aqueduc. On se demande quelle force a transporté ces pierres énormes si loin de toute carrière, et a réuni les bras de tant de milliers d'hommes dans un lieu où il n'en habite aucun. Je parcourus les trois étages de ce superbe édifice, que le respect m'empêchait presque d'oser fouler sous mes pieds. Le retentissement de mes pas sous ces immenses voûtes me faisait croire entendre la forte voix de ceux qui les avaient bâties. Je me perdais comme un insecte dans cette immensité. Je sentais, tout en me faisant petit, je ne sais quoi qui m'élevait l'âme, et je me disais en soupirant : Que ne suis-je né Romain ! Je restai là plusieurs heures dans une contemplation ravissante.

Jean-Jacques Rousseau (1712-1778), *les Confessions* (1770)

Exercice 1

Puzzle

Relisez le texte de Jean-Jacques Rousseau de manière à mémoriser l'ensemble comme le détail des informations qui vous sont fournies. Quand vous avez acquis la certitude d'avoir bien retenu les principales informations contenues dans le texte, faites l'exercice suivant sans vous référer au texte.

Complétez les phrases en inscrivant dans les pointillés les mots qui ont été ôtés.

1. On m'avait dit d'aller .... le Pont du Gard.

2. C'était le premier .... des Romains que j'eusse vu.

3. Pour le coup, l'objet passa mon .... ; et ce fut la seule .... en ma ....

4. L'aspect de ce simple et .... ouvrage me frappa d'autant plus qu'il est au milieu d'un .... où le .... et la .... rendent l'objet plus frappant et l'.................... plus vive.

5. Que ne suis-né .... !

Exercice 2

Questions piège

Voici neuf questions portant sur l'extrait de Jean-Jacques Rousseau. Vous disposez de tous les éléments pour répondre à toutes ces questions. Mais lisez-les soigneusement : certaines ont été formulées de manière à vous induire en erreur. Ne reprenez pas le texte sous les yeux et réfléchissez avant d'écrire !

1. Quels sont les amis qui ont suggéré à Jean-Jacques Rousseau d'aller admirer le Pont du Gard ?

....

2. Quels sont les autres monuments qui ont frappé l'écrivain en chemin ?

....

3. S'attend-il à être surpris ?

....

4. Finalement est-il surpris ?

....

5. Qu'est-ce qui frappe le plus Rousseau sur le site du Pont de Gard ?

a. ....

b. ....

c. ....

6. Sur quoi s'interroge-t-il en observant le Pont de Gard ?

....

7. Combien y-a-t-il d'étages ?

....

8. En foulant les voûtes de ses pas de qui Rousseau entend-il les voix ?

....

9. À quoi se compare-t-il ?

....

Exercice 3

Point commun

Quelle expression unique s'applique à chacune des séries suivantes ?

Série 1 :
Tibère, Néron, Vespasien, Titus, Caligula :

....

Série 2 :
Antonio Gaudi, Le Corbusier, Jean Prouvé, Ricardo Bofill, Charles Garnier :

....

Série 3 :
Théâtre antique (Orange), Maison carrée (Nîmes), Porte de Mars (Reims), Temple de Janus (Autun), Arènes de Lutèce (Paris) :

....

Récréation

Exercice 1

Rangement de bibliothèque

Victoire, qui est une personne très ordonnée, a décidé de classer ses livres de manière très minutieuse. Cependant, sur la première étagère de ses rayonnages, elle a déjà commis deux erreurs. Deux livres sont donc à enlever et seront à classer ailleurs.

1. *le Grand Meaulnes*, Alain-Fournier
2. *le Père Goriot*, Balzac
3. *la Chartreuse de Parme*, Stendhal
4. *les Misérables*, Victor Hugo
5. *les Contemplations*, Victor Hugo
6. *Madame Bovary*, Gustave Flaubert
7. *l'Enfant et la Rivière*, Henri Bosco
8. *la Faute de l'abbé Mouret*, Émile Zola
9. *Topaze*, Marcel Pagnol
10. *les Mandarins*, Simone de Beauvoir
11. *la Nausée*, Jean-Paul Sartre
12. *la Gloire de mon père*, Marcel Pagnol

Les livres à enlever sont :

1. ....

2. ....

Le premier sera classé avec les .... ;

le second avec les ....

Exercice 2

Questions de mémoire

Qui sont les auteurs de ces ouvrages de Mémoires ?

1. D'outre-tombe : ....

2. D'espoir : ....

3. D'un âne : ....

4. D'un touriste : ....

5. D'une jeune fille rangée : ....

Exercice 3

Jeu de lettres

En vous aidant des éléments de définitions qui vous sont fournis ou des indices qui vous sont donnés, trouvez un premier mot. Ensuite, trouvez un second mot, en suivant les consignes.

Série 1
Mot 1 : division des élèves d'un établissement scolaire, selon les différents degrés d'étude : ....

Mot 2 : changez une seule lettre : vous obtenez de la saleté, de l'ordure, mais aussi la scorie d'un métal en fusion : ....

Série 2
Mot 1 : historiquement, celui de Soissons, qui fut non pas cassé mais cabossé parce qu'il était en métal, demeure célèbre. Dans ce récipient, souvent esthétique, on place des fleurs : ....

Mot 2 : ajoutez une consonne, vous aurez un adjectif, synonyme de large, ample, grand, étendu : ....

Le monde des grandes personnes

Irène se rend à Épidaure

Irène se transporte à grands frais en Épidaure, voit Esculape dans son temple, et le consulte sur tous ses maux. D'abord elle se plaint qu'elle est lasse et recrue de fatigue ; et le dieu prononce que cela lui arrive par la longueur du chemin qu'elle vient de faire. Elle dit qu'elle est le soir sans appétit ; l'oracle lui ordonne de dîner peu. Elle ajoute qu'elle est sujette à des insomnies ; et il lui prescrit de n'être au lit que pendant la nuit. Elle lui demande pourquoi elle devient pesante, et quel remède ; l'oracle répond qu'elle doit se lever avant midi, et quelques fois de se servir de ses jambes pour marcher. Elle lui déclarer que le vin lui est nuisible : l'oracle lui dit de boire de l'eau ; qu'elles a des indigestions : et il ajoute qu'elle fasse la diète. « Ma vue s'affaiblit, dit Irène. – Prenez des lunettes, dit Escupale. – Je m'affaiblis moi-même, continue-t-elle, et je ne suis ni si forte ni si saine que je l'ai été. – C'est, dit le dieu, que vous vieillissez. – Mais quel moyen de guérir cette langueur ? – Le plus court, Irène, c'est de mourir, comme on fait votre mère et votre aïeul. – Fils d'Apollon, s'écrit Irène, quel conseil me donnez-vous ? Est-ce là toute cette science qui vous fait révérer de toute la terre. Que m'apprenez-vous de rare et de mystérieux, et ne savais-je pas tous ces remèdes que vous m'enseignez ? – Que n'en usiez-vous donc, répond le dieu, sans venir me chercher de si loin, et abréger vos jours par un long voyage ?

La Bruyère (1645-1696), « De l'homme » 35, *les Caractères* (1687)

Quand le portrait d'Irène fut publié, on chuchotait que le portrait de cette malade imaginaire, de cette hypocondriaque un brin capricieuse avait été inspiré par Mme de Montespan, la favorite de Louis XIV.

Exercice 1

Personnages

Il n'y a que deux personnages dans cet extrait, mais La Bruyère emploie pour désigner le second d'entre eux trois expressions qu'il n'hésite pas à répéter. Relevez-les :

Esculape : ....

Exercice 2

Lieux

Faites le bon choix. Cochez la bonne réponse ou les bonnes réponses :

1. Épidaure est :

☐ **a.** une ville romaine

☐ **b.** une cité grecque

☐ **c.** une ville célèbre pour son commerce de céréales (notamment le blé)

☐ **d.** une ville célèbre pour son temple

2. Esculape est :

☐ **a.** Le dieu de la médecine

☐ **b.** Le fils d'Apollon

☐ **c.** Un guérisseur de pèlerins, par incubation

☐ **d.** Un dieu foudroyé par Zeus

Exercice 3

Questions de mots

Barrez ce qui est faux

1. **Vocabulaire.** À l'époque de La Bruyère, on appelle :

a. Déjeuner : le repas du matin, notre actuel petit déjeuner

b. Dîner : le repas pris en milieu de journée, notre actuel déjeuner

c. Souper : le repas pris le soir, notre actuel dîner

2. **Synonymes.** Pour chacun des mots suivants, inscrivez un synonyme en vous aidant de la première lettre du mot qui vous est fournie ainsi que du nombre de tirets. À chaque tiret correspond une lettre.

a. Lasse : F _ _ _ _ _ _ _

b. Recrue (de fatigue) : H _ _ _ _ _ _ _

c. Diète : R _ _ _ _ _

d. Langueur : A _ _ _ _ _ _ _ _ _

ou F _ _ _ _ _ _ _ _

Exercice 4

Le caractère d'Irène

1. Dressez la liste de tous les maux dont elle se plaint à Esculape.

a. ....

b. ....

c. ....

d. ....

e. ....

f. ....

g. ....

h. ....

2. Quel commentaire faites-vous sur ces maux qui affectent Irène ?

....

....

3. Relisez toutes les réponses que systématiquement Esculape apporte à Irène. Quel est leur point commun ?

....

....

....

4. Comment Irène réagit-elle au terme de l'entretien qu'elle a eu avec Esculape ? Quels sentiments éprouve-t-elle ?

....

....

....

Le salon où l'on lit

Pour retrouver ou découvrir des classiques traitant de malade et de docteur imaginaires, lisez les deux ouvrages suivants :

- Jules Romains, *Knock ou le triomphe de la médecine*
- Molière, *le Malade imaginaire*

Quand oncle Podger accroche un tableau

Il me fait penser immanquablement à feu mon oncle Podger. Vous n'avez pas idée du chambardement qui s'abattait sur la maison quand oncle Podger avait pris la décision de bricoler un peu. L'encadreur venait de livrer un tableau, et l'objet était là, attendant dans la salle à manger qu'on daignât le suspendre quelque part. Ma tante Podger s'inquiétait : par où devait-on commencer ? Et oncle Podger répondait :

« Oh ! Laisse-moi faire, je vais m'en occuper. Que ni toi, ni personne ne se tracasse ! Je me charge de tout ! »

Il retirait alors sa redingote et se mettait à l'œuvre. Il envoyait la bonne acheter pour dix sous de clous, pressait l'un des garçons de courir après elle pour lui préciser la dimension adéquate et, ainsi, mettait peu à peu en branle-bas la maison entière.

« Et maintenant, Will, va me chercher mon marteau, criait-il. Et toi, Tom, apporte-moi la règle. Ah ! Il me faudra l'escabeau, et puis une chaise de cuisine. Jim ! Tu vas courir chez M. Goggles et tu lui diras que ton papa le salue bien et espère que sa jambe va mieux… et qu'il lui demande de lui prêter son niveau d'eau… Ne t'en va pas. Maria, j'ai besoin de quelqu'un pour me tenir la lampe. Quand la bonne reviendra, il faudra qu'elle ressorte chercher un bout de cordelière à tableaux. Tom ! – Où est Tom ? – Tom, viens ici, et prépare-toi à me tendre l'objet. »

Jerome K. Jerome (1859-1927), *Trois hommes dans un bateau, sans oublier le chien* (1889), traduction de Déodat Serval, 1889

Exercice 1

Vrai ou faux ?

Cochez la bonne case, sans vous référer au texte. Attention aux pièges !

1. Au moment où le narrateur raconte son anecdote, son oncle Podger est décédé.
☐ **Vrai** ☐ **Faux**

2. La tante Podger se prénomme Nelly.
☐ **Vrai** ☐ **Faux**

3. Le tableau doit obligatoirement être accroché dans le salon.
☐ **Vrai** ☐ **Faux**

4. Le tableau représente un paysage de neige.
☐ **Vrai** ☐ **Faux**

5. La bonne est envoyée chez M. Google acheter des clous.
☐ **Vrai** ☐ **Faux**

6. Jim est envoyé chez M. Google chercher un niveau d'eau.
☐ **Vrai** ☐ **Faux**

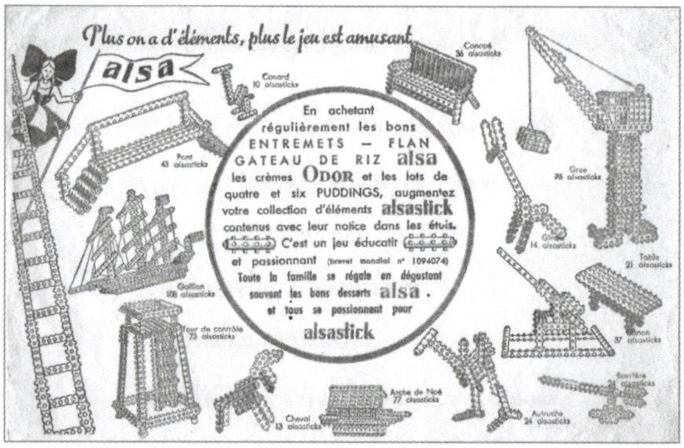

Exercice 2

Oncle Podger et son équipe

Oncle Podger dirige tout le monde autour de lui. Que fait-il et que font les autres autour de lui ? Répondez aux questions suivantes de mémoire.

1. Quel a été le rôle de l'encadreur au début de l'extrait ?

....

....

2. Quelle est l'attitude de tante Podger ?

....

....

3. Quelle question pose-t-elle ?

....

4. Quel vêtement oncle Podger ôte-t-il avant de se mettre à l'œuvre ?

....

5. Dans un premier temps, il envoie la bonne faire un achat. De quoi s'agit-il ?

....

6. Dans un second temps que faudra-t-il qu'elle aille acheter ?

....

7. Qui doit aller chercher le marteau ?

....

8. Qui doit apporter la règle ?

....

9. Qui doit se préparer à tendre l'objet à oncle Podger ?

....

Exercice 3

La suite !

Imaginez-la en remplissant les blancs laissés dans le texte original de Jerome K Jerome. Aidez-vous de la première lettre des mots et du nombre de tirets. À chaque tiret correspond une lettre.

Enfin il soulevait le c _ _ f-d _ _ _ _ _ _ pour le laisser échapper aussitôt. Le tableau sortait de son c _ _ _ _, il essayait de rattraper le v _ _ _ _ et se coupait la m _ _ _. Alors il sautillait dans toute la pièce, à la recherche de son m _ _ _ _ _ _ _… qu'il ne trouvait pas, parce qu'il l'avait fourré dans la poche de son v_ _ _ _ _, lequel venait de disparaître. Il l'avait retiré à l'instant : où donc avait-il bien pu le poser ? Tout était momentanément s _ _ _ _ _ _ _ ; les outils pouvaient attendre, chacun était tenu de se mettre incontinent à la recherche de ce fichu veston. Cependant mon oncle se démenait, houspillant à la ronde : « Il n'y a donc personne dans cette maison qui sache où est mon veston ? Jamais vu une pareille équipe de ma vie ! Vous êtes six, et pas un qui soit capable de retrouver un veston que j'ai enlevé il n'y a pas cinq minutes ! Bon sang de bonsoir… »
Il se levait du f _ _ _ _ _ _ _ sur lequel il venait de faire h _ _ _ _, et constatait qu'il était assis dessus.

Miss Lydia, le colonel et Orso en Corse

Après avoir visité la maison où Napoléon est né, après s'être procuré par des moyens plus ou moins catholiques un peu du papier de la tenture, Miss Lydia, deux jours après être débarquée en Corse, se sentit saisir d'une tristesse profonde, comme il doit arriver à tout étranger qui se trouve dans un pays dont les habitudes insociables semblent le condamner à un isolement complet. Elle regretta son coup de tête ; mais partir sur-le-champ, c'eût été compromettre sa réputation de voyageuse intrépide ; Miss Lydia se résigna donc à prendre patience et à tuer le temps de son mieux. Dans cette généreuse résolution, elle prépara crayons et couleurs, esquissa des vues du golfe, et fit le portrait d'un paysan basané, qui vendait des melons, comme un maraîcher du continent, mais qui avait une barbe blanche et l'air du plus féroce coquin qui se pût voir. Tout cela ne suffisant point à l'amuser, elle résolut de faire tourner la tête au descendant des caporaux, et la chose n'était pas difficile, car, loin de se presser pour revoir son village, Orso semblait se plaire fort à Ajaccio, bien qu'il n'y vît personne. D'ailleurs Miss Lydia s'était proposé une noble tâche, celle de civiliser cet ours des montagnes, et de le faire renoncer aux sinistres desseins qui le ramenaient dans son île. Depuis qu'elle avait pris la peine de l'étudier, elle s'était dit qu'il serait dommage de laisser ce jeune homme courir à sa perte, et que pour elle il serait glorieux de convertir un Corse.

Prosper Mérimée (1803-1870), *Colomba* (1840)

Exercice 1

Couleur locale

1. Dans quelle ville l'action se déroule-t-elle ?

....

2. Quelle est la précision, figurant au début de l'extrait, qui vous a permis de répondre ? Recopiez-la :

....

Exercice 2

Regard critique sur le pays

Le narrateur porte sur le lieu dans lequel évoluent les trois personnages un regard plutôt critique. Pour rester dans la couleur locale du pays, osons l'expression : il ne mâche pas ses châtaignes !

1. À l'aide de quel adjectif qualifie-t-il, de manière générale, les habitudes du pays :

....

2. De fait, Miss Lydia éprouve un sentiment particulier ; lequel :

....

3. À quel état se trouve-t-elle réduit ?

....

Exercice 3

Regard critique sur les habitants

1. En dépit de son apparence banale et de son occupation non moins banale, qu'est-ce qui rend le paysan basané antipathique et redoutable ?

....

2. Même Orso va bénéficier d'une comparaison peu avantageuse ; laquelle ?

....

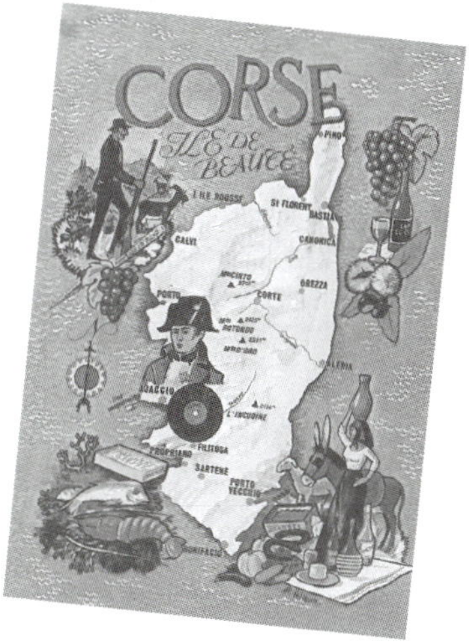

Exercice 4

Miss Lydia

1. Elle se prend pour « une voyageuse intrépide » mais pour autant ne veut pas compromettre sa réputation en quittant trop rapidement la Corse qui pourtant la désole et l'ennuie. De quel trait de caractère fait-elle preuve ?

....

2. Quand elle cherche à se distraire en préparant ses crayons et ses couleurs pour esquisser des vues du golfe, elle fait preuve de deux qualités au moins. Lesquelles ?

   a. ....

   b. ....

3. En voulant séduire Orso parce qu'il serait glorieux pour elle de séduire un Corse, de quel trait de caractère fait-elle preuve ?

....

Exercice 5

Texte en kit

Voici la suite immédiate du texte. Pour la découvrir, inscrivez dans les pointillés les mots manquants. Ces mots se trouvent placés dans le désordre, dans la liste-réservoir que voici. Mais attention : des intrus se sont glissés dans cette liste, vous les repérerez facilement et vous n'aurez aucun mal à les évacuer : ils n'ont aucun rapport avec le contexte général.
Liste-réservoir : meringue, luge, chantait, tourne-disque, gibier, cartable , journées, matin, bébé, dater, chargés, causer, voyageurs.

Les .... pour nos .... se passaient comme il suit : le ...., le colonel et Orso allaient à la chasse ; Miss Lydia dessinait ou écrivait à ses amies, afin de pouvoir .... ses lettres d'Ajaccio. Vers six heures, les hommes revenaient .... de .... ; on dînait, Miss Lydia ...., le colonel s'endormait, et les jeunes gens demeuraient fort tard à ....

Une soirée en province

Comme il s'ennuyait beaucoup à Yonville, où il était clerc chez Me Guillaumin, souvent M. Léon Dupuis (c'était lui, le second habitué du *Lion d'or*) reculait l'instant de son repas, espérant qu'il viendrait quelque voyageur à l'auberge avec qui causer dans la soirée. Les jours que sa besogne était finie il lui fallait bien, faute de savoir que faire, arriver à l'heure exacte, et subir depuis la soupe jusqu'au fromage le tête-à-tête de Binet. Ce fut donc avec joie qu'il accepta la proposition de l'hôtesse de dîner en la compagnie des nouveaux venus, et l'on passa dans la grande salle, où Mme Lefrançois, par pompe, avait fait dresser les quatre couverts. Homais demanda la permission de garder son bonnet grec, de peur des coryzas. Puis, se tournant vers sa voisine :

– Madame, sans doute, est un peu lasse ? On est si épouvantablement cahoté dans notre Hirondelle !

– Il est vrai, répondit Emma ; mais le dérangement m'amuse toujours ; j'aime à changer de place.

– C'est une chose si maussade, soupira le clerc, que de vivre cloué aux mêmes endroits !

– Si vous étiez comme moi, dit Charles, sans cesse obligé d'être à cheval...

– Mais, reprit Léon s'adressant à Mme Bovary, rien n'est plus agréable, il me semble ; quand on le peut, ajouta-t-il.

– Du reste, disait l'apothicaire, l'exercice de la médecine n'est pas fort pénible en nos contrées ; car l'état de nos routes permet l'usage du cabriolet, et, généralement, l'on paye assez bien, les cultivateurs étant aisés.

Gustave Flaubert (1821-1880), *Madame Bovary* (1857)

Exercice 1

Décor

a. Où l'action se déroule-t-elle ? Relevez quatre indications précises fournies par le texte.

1. ....

2. ....

3. ....

4. ....

b. Reprenez tous les éléments que vous venez d'inscrire et rédigez une phrase qui les emploiera tous et qui commencera par : *L'action de ce texte se déroule*

....

....

....

....

....

Exercice 2

Personnages

Ils sont nombreux à être nommés dans cet extrait. Dressez leur liste complète, dans l'ordre de leur apparition dans l'extrait. Certains personnages jouent un rôle effectif, ceux qui ont de l'importance apparaissent sous plusieurs noms différents. D'autres ne sont que mentionnés et ne sont pas présents dans la salle d'auberge au moment où se déroule la scène décrite.

1. .... , ... ,

....

2. ....

3. ....

4. ....

5. .... , ... ,

6. .... (ce terme annonce les personnages que vous allez nommer en 8 et 9)

7. .... , ... ,

8. .... , ... ,

.... , ...

9. ....

10. ....

Exercice 3

Êtes-vous perspicace ?

Quand Homais évoque « l'hirondelle dans laquelle on est si épouvantablement cahoté » de quoi parle-t-il en réalité ?

....

Exercice 4

Question de mots

Retrouvez des mots du texte grâce à leurs synonymes .

1. Bavarder : ....

2. Travail : ....

3. Rhume : ....

4. Mouvement : ....

5. Pharmacien : ....

6. Fortunés : ....

Exercice 5

Jeu de lettres

1. Changez une seule lettre dans chacun des mots suivants de manière à obtenir à chaque fois un mot nouveau.

a. Repas : ....

b. Jours : ....

c. Faire : ....

d. Venus : ....

e. L'état : ....

2. Cette fois changez deux lettres.

Pompe : ....

3. Puis ajoutez une lettre.

Place : ....

Hyppolite le bienheureux

Un soir que ma mère craignait une gelée de nuit et qu'elle voulait en préserver quelques belles fleurs d'automne, placées sur un petit mur d'appui et dont la vue égayait les fenêtres de la salle à manger, elle appela Hippolyte. Hippolyte accourut et attendit l'ordre qu'on allait lui donner, ses gros yeux écarquillés et ses grosses lèvres ouvertes.
– Hippolyte, lui dit ma mère, vous rentrerez ces pots-là ce soir, et vous les mettrez dans la cuisine.
– Oui, madame, répondit Hippolyte.
Le soir, ma mère trouva effectivement les pots dans la cuisine, mais empilés les uns sur les autres, afin de prendre le moins de place possible sur les terres de Marie, la cuisinière.
Une sueur froide passa sur le front de ma pauvre mère, car elle comprenait tout.
Les fleurs brisées, entassées les unes sur les autres et toutes brillantes de gelée, furent retrouvées le lendemain au pied du mur. Hippolyte avait obéi à la lettre. Il avait vidé les fleurs et rentré les pots.
On appela Pierre, leur médecin. Pierre en sauva quelques-unes, mais la plus grande partie se trouva perdue.

Alexandre Dumas père (1802-1870), *Mes Mémoires* (1852-1856)

Exercice 1

Les personnages

1. Outre le narrateur, celui qui raconte l'histoire et qui dit « je » dans le texte, qui sont les personnages présents dans l'extrait ?

a. ....

b. ....

c. ....

d. ....

2. Quel type de relation unit les trois derniers personnages au premier ?

....

3. Précisez la fonction de chacun des trois derniers personnages qui apparaissent dans l'extrait.

a. ....

b. ....

c. ....

Exercice 2

Des ordres pris au pied de la lettre

1. Quel ordre la mère du narrateur donne-t-elle à Hyppolite ?

....

2. De quelle manière Hyppolite va-t-il exécuter la tâche qui lui a été confiée ?

....

....

Exercice 3

Mystères des comportements humains

Cochez ce qui est exact.

☐ **1.** Hyppolite a commis une sottise

☐ **2.** Il a fait une blague

☐ **3.** Il a agi par méchanceté

☐ **4.** L'erreur de l'homme à tout faire est due à de la négligence

☐ **5.** L'erreur du *factotum* vient de ce qu'il n'a pas compris ce qui lui était demandé

☐ **6.** Hyppolite est un farceur

Exercice 4

À chaque ouvrage son auteur

Tracez des flèches pour faire correspondre les titres des œuvres au nom de leur auteur.

les Mémoires d'un âne **.1**	**a.** Chateaubriand
les Mémoires d'une jeune fille rangée **.2**	**b.** Comtesse de Ségur
Mémoires d'outre-tombe **.3**	**c.** Simone de Beauvoir
les Mémoires de Maigret **.4**	**d.** Stendhal
Mémoires de deux jeunes mariés **.5**	**e.** Simenon
Mémoires d'un touriste **.6**	**f.** Balzac

Le père Grandet

Monsieur Grandet n'achetait jamais ni viande ni pain. Ses fermiers lui apportaient par semaine une provision suffisante de chapons, de poulets, d'œufs, de beurre et de blé de rente. Il possédait un moulin dont le locataire devait, en sus du bail, venir chercher une certaine quantité de grains et lui en rapporter le son et la farine. La Grande Nanon, son unique servante, quoiqu'elle ne fût plus jeune, boulangeait elle-même tous les samedis le pain de la maison. Monsieur Grandet s'était arrangé avec les maraîchers, ses locataires, pour qu'ils le fournissent de légumes. Quant aux fruits, il en récoltait une telle quantité qu'il en faisait vendre une grande partie au marché. Son bois de chauffage était coupé dans ses haies ou pris dans les vieilles truisses à moitié pourries qu'il enlevait au bord de ses champs, et ses fermiers le lui charroyaient en ville tout débité, le rangeaient par complaisance dans son bûcher et recevaient ses remercîments. Ses seules dépenses connues étaient le pain bénit, la toilette de sa femme, celle de sa fille, et le paiement de leurs chaises à l'église ; la lumière, les gages de la Grande Nation, l'étamage de ses casseroles ; l'acquittement des impositions, les réparations de ses bâtiments et les frais de ses exploitations. Il avait six cent arpents de bois récemment achetés qu'il faisait surveiller par le garde d'un voisin, auquel il promettait une indemnité. Depuis cette acquisition seulement, il mangeait du gibier.

Honoré de Balzac (1799-1850), *Eugénie Grandet* (1833)

Exercice 1

Chez Monsieur Grandet

Inscrivez le nom des personnes qui vivent dans son entourage immédiat.

1. ....

2. ....

3. ....

Exercice 2

Dans l'entourage de Monsieur Grandet

1. Quels sont les personnes qui gravitent autour de lui ?

a. ....

b. ....

c. ....

d. ....

2. Quelles sont les attributions de tous ces gens ? Un seul et même verbe définit leurs attributions communes ? Lequel ?

....

Exercice 3

Le caractère de Grandet

1. Relisez la liste des dépenses de Grandet. Quel commentaire vous inspire-t-elle ?

....

2. Quel principal trait de caractère cet extrait met-il en évidence ?

....

Exercice 4

La comédie humaine

Les grands personnages de Balzac sont les archétypes d'un caractère ou d'une passion. Ils sont emblématiques d'un destin. Tracez des flèches pour relier les personnages à leur caractéristique dominante.

Rastignac **.1**	**a.** martyr de la paternité
Le père Goriot **.2**	**b.** hors-la-loi aux identités multiples
Grandet **.3**	**c.** jeune provincial ambitieux
Vautrin **.4**	**d.** avare et tyran domestique

Exercice 5

Vrai ou Faux ?

Cochez ce qui est vrai concernant *la Comédie humaine*. Cette œuvre :

☐ **a.** Regroupe plus de 90 ouvrages

☐ **b.** Comprend des romans, des nouvelles, des contes, des essais

☐ **c.** L'objectif de Balzac était notamment de brosser une vaste fresque de son époque qui pourrait servir de référence aux générations futures

Exercice 6

Mots chamboulés

Retrouvez six mots du texte. Replacez leurs lettres dans le bon ordre.

1. T O C A L I A R E : ....

2. P A M C H S : ....

3. B I R E G I : ....

4. D I A V E N : ....

5. N I P A : ....

Récréation

Exercice 1

Distraction danger

Voici quatre phrases ; un certain nombre d'entre elles comportent des erreurs lourdes ou des approximations. Elles sont en rapport avec les extraits que vous avez découverts dans le chapitre 5 intitulé *Le monde des grandes personnes*. Lisez-les avec attention ; quand il y a une faute, inscrivez-la et proposez une correction sinon notez « correct ».

1. Gustave Flaubert fut très affecté par le procès qui, en 1857, suivit la parution de son roman *Emma Bovary, mœurs de province*. Finalement, l'écrivain fut acquitté, au terme d'un procès retentissant pour atteinte aux bonnes mœurs. Il s'était inspiré d'un fait divers, le suicide de l'épouse d'un officier de santé normand. La fin tragique de Delphine Delamare, avait été relatée par les gazettes locales.

Erreur : ....

....

2. Jerome Kapla Kerome dit Jerome K. Jerome (1859-1927) est un écrivain britannique. Orphelin de père à treize ans, de mère à quinze, il enchaîne les petits emplois pour gagner sa vie. *Trois hommes dans un bateau (sans oublier le chien)* (1899) connaît un succès phénoménal, sans pour autant être jamais apprécié par la critique. En 1914, lors de la Grande Guerre, cet humoriste que l'on disait triste et pessimiste, et qui s'inspire de ses propres aventures pour nourrir des récits hilarants, vient en France. Il s'y engage comme ambulancier.

Erreur : ....

....

3. Écrivain, historien, archéologue, Prosper Mérimée est né à Paris en 1803 et décédé à Cannes en 1870. En 1834, il est nommé inspecteur général des Monuments Historiques. Il confiera d'importants travaux de restauration à Eugène Viollet-le-Duc.

Erreur : ....

....

Exercice 2

Ecrivains cachés

Retrouvez à chaque ligne le nom d'un écrivain.

1. O P A R I B O S C O T : ....

2. B O L I V I L L O N R I : ....

3. T R O B A L Z A C H A T : ....

4. R A P I L O T I V A R O Z : ....

5. P I V E R S A N D O U X : ....

6. R I O P A G N O L I A S : ....

Exercice 3

Lettres à ajouter

Ajoutez deux lettres dans les trois propositions. Vous ajouterez les deux mêmes lettres de manière à obtenir un autre mot.

1. M E U T E + _ _ = ...

2. M O D E + _ _ = ...

3. P O T E + _ _ = ...

J. DANCRE et E. BELLAN

mon Cahier de mots

CE 1

CE 2

LES VACANCES

À la mer

LE TOUQUET
PARIS-PLAGE
3 Heures de Paris
4 hres de Londres
"L'ARCACHON du NORD"
de Pins au Bord de la MER

La mer en fête

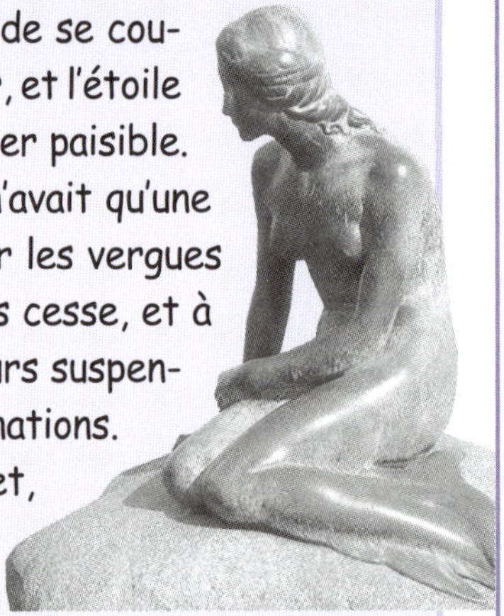

Lorsque sa tête apparut à la surface de la mer, le soleil venait de se coucher ; mais les nuages brillaient encore comme des roses et de l'or, et l'étoile du soir étincelait au milieu du ciel. L'air était doux et frais, la mer paisible. Près de la petite sirène se trouvait un navire à trois mâts ; il n'avait qu'une voile dehors, à cause du calme, et les matelots étaient assis sur les vergues et sur les cordages. La musique et les chants y résonnaient sans cesse, et à l'approche de la nuit on alluma cent lanternes de diverses couleurs suspendues aux cordages : on aurait cru voir les pavillons de toutes les nations. La petite sirène nagea jusqu'à la fenêtre de la grande chambre, et, chaque fois que l'eau la soulevait, elle apercevait à travers les vitres transparentes une quantité d'hommes magnifiquement habillés. Le plus beau d'entre eux était un jeune prince aux grands cheveux noirs, âgé d'environ seize ans, et c'était pour célébrer sa fête que tous ces préparatifs avaient lieu.

Hans-Christian Andersen (1805-1875), *la Petite Sirène*, *Contes*, Traduction David Soldi (1876)

Exercice 1

Jeux de lettres

Changez une seule lettre et obtenez à chaque fois un ou plusieurs mots nouveaux.

1. Fête : ....

2. Coucher : ....

ou .... ou ....

3. Roses : ....

ou .... ou ....

4. Soir : .... ou ....

5. Voile : ....

6. Cordages : ....

7. Papillons : ....

8. Vitres : ....

9. Noirs : .... ou ....

Exercice 2

Êtes-vous sagace ?

Observez avec attention la phase suivante.
« Et la marine va, papa, venir à Malte. »

1. Quelle particularité cette phrase présente-t-elle ?

....

2. Comment nomme-t-on cette particularité ?

....

Exercice 3

Mot unique

Quel mot unique peut s'appliquer à chacune des séries suivantes ?

1. Marin, coulant, ferroviaire : ....

2. Courante, morte, d'œuvre : ....

3. Mots, rôle, société : ....

4. Détachée, conviction, montée : ....

5. Cuir, chapeau, jambe : ....

6. Feu, chambre, échappement : ....

Exercice 4

L'âge du filleul du prince

Devinez mon âge, demande Erwan, le filleul du prince, qui vous fournit les précisions suivantes : « Il y a 5 ans, mon frère Gaël avait exactement le double de mon âge d'alors. Dans 8 ans, nous aurons 50 ans à nous deux. Quel est mon âge, à moi, demande Erwan, le filleul du prince ? »

....

Exercice 5

Hans-Christian Andersen et vous

Faites le bon choix en cochant les bonnes réponses.

1. Andersen est de nationalité :
   - ☐ **a.** Hollandaise
   - ☐ **c.** Danoise
   - ☐ **b.** Suédoise
   - ☐ **d.** Anglaise

2. Il n'a écrit que des contes pour enfants :
   - ☐ **Vrai**
   - ☐ **Faux**

3. Il est considéré comme un écrivain romantique :
   - ☐ **Vrai**
   - ☐ **Faux**

4. Son œuvre a connu un rayonnement :
   - ☐ **a.** En Europe uniquement
   - ☐ **b.** En Europe et dans le monde entier
   - ☐ **c.** A été adaptée au théâtre
   - ☐ **d.** A inspiré des ballets, des comédies musicales, des dessins animés

Exercice 6

Traquez les erreurs

Voici la suite immédiate de l'extrait que vous venez de lire. 9 erreurs se sont glissées. Entourez-les et proposez une correction correspondant à la version originale :

Les matelots dansaient sur le trottoir, et lorsque le jeune marquis s'y montra, cent mouettes s'élevèrent dans les airs, répandant une musique comme celle du bonheur. La petite sirène eut peur et s'enfonça dans l'eau ; mais bientôt elle reparut, et alors toutes les stars du ciel semblèrent pleuvoir sur elle. Jamais elle n'avait vu un pareil feu de paille ; de grands soleils tournaient, des poissons de feu fendaient l'eau, et toute la mer, pure et calme, brillait. Sur le paquebot on pouvait voir chaque petit cordage, et encore mieux les hommes. Oh ! Que le jeune prince était beau ! Il serrait la main à tout le monde, parlait et souriait à chacun tandis que la musique envoyait dans la nuit ses sons harmonieux.

La petite phrase de l'auteur

« Le bon Dieu nous donne bien des noix, mais il ne les ouvre pas pour nous. »

L'île de Batz

Elle est bien petite et bien ignorée, l'île de Batz, près de la côte bretonne. Sur la carte, on la voit à peine parmi les nombreuses terres qui forment le prolongement de ce rivage tout frangé de récifs et de rochers de granit. Les Guides, qui ne cherchent que riches églises et vieux châteaux, lui accordent seulement quelques lignes. En une heure environ, on la parcourt dans toute sa longueur ; un quart d'heure suffit pour la traverser dans l'autre sens. Il est vrai que son étendue varie avec la marée. Lorsque la mer se retire, on voit apparaître tout autour de l'île des rochers rouges, des plages de sable, des grèves de pierre sur lesquelles se montre la sombre verdure du goëmon. Çà et là des enfants demi-nus, des femmes, la jupe retroussée, pêchaient des crevettes dans des flaques d'eau ou recueillent des coquillages. Au loin, on entend le bruit sourd des flots qui montent à l'assaut des rochers solitaires ou charrient les galets.

William Rosier (1856-1924), *Genève littéraire*, Charles Eggimann et Cie

Exercice 1

Jeu de mots

Lisez le texte suivant.
Après avoir dégusté un exquis gratin savoyard, Amaury et Emeric se dirigent vers les rivages. Ils s'extasient devant les rochers de granit et regrettent qu'en prenant ses virages à toute allure Gabin n'ait pas eu le temps de contempler ce splendide paysage.

Que remarquez-vous ? ....

....

Exercice 2

Jeu de lettres

Lisez le texte suivant.
C'est incroyable ! Le cocher m'a fait un récit hallucinant ! C'est l'histoire d'un rocher qui s'est effrité ; il est tombé par plaques sur un habitant du village qui pêchait des crevettes dans des flaques. Le malheureux faisait des signes aux pêcheurs qui se trouvaient à proximité mais aucun d'entre eux ne voulait être solidaire d'un homme qui, depuis sa plus tendre enfance, vivait toujours de manière très solitaire. On murmurait même qu'il attirait les catastrophes, ayant dans les lignes de sa main la marque d'un fatal destin lui prédisant une fin précoce. En vérité, je le dis : ce récif est maudit !

Que remarquez-vous ? ....

....

....

Exercice 3

Jeu de phrases

Lisez le texte suivant.
La mariée n'a vraiment pas profité du plus jour de sa vie ! Un magnifique dîner avait été organisé sur la plage du Cabelou.
Elle portait une tenue ravissante, un boléro en satin brodé de perles que la couturière avait plagié avec subtilité, après avoir comparé toutes les tendances de haute-couture.

Un buffet très varié était offert aux convives. Hélas, mille fois hélas ! La reine de la soirée ingurgita un poisson avarié qu'une cruelle marée avait livrée à son pêcheur d'époux. Elle fut très malade et dut promptement quitter la soirée après avoir ouvert le bal.

Que remarquez-vous ? ....

....

Exercice 4

Les îles de France

Cochez les bonnes cases.

1. L'île de Batz est située au large de :

☐ **a.** Concarneau ☐ **c.** Paimpol
☐ **b.** Roscoff ☐ **d.** Landerneau

2. Les îles de Pomègues et Ratonneau :

☐ **a.** Font partie de l'archipel du Frioul
☐ **b.** Sont situées au large de Cassis
☐ **c.** Sont situées au large de Marseille
☐ **d.** Sont en face de Bormes-les-Mimosas

3. L'île de Bendor :

☐ **a.** Est située au large de Bandol
☐ **b.** Il faut 30 minutes de bateau pour la rejoindre depuis le littoral
☐ **c.** Il faut 5 minutes de bateau pour la rejoindre depuis le littoral
☐ **d.**Un pont la relie au continent

4. Au total, la France compte :

☐ **a.** Plus de 10 îles ☐ **c.** Plus de 30 îles
☐ **b.** Plus de 20 îles

5. En breton son nom est « Inis Er Gerveur », comment la nomme-t-on en français ?

☐ **a.** Les Glénans ☐ **c.** Molène
☐ **b.** Belle-île-en-Mer ☐ **d.** Sein

Exercice 5

Les tracteurs dans l'île

L'île compte plusieurs tracteurs. Tous sauf 2 sont rouges ; tous sauf 2 sont bleus et tous sauf 2 sont noirs. Combien le village compte-t-il de tracteurs au total ?

....

Oceano nox

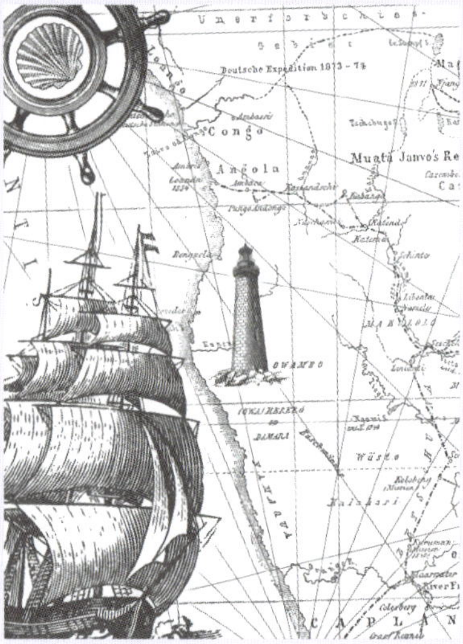

Oh ! combien de marins, combien de capitaines
Qui sont partis joyeux pour des courses lointaines,
Dans ce morne horizon se sont évanouis !
Combien ont disparu, dure et triste fortune !
Dans une mer sans fond, par une nuit sans lune,
Sous l'aveugle océan à jamais enfouis !

Combien de patrons morts avec leurs équipages !
L'ouragan de leur vie a pris toutes les pages
Et d'un souffle il a tout dispersé sur les flots !
Nul ne saura leur fin dans l'abîme plongée.
Chaque vague en passant d'un butin s'est chargée ;
L'une a saisi l'esquif, l'autre les matelots !

Nul ne sait votre sort, pauvres têtes perdues !
Vous roulez à travers les sombres étendues,
Heurtant de vos fronts morts des écueils inconnus.
Oh ! que de vieux parents, qui n'avaient plus qu'un rêve,
Sont morts en attendant tous les jours sur la grève
Ceux qui ne sont pas revenus !

Victor Hugo (1802-1885), *les Rayons et les Ombres* (1840)

Exercice 1

Un peu de latin

Le titre du poème est « Oceano nox ». Quelle est sa traduction en français :

- ☐ **a.** Océan noir
- ☐ **b.** Nuit océanique
- ☐ **c.** L'océan, la nuit
- ☐ **d.** Nuit sur l'océan

Exercice 2

Un peu de latin, bis, parce que « bis repetita placent ».

Même si vous n'êtes pas un/une latiniste patenté (e), choisissez la bonne traduction de ces expressions latines qui sont passées dans l'usage courant de la langue française.

1. *Sursum corda !*

- ☐ **a.** Tiens bon la rampe !
- ☐ **b.** Haut les cœurs !
- ☐ **c.** Accroche-toi au cordage ! (du navire ; il s'agit d'une expression de marins)

2. *Ad honores*

- ☐ **a.** Pour l'honneur ☐ **b.** Gratuitement
- ☐ **c.** Pour les membres honorés (de telle ou telle assemblée à laquelle on s'adresse, lors d'un discours, par exemple)

3. *Alea jacta est*

- ☐ **a.** Alea est une pie
- ☐ **b.** Alea est une bavarde
- ☐ **c.** Les dés sont jetés
- ☐ **d.** Le sort en est jeté

4. *Beati possidentes*

- ☐ **a.** Heureux ceux qui possèdent
- ☐ **b.** Les Beates (illustre famille romaine) sont de riches propriétaires
- ☐ **c.** Les niais sont des possédés (sous-entendu du démon)
- ☐ **d.** Les premiers ne seront pas les derniers

Exercice 3

Addition à l'ancienne

1. Effectuez-la à la manière romaine :

	M	D	X	V
+	X	C	V	I
+			V	III
+	D	C	C	X
=	–	–	–	–

2. Effectuez-la maintenant à la manière arabe :

	–	–	–	–
+			–	–
+			–	–
+	–	–	–	–
=	–	–	–	–

Exercice 4

Le monument en question

À l'aide des indications suivantes qui sont placées dans l'ordre chronologique mais dont les dates exactes ne vous sont pas fournies, indiquez de quel monument il s'agit.

– Les Prussiens ont campé à proximité durant trois jours.

– Le catafalque de Victor Hugo fut dressé sous sa voûte afin que Parisiens et admirateurs, admiratrices de la France entière, puissent venir lui rendre un dernier hommage

– Le sergent Godefroy réussit l'exploit de passer sous sa voûte en avion

– Sous sa voûte, le soldat inconnu est inhumé

Je suis ....

Exercice 5

Tableau de famille

Victor Hugo est sans conteste l'écrivain le plus connu de la langue française. De fait les détails de sa vie privée, par ailleurs dense et houleuse, n'ont pas échappé au public. Tracez des flèches pour préciser qui est qui par rapport au patriarche.

Juliette Drouet **.1**	**a.** fils
Jeanne **.2**	**b.** épouse
Charles **.3**	**c.** petit-fils
Georges **.4**	**d.** fils
François-Victor **.5**	**e.** maîtresse en titre et fidèle compagne
Léopoldine **.6**	**f.** fille
Adèle Foucher **.7**	**g.** petite-fille
Adèle **.8**	**h.** fille

Le port

Un port est un séjour charmant pour une âme fatiguée des luttes de la vie. L'ampleur du ciel, l'architecture mobile des nuages, les colorations changeantes de la mer, le scintillement des phares, sont un prisme merveilleusement propre à amuser les yeux sans jamais les lasser. Les formes élancées des navires, au gréement compliqué, auxquels la houle imprime des oscillations harmonieuses, servent à entretenir dans l'âme le goût du rythme et de la beauté. Et puis, surtout, il y a une sorte de plaisir mystérieux et aristocratique pour celui qui n'a plus ni curiosité ni ambition, à contempler, couché dans le belvédère ou accoudé sur le môle, tous ces mouvements de ceux qui partent et de ceux qui reviennent, de ceux qui ont encore la force de vouloir, le désir de voyager ou de s'enrichir.

Charles Baudelaire (1821-1867), *le Spleen de Paris* (1869)

Exercice 1

Jeu de lettres

Changez une seule lettre et obtenez à chaque fois un ou plusieurs mots nouveaux.

1. Port : .... ou ....

ou .... ou ....

ou .... ou ....

ou ....

2. Ciel : .... ou ....

3. Sans : .... ou ....

4. Lasser : ....

5. Houle : ....

6. Sorte : ....

7. Môle : ....

8. Partent : ....

9. Force : ....

Exercice 2

La lettre en plus

Ajoutez une lettre à chaque mot et obtenez à chaque fois un mot nouveau. Dans certains cas ne vous préoccupez pas des accents.

1. Port : ....

2. Ame : .... ou ....

ou .... ou ....

3. Vie : ....

4. Mer : .... ou ....

5. Propre : ....

6. Formes : ....

7. Puis : ....

8. Ou : .... ou ....

ou .... ou ....

ou .... ou ....

ou ....

Exercice 5

Ports de France

Voici une liste qui présente le nom d'un certain nombre de ports français. Certains sont des ports de construction navale, d'autres sont des ports de commerce, d'autres sont des ports de plaisance. Cerise sur le gâteau ou bateau dans le port, certains appartiennent à plusieurs de ces catégories. Faites suivre le nom de chacun d'entre eux de sa ou de ses catégories d'appartenance en utilisant le code suivant : **CN** : Construction Navale. **C** : Commerce. **P** : Plaisance. Bon vent à vous !

1. Concarneau : ....**6.** Calvi : ....

2. Quiberon : ....**7.** Larmor-Plage : ....

3. Cherbourg : ....**8.** Dunkerque : ....

4. Saint-Nazaire : ....**9.** Marseille : ....

5. Arcachon : ....**10.** Paimpol : ....

Exercice 3

Port célèbre

Voici une citation d'Albert Londres. Il évoque un port. Complétez la dernière phrase de la citation du journaliste et écrivain.
« C'est un port, l'un des plus beaux du bord des eaux. Il est illustre sur tous les parallèles. À tout instant du jour et de la nuit, des bateaux labourent pour lui au plus loin des mers. Il est l'un des grands seigneurs du large. Phare français, il balaye de sa lumière les cinq parties de la terre. Il s'appelle le port de ....

Exercice 6

Chassez les intrus

Rayez de cette liste les noms qui ne sont pas des noms de ports de France.

1. Vannes
9. Briare
3. Frouard
4. Landerneau
5. Lyon
6. Marolles-sur-Seine
7. Metz-Marolles
8. Villefranche-sur-Saône
2. Bernières-sur-Seine
10. Pont-à-Mousson

Exercice 4

Point commun

Quel est le point commun entre tous les mots français suivants ?
Drapeau, bonheur, billes, balais, crayons, amarre, chéquiers, documents, bouteilles, brancard, bouquet, avion, aiguilles, affiches, clés, conteneurs, bébé :

....

Chasse de poissons

Au moment où nous débouchions dans l'Océan, nous fûmes témoins d'une chasse curieuse que quelques poissons faisaient à d'autres poissons. Il y en a de trois espèces, c'est-à-dire des dorades, des albicores et des bonites, qui poursuivent les poissons appelés colondrins, espèces de poissons volants. Ceux-ci, quand ils sont poursuivis, sortent de l'eau, déploient leurs nageoires, qui sont assez longues pour leur servir d'ailes, et volent à distance d'un coup d'arbalète ; ensuite ils retombent dans l'eau. Pendant ce temps, leurs ennemis, guidés par leur ombre, les suivent, et, au moment où ils rentrent dans l'eau, ils les prennent et les mangent. Ces poissons volants ont au-delà d'un pied de long et sont une excellente nourriture.

Antonio Pigafetta (date de naissance inconnue : entre 1480 et 1491), *Voyage autour du monde.*

Qui est Antonio pigafetta ?

Ce marin et chroniqueur italien du XVIe siècle participe avec Magellan, puis avec Juan Sebastiano Elcano au premier voyage européen autour du monde. C'est sur sa chronique que se fondent les informations que nous avons sur le voyage de Magellan. Le 25 mars 1521, Antonio relate que tandis qu'il pêchait à bord du navire, il est tombé à l'eau et n'a été sauvé que de justesse par ses compagnons. Après que l'expédition Magellan a découvert les premières îles de l'Océan Pacifique, Pigafetta sera chargé des contacts avec les populations indigènes. Le 27 avril 1521, il est blessé par les habitants de l'île de Mactan. Une chance ! Grâce à la flèche envenimée qu'il a reçue en plein front, il échappe au fameux « banquet de Cebu » du 1er mai 1522 … qui fait 26 victimes parmi les membres de l'équipage !

Exercice 1

Tout sur Magellan

Cochez les bonnes réponses.

1. Fernand de Magellan était :

☐ **a.** Français ☐ **c.** Portugais

☐ **b.** Espagnol ☐ **d.** Italien

2. Magellan meurt le 25 avril 1521 sur l'île de Mactan (actuelles Philippines) dans les circonstances suivantes :

☐ **a.** Il a avalé une arête de poisson lors d'un banquet et a succombé de ce que l'on nomme communément « une fausse route »

☐ **b.** Il est empoisonné par un breuvage servi par des indigènes redoutant les colonisateurs

☐ **c.** Il est blessé à mort lors d'un affrontement avec des indigènes

☐ **d.** On ignore les circonstances exactes de sa mort

3. Magellan est alors remplacé à la tête de l'expédition, par qui ?

☐ **a.** Antonio Pigafetta ☐ **c.** Juan Sebastian Eleano

☐ **b.** Manuel Da Fonseca ☐ **d.** Cristo Colombo

4. L'expédition aura duré au total :

☐ **a.** 1 an ☐ **b.** 2 ans

☐ **c.** 3 ans ☐ **d.** 5 ans

5. Elle avait pour but de rejoindre :

☐ **a.** Les Maldives ☐ **c.** Les Moluques

☐ **b.** Le cap Vert ☐ **d.** La Terre de Feu

Exercice 2

Les océans

70,8% de la surface de la Terre est recouverte par l'océan mondial que l'on divise en cinq océans en fonction de leur position par rapport aux continents qu'ils baignent. Quels sont leurs noms ?

1. ....

2. ....

3. ....

4. ....

5. ....

Exercice 3

Les amphores du navire

Supposons que le navire de Magellan décharge sa cargaison sur une île. Toutes les amphores sont identiques, mais leur contenu ne l'est pas. Certaines contiennent du vin d'Espagne, d'autres du Portugal, d'autres d'Italie, les dernières du vin de France. Dans le fouillis de la soute, les marins ne savent plus quel est le contenu de chaque amphore, on ne peut pas le déterminer car les amphores sont scellées. Si d'aventure un acheteur se présentait combien d'amphores devrait-il acheter au minimum pour être certain d'avoir au moins deux amphores contenant le même vin ?

....

....

Exercice 4

À la recherche de la voyelle perdue

Ces six noms ont perdu leur voyelle. C'est à chaque fois la même. Inscrivez-la dans les tirets pour recomposer les mots dans leur intégralité.

1. C _ S

2. C _ T _ F _ L Q U E

3. S _ R _ B _ N D E

4. F R _ N C E

5. _ R B _ L E T E

6. C _ R _ M E L

Récréation

Exercice 1

La mer en dix questions

Répondez aux questions suivantes.

1. Quel autre nom désigne la marée montante ?

....

2. Quel autre nom désigne la marée descendante ?

....

3. Quelle expression emploie-t-on communément pour désigner la naupathie ?

....

4. Quel verbe emploie-t-on pour désigner l'action de stopper la course d'un bateau en pleine mer, l'arrêter et l'inspecter ?

....

5. Quelle mer borde les côtes occidentales de L'inde ?

....

6. Quelle expression contenant le mot mer signifie qu'un acte n'est pas difficile à accomplir ?

....

7. Qu'est- ce qu'un écumeur de mer ?

....

8. Que signifie l'expression « labourer le rivage de la mer » ?

....

9. Qu'est-ce qu'une mer de sable ?

....

10. Qu'est-ce que La mer de Glaces ?

....

Exercice 2

6 sur 10

Sur les 10 affirmations suivantes, 6 sont exactes. Identifiez les 4 qui sont fausses et rectifiez les erreurs.

1. *Le renard sur l'île* est un roman d'Henri Bosco.

2. C'est Marivaux qui a écrit *L'île des esclaves.*

3. L'île de Porquerolles est la plus petite des îles du Levant.

4. If est une grande île calcaire située au large de Marseille.

5. If est un îlot volcanique situé au large de Marseille.

6. C'est Henri II qui a fait construire une prison d'état sur If.

7. If a acquis une notoriété considérable grâce au roman d'Alexandre Dumas, *Le Comte de Monte-Cristo.*

8. Edmond Dantès parvient à s'échapper de la prison du château d'If : il est jeté à la mer du haut de la forteresse dans le linceul qui aurait dû envelopper l'abbé Faria dont il a pris la place.

9. Un ensemble d'îles est un archipel.

10. Les îles Chausey sont un archipel de 300 îles rattaché à la commune de Granville.

À la montagne

Au Moléson

L'an dernier, trois ou quatre fois, nous avons grimpé au Moléson, pour voir le soleil se lever sur les Alpes et sur les lacs. Quand nous arrivions au sommet de la montagne, la lune brillait encore, mais toute petite, luisante comme une escarboucle. Sur la plaine et les vallées, de longs voiles de brume flottaient. La ligne rouge qui coupait l'horizon pâlissait à vue d'œil, passait à l'orange pâle, puis peu à peu s'effaçait. Le ciel s'illuminait alors. À droite, du côté du Valais, des nuages plus vivement éclairés ressemblaient à des feuilles de cuivre bosselées. Le Massif énorme du Mont-Blanc était baigné d'une vapeur laiteuse qui devenait transparente ; ses hautes murailles de neige luisaient de reflets d'argent, resplendissaient à mesure que le soleil, encore invisible à nos yeux, montait derrière les hautes falaises des chaînes rocheuses de l'horizon. Du fond de la vallée, des sons distincts s'élevaient, des sonneries presque imperceptibles, qui nous étaient apportés par les brises qui passaient. Le soleil apparaissait enfin comme une grande tache rose. On pouvait parfaitement le fixer ; mais presque aussitôt il devenait d'un rouge vif, d'un rouge pourpré et sanglant. Un cercle d'or l'entourait, et, tout d'un coup, il brûlait et éclatait, couvrant le ciel de ses étincelles, le remplissant de ses gerbes et de ses fusées d'or.

Victor Tissot (1844-1917), *la Suisse inconnue* (1888)

Exercice 1

Mots amincis

Otez des lettres aux mots suivants de manière à obtenir des mots nouveaux. Vous devez respecter l'ordre initial des mots d'origine. Ne vous préoccupez pas des accents.

1. Escarboucle : ....

2. Plaine : .... ou ....

ou .... ou ....

3. Ligne : .... ou ....

4. Vallées : .... ou ....

ou .... ou ....

5. Ciel : ....

6. Alors : ....

7. Cuivre : .... ou ....

8. Massif : ....

9. Vapeur : .... ou ....

ou ....

10. Brises : ....

Qui est Victor Tissot ?

Homme de lettres, journaliste et homme de presse suisse, Victor Tissot effectue de nombreux voyages à l'étranger, travaille à Paris et en Suisse. Il collabore à la rédaction du dictionnaire de Pierre Larousse, dirige *l'Almanach* Hachette et sera rédacteur en chef du *Figaro* de 1888 à 1893. Fondateur du journal *Lectures pour tous*, il écrit de nombreux récits sur la Suisse et sur l'Allemagne. Ces récits connaissent un succès considérable. Victor Tissot lègue sa fortune, ses diverses collections et sa bibliothèque à la ville de Bulle.

Exercice 2

Anagrammes

L'anagramme, c'est l'art de composer un ou plusieurs mots avec les lettres d'un mot en les changeant de place. Sans vous soucier des accents, composez un ou plusieurs anagrammes avec les mots suivants :

1. Fois : ....

2. Alpes : ....

3. Lacs : ....

4. Rose : .... ou ....

5. Aconit : ....

6. Amer : .... ou ....

ou ....

7. Rouge : ....

8. Clarinette : ....

9. Molaire : ....

10. Parisien : ....

Exercice 3

Mots chamboulés

Pour apprécier le début du roman d'Alphonse Daudet, *Tartarin sur les Alpes*, commencez par remettre dans l'ordre les lettres de certains mots qui ont été placées dans le désordre :
Le 10 août 1880, à l'heure E B A F U S U L E de ce coucher de soleil sur les Alpes, si fort N A T E V par les guides Joanne et Baedeker, un L A B R L O U R D I jaune hermétique, compliqué d'une tourmente de E G I N E en blanches spirales, enveloppait la M I C E du Rigi (Regina montium) et cet L H O T E gigantesque, extraordinaire à voir dans l'aride paysage des hauteurs, ce Rigi-Kulm T R I V E comme un observatoire, massif comme une citadelle, où pose pour un jour et une nuit la foule des touristes adorateurs du soleil.

Alphonse Daudet, *Tartarin sur les Alpes* (1886)

Exercice 4

Intrus à barrer

14 - 22 - 21 - 49 - 42

Pourquoi l'avez-vous barré ? ....

Blanquette dans la montagne

Quand la chèvre blanche arriva dans la montagne, ce fut un ravissement général. Jamais les vieux sapins n'avaient rien vu d'aussi joli. On la reçut comme une petite reine. Les châtaigniers se baissaient jusqu'à terre pour la caresser du bout de leurs branches. Les genêts d'or s'ouvraient sur son passage, et sentaient bon tant qu'ils pouvaient. Toute la montagne lui fit fête. Tu penses, Gringoire, si notre chèvre était heureuse ! Plus de corde, plus de pieu... rien qui l'empêchât de gambader, de brouter à sa guise... C'est là qu'il y en avait de l'herbe ! Jusque par-dessus les cornes, mon cher !... Et quelle herbe ! Savoureuse, fine, dentelée, faite de mille plantes... C'était bien autre chose que le gazon du clos. Et les fleurs donc !... De grandes campanules bleues, des digitales de pourpre à longs calices, toute une forêt de fleurs sauvages débordant de sucs capiteux !... La chèvre blanche, à moitié soûle, se vautrait là-dedans les jambes en l'air et roulait le long des talus, pêle-mêle avec les feuilles tombées et les châtaignes... Puis, tout à coup elle se redressait d'un bond sur ses pattes. Hop ! La voilà partie, la tête en avant, à travers les maquis et les buissières, tantôt sur un pic, tantôt au fond d'un ravin, là-haut, en bas, partout... On aurait dit qu'il y avait dix chèvres de M. Seguin dans la montagne. C'est qu'elle n'avait peur de rien la Blanquette. Elle franchissait d'un saut de grands torrents qui l'éclaboussaient au passage de poussière humide et d'écume. Alors, toute ruisselante, elle allait s'étendre sur quelque roche plate et se faisait sécher par le soleil... Une fois, s'avançant au bord d'un plateau, une fleur de cytise aux dents, elle aperçut en bas, tout en bas dans la plaine, la maison de M. Seguin avec le clos derrière. Cela la fit rire aux larmes. – Que c'est petit ! dit-elle ; comment ai-je pu tenir là- dedans ? Pauvrette ! De se voir si haut perchée, elle se croyait au moins aussi grande que le monde.

Alphonse Daudet (1840-1897), *la Chèvre de Monsieur Seguin, in Lettres de mon moulin* (1869)

Exercice 1

Jeu de lettres

Changez une seule lettre et obtenez à chaque fois un ou plusieurs mots nouveaux.

1. Sapin : .... ou ....
ou .... ou ....

2. Rien : .... ou ....
ou .... ou ....

3. Pic : .... ou ....
ou .... ou ....

4. Roche : .... ou ....
ou ....

5. Voir : .... ou ....
ou ....

6. Monde : .... ou ....
ou ....

Exercice 2

Jeu de mots

Ajoutez une seule lettre à chaque mot pour obtenir à chaque fois un mot nouveau.

1. Maquis : ....

2. Corne : ....

3. Coup : ....

4. Long : ....

5. Plaine : ....

6. Bas : ....

Exercice 3

Monsieur Seguin va au marché

Blanquette dévorée par le loup, M. Seguin ne se décourage pas pour autant. Il prend une nouvelle chèvre, Poupette, et va jusqu'à adopter un loup, Noiraud. Un jour, M. Seguin revient du marché et pour regagner son mas, il doit franchir une rivière avec sa barque. Mais il est confronté à un problème. Sa frêle embarcation ne lui permet pas de transporter dans un même voyage le loup, la chèvre et le chou qu'il vient d'acheter. Par ailleurs il ne peut pas les laisser sur la rive ensemble : la chèvre mangerait le chou, le loup mangerait la chèvre. Comment l'estimable M. Seguin va-t-il s'y prendre pour regagner son mas avec son loup, sa chèvre et son chou ?

....

....

....

Exercice 4

Alphonse Daudet, *les Lettres de mon moulin* et vous

Répondez aux questions puis inscrivez les titres des textes les plus célèbres de l'œuvre.

1. D'où est la diligence ? ....

Titre : ....

2. À qui est la mule ? ....

Titre : ....

3. De quel phare est-il question ? ....

Titre : ....

4. Quel bateau fait naufrage, agonise ? ....

Titre : ....

5. Qui va aux champs ? ....

Titre : ....

L'eau des torrents

Ces eaux des montagnes ne ressemblent pas à celles des plaines ; rien ne les souille ; elles n'ont jamais pour lit que le sable et la pierre nue. Si profondes qu'elles soient, on peut compter leurs cailloux bleus ; elles sont transparentes comme l'air. Un fleuve n'a d'autre diversité que celle de ses rives ; son cours régulier, sa masse donnent toujours la même sensation ; au contraire, le Gave est un spectacle toujours changeant ; le visage humain n'a pas d'expressions plus marquées et plus différentes. Quand l'eau dort sous les roches, verte et profonde, ses yeux d'émeraude ont le regard perfide d'une naïade qui fascinerait le passant pour le noyer ; puis la folle qu'elle est bondit en aveugle à travers les roches, bouleverse son lit, se soulève en tempête d'écume, se brise impuissante et furieuse contre le bloc qui l'a vaincue. Trois pas plus loin elle s'apaise et vient frétiller capricieusement près du bord, en remous changeants, diaprée de bandes claires et sombres, se tordant comme une couleuvre voluptueuse. Quand la roche de son lit est large et polie, elle s'y étale, veinée de rose et d'azur, souriante, offrant sa grâce unie à toute la lumière du soleil. Sur les herbes courbées, elle file silencieuse, en lignes droites et tendues comme un faisceau de joncs, avec l'élan et la vélocité d'une truite poursuivie.

Hyppolite Taine (1828-1893), *Voyage aux Pyrénées* (1858)

Exercice 1

Jeu de lettres

Vive le z ! Retrouvez des mots qui contiennent la (rare) lettre Z en vous aidant des lettres qui vous sont fournies ainsi que du nombre de tirets. A chaque tiret correspond une lettre.

1. B _ z _ r

2. A _ _ r

3. Z _ z _ _ _ e

4. R _ z

5. Z _ _

6. Z _ _ _ _ a

Exercice 2

Jeu de mots

Texte à compléter. Pour rendre ces deux phrases intelligibles vous devez les complétez en ajoutant deux fois deux mots.

Indice : le premier mot compte 7 lettres, le deuxième 6 ; ces 6 lettres sont contenues dans le premier mot.

Je veux bien te _ _ _ _ _ _ _ le Mont-Blanc et

sa cime enneigée mais pour que tu aies une chance de l'apercevoir d'ici, il te faudra d'abord _ _ _ _ _ _ sur le sommet de cette colline.

Indice : le premier mot compte 5 lettres, le deuxième 6 ; ce sont les mêmes lettres employées dans un ordre différent.

Les deux aventuriers devant prendre la _ _ _ _ _ de bonne heure pour accomplir un long et fatigant parcours ils se levèrent dès l'aube et avalèrent une grosse _ _ _ _ _ _ pour engranger un maximum de calories.

Exercice 3

L'inconnu à découvrir

Je suis à la fois comte et vicomte.
J'ai vécu au XIVe siècle mais les années ne m'ont en rien fait perdre de ma notoriété.
Passionné de chasse j'ai composé un traité de vénerie.
Certains de mes poèmes sont très célèbres.

Je suis : ....

Exercice 4

La chanson à entonner

Pour commencer, vous traduirez bien un peu de languedocien ? Voici deux couplets de Se canta, qui précisément s'adressent aux Pyrénées :

1. Aquelas montanhas
Que tan nautas son
M'empachan de veire
Mas amors ont son

2. Abaissatz-vos, montanhas
Planas auçatz-vos
Per que posqui veire
Mas amors ont son

Gaston Phoebus (1331-1391)

Exercice 5

Portrait chinois

1. Si j'étais une source, je serais dans la Forêt Noire.

2. Si j'étais un continent, je serais l'Europe.

3. Si j'étais un compositeur de musique, je serais Johann Strauss.

4. Si j'étais une couleur, je serais bleu… ou plutôt vert… et parfois gris.

5. Si j'étais une capitale, je serais Budapest.

Je suis ....

Exercice 6

Mot mystère

Trouvez un mot du texte et ajoutez-lui une seule lettre. Vous obtiendrez une belle inconnue dont voici les principales caractéristiques :
– mes feuilles sont raides,
– elles sont bordées d'épines acérées et se terminent par une pointe redoutable,
– elles sont également constituées de fibres dont on tire une matière textile qui se nomme le sisal.

Le mot du texte à trouver est : .... ;

la lettre à ajouter est : .... ;

vous obtenez ainsi le nom de la belle inconnue :

....

Le Cervin vu de nuit

Le ciel, d'une sérénité glaciale, avait des teintes d'acier bleui, comme un ciel polaire, et sur le bord il était dentelé bizarrement par les silhouettes sombres des montagnes formant le cercle de l'horizon. Au-dessus de ces découpures jaillissait le pic gigantesque du Cervin avec un élancement désespéré, comme s'il voulait atteindre et percer la voûte bleue. L'immense bloc, d'un noir violet, dessinait ses arêtes hardies sur le vide, élevant sa pyramide solitaire qui dépassait de bien haut toutes les cimes. Auprès de lui, le long de son flanc le plus abrupt, montait lentement une énorme lune ronde, à plein disque, d'un jaune blafard, qui paraissait essayer l'escalade de la montagne farouche. Ce globe lumineux à côté de cette colossale aiguille noire produisait l'effet le plus étrange et le plus fantastique. La clarté de l'astre, assez vive pour éteindre les étoiles, illuminait de sa lueur argentée le plateau sur lequel nous nous trouvions. Autour de nous, une ombre dure et froide approfondissait encore les abîmes et on eût dit que nous flottions sur une île de lumière.

Théophile Gautier (1811-1872), *les Vacances du lundi* (1884), Recueil d'articles posthume

Exercice 1

La lettre en moins

Otez une lettre à chacun des mots suivants mais qui vous permettra de composer un mot nouveau.

1. Polaire : ....

2. Sombres : ....

3. Vide : ....

4. Voûte : ....

5. Violet : ....

6. Hardies : ....

7. Flanc : ....

8. Ronde : ....

9. Lueur : ....

10. Île : ....

Exercice 2

2 sur 6

Sur les six affirmations, deux sont fausses. Lesquelles ?

1. Le Cervin tire son nom du mot « cerf » ; depuis la nuit des temps le Cervin a été peuplé par une importante colonie de cerfs.

☐ **Vrai** ☐ **Faux**

2. Le Cervin est la montagne la plus connue de Suisse.

☐ **Vrai** ☐ **Faux**

3. Une grosse fourmilière de pleine nature (en forêt par exemple) peut éliminer jusqu'à 100 000 insectes en une seule journée.

☐ **Vrai** ☐ **Faux**

4. Le grand Perlé est un glacier situé dans les Alpes.

☐ **Vrai** ☐ **Faux**

5. L'orchidée sauvage pousse dans les prés et dans les bois jusqu'à 2 100 mètres d'altitude.

☐ **Vrai** ☐ **Faux**

6. Péon était le médecin des dieux chez les Romains.

☐ **Vrai** ☐ **Faux**

C'est Déodat de Dolomieu, né à Dolomieu, dans l'Isère, en 1750 qui donne son nom à une région des Alpes italiennes : les Dolomites. Ce talentueux géologue et minéralogiste meurt en 1801, à Châteauneuf, en Saône-et-Loire… bien loin des sommets…

Exercice 3

Petite question pour les curieux

Pourquoi la question suivante :
« quelle est la hauteur de Pic de la Mirandole ? »
Manque-t-elle de pertinence tout en étant comique ?

…………………………………………………………………

…………………………………………………………………

…………………………………………………………………

Exercice 4

Les glaciers et vous

Cochez la bonne réponse.

1. Combien de glaciers ont disparu dans les Pyrénées au cours du XXe siècle ?

☐ **a.** Environ 15 ☐ **c.** Environ 50
☐ **b.** Environ 100

2. Sur la chaîne des Pyrénées, en Espagne, combien reste-t-il aujourd'hui de glaciers ?

☐ **a.** 6 ☐ **b.** 7 ☐ **c.** 10

3. Sur la chaîne des Pyrénées, en France, combien reste-t-il aujourd'hui de glaciers ?

☐ **a.** 10 ☐ **b.** 11 ☐ **c.** 15

Exercice 5

Question pour montagnard ou montagnarde aimant les maths

Augmenté de ma moitié, je suis égal à 30.
Quel nombre suis-je ?

…………………………………………………………………

…………………………………………………………………

Dans le Jura

Le matin d'une des chaudes journées du mois de juin 18..., je partis seul et à pied de la petite ville pastorale et batelière de Neuchâtel, en Suisse, pour gravir le mont Jura. On sait que le Jura est une épaisse muraille de montagnes, à pente douce du côté de la France, à pente escarpée du côté de la Suisse. Ce sont des Alpes sans neige ; quelques bouquets de sapins, suspendus au flanc des rochers, y encadrent des pâturages d'herbes hautes et fines, perpétuellement arrosées par la brume des nuages. Ces pâturages sont plus savoureux que ceux des Alpes. Le foin, qu'on n'y fauche jamais, monte jusqu'au-dessus des jarrets des énormes vaches blanches, qui semblent nager, à demi ensevelies, dans une mer de fourrages. Leurs larges sonnettes de cuivre, suspendues à leur cou par une courroie de cuir à boucles luisantes, rendent, de loin en loin, des tintements très harmonieux, qui semblent sonner les heures sous leurs pas à ces solitudes. [...] Toute la paix des steppes où elles vivent est dans leurs yeux ; ils sont bleus comme le ciel, limpides comme la goutte d'eau que la rosée du matin a laissée au fond de la pervenche qu'elles foulent aux pieds ; leur profondeur n'a point d'abîmes comme les yeux humains. On ne peut pas se lasser de les regarder ; on n'y voit qu'intelligence, sécurité, innocence, résignation à la destinée, amitié pour l'homme.

Alphonse de Lamartine (1790-1860), *Lettre à M. le comte d'Esgrigny* (4 octobre 1849)

Exercice 1

Mots chamboulés

Retrouvez des mots du texte dont les lettres sont placées dans le désordre.

1. Cavhe : ....

2. Astropale : ....

3. Pales : ....

4. Aorfurge : ....

5. Mentitents : ....

6. Aruj : ....

Exercice 2

Mot locomotive

Soit le mot « **lait** » ; composez 6 mots commençant par ce nom ; aidez-vous du nombre de tirets. À chaque tiret correspond une lettre ainsi que des indications qui vous sont fournies.

1. _ _ _ _ _ _ _ _ : comme le yaourt, par exemple

2. _ _ _ _ _ _ _ _ : en rapport avec les poissons

3. _ _ _ _ _ _ _ _ : dans une ferme, une usine ou un magasin

4. _ _ _ _ _ _ _ _ : a la couleur blanchâtre du lait

5. ________ : celle de Jean de La fontaine court au marché

6. ________ : verte, rouge, de serre ou de plein champ, elle est la préférée des Françaises et des Français

La petite phrase de l'auteur

« Le flambeau de l'étude éclaire la raison. »

Méditations poétiques, la Retraite (1820)

Exercice 3

Tac au tac

Répondez le plus rapidement possible aux questions qui vous sont posées.

1. Lamartine parle des sonnettes de vaches. Pour désigner le même objet quel autre mot utilise-t-on ? ....

2. En termes de tauromachie, comment appelle-t-on les sonneries des clairons ? ....

3. Dans quelles circonstances générales le tocsin sonne-t-il ? ....

4. Quelle chanteuse française célèbre a interprété la chanson *Les trois cloches* ?
....

5. En 1956, cette chanteuse se produit avec un groupe très populaire à l'époque pour interpréter ce titre. Quel est le nom de ce groupe ? ....

6. De quelle province de France Lamartine est-il originaire ? ....

7. Quelle est la capitale de la Suisse ? ....

8. Quels sont les deux centres économiques importants de la Suisse ? ....
et ....

9. Quelles sont les quatre langues nationales de la Suisse ?
a. .... **c.** ....
b. .... **d.** ....

10. Au Tyrol, comment appelle-t-on le chant populaire sans paroles, exécuté en vocalises sur des syllabes en changeant brusquement de registre, et avec de grands intervalles ?
....

Exercice 4

Ver amoureux des vers

Dans le grenier d'une humide maison de France, sont entreposées les œuvres complètes d'Alphonse de Lamartine, vers et prose mêlés, en cinq volumes. Chaque volume compte 500 pages. Un joli petit ver se nourrit joyeusement des pages lamartiniennes allant allégrement de la première page du premier volume à la dernière page du dernier volume. Au final combien de vers ce ver peu respectueux de l'œuvre romantique aura-t-il avalé ?

....

....

....

....

Récréation

Exercice 1

6 sur 10

Sur les 10 affirmations suivantes, 6 sont exactes. Identifiez les 4 qui sont fausses et rectifiez les erreurs.

1. Les aconits, belles plantes de haute montagne, sont extrêmement toxiques

☐ **Vrai** ☐ **Faux**

2. *La maison de poupée* est une pièce de théâtre du dramaturge Ibsen

☐ **Vrai** ☐ **Faux**

3. Georges Clemenceau et Edouard Manet étaient très amis

☐ **Vrai** ☐ **Faux**

4. Jules Renard a écrit *Premier de cordée*

☐ **Vrai** ☐ **Faux**

5. Le mot « cerise » vient du turc « kiraz » qui était le nom d'une ville de l'Antiquité

☐ **Vrai** ☐ **Faux**

6. Jules César qui souffrait de crises d'épilepsie diurnes et nocturnes était capable de remonter à cheval après avoir fait une crise

☐ **Vrai** ☐ **Faux**

7. Le tabouret à feuilles rondes est une fleur des Alpes

☐ **Vrai** ☐ **Faux**

8. L'amanite printanière peut aussi se consommer en salade

☐ **Vrai** ☐ **Faux**

9. Le champignon appelé psalliote des trottoirs n'est pas comestible

☐ **Vrai** ☐ **Faux**

10. Le pétrel fulmar est un oiseau de mer

☐ **Vrai** ☐ **Faux**

Exercice 2

La Provence et vous

Répondez le plus rapidement possible aux questions suivantes.

1. Quel est l'acronyme de la région à laquelle appartient désormais la Provence chère au cœur de Daudet, Mistral, Bosco, Giono, Pagnol, pour ne citer qu'eux ?

....

2. Quelle ville est le chef-lieu de cette région ?

☐ **a.** Nice ☐ **c.** Toulon

☐ **b.** Marseille ☐ **d.** Aix-en-Provence

3. Quels sont les deux massifs forestiers de la Côte-d'Azur ?

a. .... **b.** ....

4. La grande région qui englobe la Provence compte six départements. Inscrivez le nom de chacun d'entre eux ainsi que le n° qui lui correspond ; des indices vous sont fournis :

Nom du département	N°
a.	04
b. H ....-A.................	....
c.	06
d.	13
e. V	....
f. V....................................	....

À la campagne

La merveilleuse promenade

La merveilleuse promenade !... Dès que nous eûmes passé le Glacis et contourné le Moulin, je quittai mes deux compagnons, M. Seurel dont on eût dit qu'il partait en guerre - je crois bien qu'il avait mis dans sa poche un vieux pistolet - et ce traître de Moucheboeuf. Prenant un chemin de traverse, j'arrivai bientôt à la lisière du bois - seul à travers la campagne pour la première fois de ma vie comme une patrouille que son caporal a perdue. Me voici, j'imagine, près de ce bonheur mystérieux que Meaulnes a entrevu un jour. Toute la matinée est à moi pour explorer la lisière du bois, l'endroit le plus frais et le plus caché du pays, tandis que mon grand frère aussi est parti à la découverte. C'est comme un ancien lit de ruisseau. Je passe sous les basses branches d'arbres dont je ne sais pas le nom mais qui doivent être des aulnes. J'ai sauté tout à l'heure un échalier au bout de la sente, et je me suis trouvé dans cette grande voie d'herbe verte qui coule sous les feuilles, foulant par endroits les orties, écrasant les hautes valérianes. Parfois mon pied se pose, durant quelques pas, sur un banc de sable fin. Et dans le silence, j'entends un oiseau - je m'imagine que c'est un rossignol, mais sans doute je me trompe, puisqu'ils ne chantent que le soir - un oiseau qui répète obstinément la même phrase : voix de la matinée, parole dite sous l'ombrage, invitation délicieuse au voyage entre les aulnes. Invisible, entêté, il semble m'accompagner sous la feuille. Pour la première fois me voilà, moi aussi, sur le chemin de l'aventure.

Alain-Fournier (1886-1914), *le Grand Meaulnes* (1913)

Exercice 1

Question de bois

Voici des expressions contenant le mot « bois » ; précisez quel est leur sens.

1. Être du bois dont on fait les flûtes :

....

2. Ne pas être de bois :

....

3. Sortir du bois :

....

4. On verra de quel bois je me chauffe :

....

5. Faire flèche de tout bois :

....

6. Être volé comme au coin d'un bois :

....

Exercice 2

Question de ruisseau

Voici des expressions contenant le mot « ruisseau » ; précisez quel est leur sens.

1. Tomber dans le ruisseau :

....

2. Les petits ruisseaux font les grandes rivières :

....

Exercice 3

À vous de voir !

Voici 12 affirmations. Lisez-les avec attention. Sont-elles toutes exactes ? Trouvez les erreurs.

1. Meaulne est le nom d'un village de l'Allier qu'Alain-Fournier a emprunté. Il a ajouté un « s » et Meaulnes est devenu le patronyme de son personnage et le titre de son roman : *le Grand Meaulnes.*

☐ **Vrai** ☐ **Faux**

2. L'ortie est une plante herbacée dont les feuilles sont couvertes de poils fins renfermant un liquide irritant que l'on nomme acide formique.

☐ **Vrai** ☐ **Faux**

3. Quand on sent que l'on va être piqué par une ortie, si on cesse de respirer, on ne sera pas piqué par l'ortie.

☐ **Vrai** ☐ **Faux**

4. La valériane officinale est dite herbe à chats.

☐ **Vrai** ☐ **Faux**

5. La tige centrale de la ramure d'un cerf est nommée merrain.

☐ **Vrai** ☐ **Faux**

6. « Le roi des aulnes » est le titre français d'une ballade de Goethe.

☐ **Vrai** ☐ **Faux**

7. Un lieu planté d'aulnes est une aulnaie.

☐ **Vrai** ☐ **Faux**

8. Une sente est un sentier (terme régionaliste ou littéraire).

☐ **Vrai** ☐ **Faux**

9. Alain Fournier s'appelait en réalité Henri-Alban Fournier.

☐ **Vrai** ☐ **Faux**

10. La sœur d'Henri-Alban Fournier épousa son ami Jacques Rivière, avec lequel il avait échangé une correspondance importante de 1905 à 1914.

☐ **Vrai** ☐ **Faux**

11. Henri-Alban Fournier fait partie des écrivains qui sont morts à la guerre de 14-18.

☐ **Vrai** ☐ **Faux**

12. La mère d'Henri-Alban portait le prénom de Marie-Albanie.

☐ **Vrai** ☐ **Faux**

Soir de juin

Il a plu. Soir de juin. Écoute,
Par la fenêtre large ouverte,
Tomber le reste de l'averse
De feuille en feuille, goutte à goutte.

C'est l'heure choisie entre toutes
Où flotte à travers la campagne
L'odeur de vanille qu'exhale
La poussière humide des routes.

L'hirondelle joyeuse jase.
Le soleil déclinant se croise
Avec la nuit sur les collines ;

Et son mourant sourire essuie
Sur la chair pâle des glycines
Les cheveux d'argent de la pluie.

Charles Guérin (1873-1907),
le Cœur solitaire (1898)

Exercice 1

Êtes-vous sagace ?

Lisez attentivement le texte suivant.

Histoire d'un petit village de France ordinaire

Cette pauvre fille avait l'air tellement gauche que toutes celles qui l'apercevaient, même de loin et par temps de brouillard, n'hésitaient pas à murmurer : « Non, mais franchement, quelle dégaine ! On dirait une poule qui vient de trouver une loupe dans un tas de fumier ! » Il faut dire que dans le village de cette malheureuse, on n'a pas la langue dans sa poche. Même les hommes s'y mettent, surtout après une bonne chope au café de l'église. Le maire lui-même n'hésitait pas à dire de ses administrés : « Quelle bande de rats ! Dans les arts de la médisance et de la calomnie réunis, ils excellent, les bougres ! Tous des cas, tous à mettre dans le même sac ! »

Observez les noms ; que remarquez-vous ?

....

....

....

Exercice 2

Intrus à chasser

Série 1 : pomme, citron, framboise, cerise, banane, mandarine, poire, fraise.

Il faut évacuer de cette liste ....

parce que ....

Série 2 : Canard colvert, martinet, oie blanche, palombe, moineau, cigogne, merle.

Il faut évacuer de cette liste ....

et ....

parce que ....

Série 3 : Baudelaire, Verlaine, Rimbaud, Verhaeren, Hugo, Du Bellay, Boulet, Lamartine, Aragon, Mallarmé, La Fontaine, Coppée.

Il faut évacuer de cette liste ....

parce que...

Exercice 3

Portrait chinois

– Si j'étais un poète américain, je serais Edgar Allan Poe.

– Si j'étais une femme, je serais Jeanne Duval ou Marie Daubrun ou Madame Sabatier.

– Si j'étais un art, je serais la poésie.

– Si j'étais une ville, je serais Paris.

– Si j'étais une œuvre, je serais *les Fleurs du mal.*

Je suis ....

Exercice 4

Devinette

Dans l'expression proverbiale suivante : « N'a pas mangé un bon morceau qui n'a mangé ni bécasse ni vanneau », le mot vanneau désigne :

- ☐ **a.** Une pièce de veau particulièrement tendre
- ☐ **b.** Un oiseau
- ☐ **c.** Un poisson des mers froides
- ☐ **d.** Une pièce de veau particulièrement succulente

Exercice 5

Quand chantent les oiseaux

Les verbes qui désignent les chants, les cris d'un même oiseau sont souvent nombreux. Pour chaque série de cris ou de chants, indiquez de quel oiseau il s'agit.

1. Appelle, babille, chante, flûte, jase, siffle :

....

2. Agace, bavarde, cajole, cause, jacasse, jase :

....

3. Bubule, bouboule, froue, hue, miaule, tutube :

....

4. Piaute, piaule, miaule : ....

5. Cancanne, nasille, canquette : ....

6. Pleure, raille : ....

Exercice 6

Un peu de logique

1. Complétez la série suivante :

J. F. M. A. M. J. J. A. S. ....

2. Que forme cet ensemble ?

....

La Beauce sous le soleil

C'était l'époque abominable, la Beauce dépouillée, désolée, étalant ses champs nus sans un bouquet de verdure. Les chaleurs de l'été, le manque absolu d'eau, avaient séché la terre qui se fendait; et toute végétation disparaissait, il n'y avait plus que la salissure des herbes mortes, que le hérissement dur des chaumes, dont les carrés à l'infini, élargissaient le vide ravagé et morne de la plaine, comme si un incendie eût passé d'un bout à l'autre de l'horizon. Un reflet jaunâtre semblait en être resté au ras du sol, une lumière louche, un éclairage livide d'orage : tout paraissait jaune, d'un jaune affreusement triste, la terre rôtie, les moignons des tiges coupées, les chemins de campagne, bossues, écorchés par les roues. Au moindre coup de vent, de grandes poussières s'envolaient, couvrant les talus et les haies de leur cendre. Et le ciel bleu, le soleil éclatant, n'étaient qu'une tristesse de plus, au-dessus de cette désolation.

Emile Zola (1840-1902), *La Terre* (1887)

Exercice 1

Jeu de lettres

Inscrivez six mots qui se terminent par « ule ». Aidez-vous du nombre de tirets (à chaque tiret correspond une lettre) et des indices qui vous sont fournis.

1. _ _ _ _ _ ule : quelle chaleur ! On étouffe !

2. _ _ _ _ _ _ ule : on m'appelle aussi demoiselle

3. _ _ _ _ _ ule : le tracteur en est un aussi

4. _ _ _ _ ule : c'est aussi un oiseau échassier à long bec (d'où son nom) qui vit en colonie au bord de l'eau, dans les marais

5. _ _ _ _ _ _ ule : vraiment petit

6. _ _ _ _ _ ule : à éviter en toutes circonstances

Exercice 2

La Beauce et vous

Voici 10 affirmations concernant la Beauce. Cochez **V** quand l'affirmation est vraie ; **F** quand elle est fausse ou contient une inexactitude.

1. C'est une terre très fertile

☐ **Vrai** ☐ **Faux**

2. Elle couvre environ 600 000 hectares

☐ **Vrai** ☐ **Faux**

3. Elle compte 6 départements

☐ **Vrai** ☐ **Faux**

4. Les arbres y sont globalement plutôt rares

☐ **Vrai** ☐ **Faux**

5. Géographiquement le plateau de la Beauce appartient au Bassin Parisien

☐ **Vrai** ☐ **Faux**

6. On y cultive notamment du blé, du maïs, de l'orge, des pommes de terre

☐ **Vrai** ☐ **Faux**

7. La cathédrale Notre-Dame de Chartres est un des fleurons de la Beauce

☐ **Vrai** ☐ **Faux**

8. Dimancheville est une commune de la Beauce

☐ **Vrai** ☐ **Faux**

9. Le climat y est relativement sec

☐ **Vrai** ☐ **Faux**

10. La nappe phréatique de la Beauce est la réserve d'eau potable la moins étendue d'Europe

☐ **Vrai** ☐ **Faux**

Exercice 3

Points communs

Quels sont les points communs qui existent entre les noms suivants : Bluette, Capucine, Hortense, Myrta, Pervenche, Violaine, Violette, Jacinthe, Iris, Marguerite, Rose

....

....

> « La charrue en traçant
> le premier sillon a creusé
> les fondations de la société.
> Ce n'est pas seulement du blé qui sort
> de la terre labourée,
> c'est une civilisation tout entière. »
>
> Alphonse de Lamartine, *Séance publique de la Société d'agriculture de Mâcon*, 1 septembre 1839.

Exercice 4

Autour du blé

Retrouvez des expressions usuelles qui sont formées à partir du mot « blé ».

1. Dépenser un bien productif avant qu'il n'ait rapporté

....

2. Gagner beaucoup d'argent (en termes familiers)

....

3. Avoir les cheveux très blonds, très clairs

....

Exercice 5

Comment couper le cake à la farine de blé ?

Vous avez devant vous un cake, de forme rectangulaire. C'est à vous que revient la mission de découper ledit cake en huit parts, strictement égales, et en trois coups de couteau seulement. Sans déplacer les parts du cake. Comment allez-vous vous y prendre ?

....

....

Vendanges en Touraine

Nous arrivâmes à l'époque des vendanges, qui sont en Touraine de véritables fêtes. Vers la fin du mois de septembre, le soleil, moins chaud que durant la moisson, permet de demeurer aux champs sans avoir à craindre ni le hâle ni la fatigue. Il est plus facile de cueillir les grappes que de scier les blés. Les fruits sont tous mûrs. La moisson est faite, le pain devient moins cher, et cette abondance rend la vie heureuse. Enfin les craintes qu'inspirait le résultat des travaux champêtres où s'enfouit autant d'argent que de sueurs, ont disparu devant la grange pleine et les celliers prêts à s'emplir. La vendange est alors comme le joyeux dessert du festin récolté, le ciel y sourit toujours en Touraine, où les automnes sont magnifiques. Dans ce pays hospitalier, les vendangeurs sont nourris au logis. Ces repas étant les seuls où ces pauvres gens aient, chaque année, des aliments substantiels et bien préparés, ils y tiennent comme dans les familles patriarcales les enfants tiennent aux galas des anniversaires. Aussi courent-ils en foule dans les maisons, où les maîtres les traitent sans lésinerie. La maison est donc pleine de monde et de provisions. Les pressoirs sont constamment ouverts. Il semble que tout soit animé par ce mouvement d'ouvriers tonneliers, de charrettes chargées de filles rieuses, de gens qui, touchant des salaires meilleurs que pendant le reste de l'année, chantent à tous propos. D'ailleurs, autre cause de plaisir, les rangs sont confondus : femmes, enfants, maîtres et gens, tout le monde participe à la dive cueillette.

Honoré de Balzac (1799-1850), *le Lys dans la vallée* (1835)

Exercice 1

À la recherche de la consonne perdue

Retrouvez six mots du texte en inscrivant dans les tirets les consonnes manquantes. Ne vous souciez pas des accents, pour une fois. À chaque tiret correspond une lettre.

1. _ O _ _ E _ I E _ _

2. _ _ A _ _ E _ _ E _

3. _ E _ A _ _ E _

4. A _ _ I _ E _ _ A I _ E

5. _ O _ _ O _ _ U _

6. _ _ O _ I _ I O _ S

Exercice 2

Changement de lettres

Changez une seule lettre et obtenez à chaque fois un ou plusieurs mots nouveaux.

1. Nous : .... ou ....
ou .... ou ....
ou ....
2. Sont : .... ou ....
ou .... ou ....
3. Fin : .... ou ....
ou ....
4. Mois : .... ou ....
ou .... ou ....
ou .... ou ....
ou ....
5. Pâle : .... ou ....
ou .... ou ....
ou .... ou ....
ou .... ou ....
ou ....

Exercice 3

Classez les étiquettes

Voici quatre titres de romans de Balzac. Ils figuraient en entier sur des étiquettes qui ont été découpées. Recollez les étiquettes de manière à reconstituer les quatre titres.

Illusions – Chagrin – Splendeurs – Eugénie – Et – Misères – La – Des – Perdues – Courtisanes – Peau – Grandet – De.

1. ....
2. ....
3. ....
4. ....

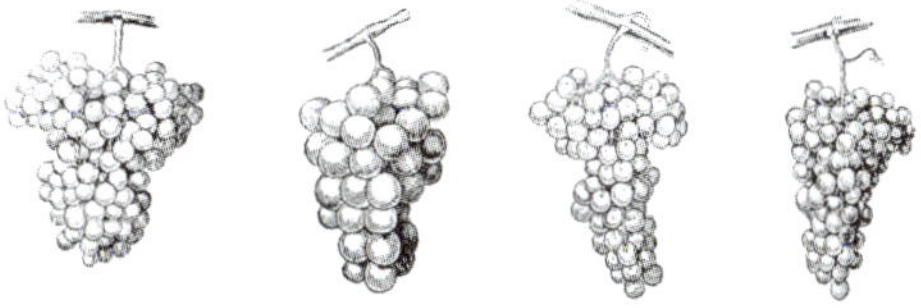

Exercice 4

Points communs

1. Quel point commun y a -t-il entre tous les mots de la liste suivante : le mois, le logis, le galetas, le repas ?

....

2. Quels points communs y a-t-il entre les deux mots logis et galetas ?

a. ....

b. ....

Exercice 5

Quelle quantité de vin les vendangeurs boivent-ils ?

9 vendangeurs boivent 12 litres de vin en 8 jours. Combien 24 vendangeurs boiront-ils de litres de vin en 30 jours ?

....
....
....
....

L'étang des Givrins

Mes premiers rêves d'enfants sont éclos là, au bord de cet étang prestigieux ; et il me suffit maintenant d'en évoquer le souvenir pour le retrouver peint dans ma mémoire.

C'était un merveilleux étang, aux eaux obscures, presque noires, que rasaient les libellules, que parcourait un peuple mystérieux d'insectes à longues pattes. De temps en temps, quelque grenouille émergeait de la vase ou sautillait dans l'herbe, sous les branches des saules échevelés et des sureaux en fleurs. Je vous assure que c'était un étang comme il n'y en n'a point dans le vaste monde, le plus bel étang qu'on pût voir. La nuit, des fées devaient y danser des rondes, à pas légers comme les grandes araignées que je tâchais d'enfermer dans des bouteilles. Je ne rêvai jamais rien de plus admirable, et quoique depuis ce temps-là j'aie vu des paysages très fameux, il n'en est aucun que je voudrais comparer à l'étang de Givrins. C'est lui qui m'a découvert la campagne, lui qui me l'a fait adorer. Tout l'hiver, je ne pensais qu'à l'étang de Givrins ; je devenais fou de joie quand venait le moment de le revoir.

Edouard Rod (1857-1910), *Scènes de la vie suisse*, Eggimann et Cie, Genève (1896)

Qui est Edouard Rod ?

Né en 1857 à Nyon, Edouard Rod est un homme de lettres suisse. Il a été critique littéraire, journaliste, romancier. Ami et disciple d'Émile Zola, il est l'auteur d'une œuvre abondante et d'une grande qualité qui est tombée dans l'oubli.

« Les peuples marchent grisés par les mots sonores et menteurs claironnés à leurs oreilles, sans révolte, passifs et résignés, alors qu'ils sont la masse et la force, et qu'ils pourraient, s'ils savaient s'entendre, établir le bon sens et la fraternité à la place des roueries sauvages de la diplomatie. »

Exercice 1

Edouard Rod et vous

Cochez la bonne réponse.

1. Edouard Rod était surnommé « l'Anatole suisse » :

- ☐ **a.** Parce qu'il était l'auteur d'un vaudeville qui connut beaucoup de succès et dont le titre est : *Ca colle, Anatole !*
- ☐ **b.** Il tenait sa fortune d'une entreprise familiale florissante spécialisée dans les fournitures de bureaux et notamment dans une colle à l'amande douce très réputée qui s'exportait dans le monde entier sous le nom de « Colle Anatole »
- ☐ **c.** Parce que comme Anatole France, son œuvre est tombée rapidement

dans l'oubli après sa mort brutale, à Grasse, en 1910

2. Incité à rejoindre l'Académie Française, Edouard Rod décline cette invitation pour la raison suivante :

- ☐ **a.** Il est superstitieux et il redoute que rejoindre « les Immortels » le condamne à une mort précoce, lui qui précisément a peur de la mort
- ☐ **b.** L'Académie a accueilli en son sein des membres pour lesquels il n'éprouve qu'une relative estime intellectuelle
- ☐ **c.** Pour briguer un fauteuil à l'Académie Française, il devrait prendre la nationalité française, or il ne veut en aucun cas abandonner la nationalité suisse à laquelle il est très attaché

Exercice 2

L'inconnue à identifier

– Je suis née le 12 juin 1827 dans le canton de Zurich.

– J'ai créé un personnage que tous les enfants connaissent et qui me survivra bien après ma disparition en 1901.

– Mon père était médecin et chirurgien ; il soignait les malades mentaux ; le père de ma mère était pasteur, il écrivait et composait des cantiques.

– Je suis une grande lectrice dès l'enfance.

– En 1852 j'épouse un avocat qui deviendra chancelier de la ville de Zurich.

– Quand en 1884 je perds et mon époux et mon fils unique je me consacre plus que jamais à l'écriture.

– C'est la région de Coire et le canton des Grisons où j'ai passé de nombreux étés qui sert de décor à mon œuvre pour la jeunesse.

Je suis ....

Mon héroïne est ....

Exercice 3

Étangs de France

Tracez des flèches pour préciser dans quel département de France se trouvent les étangs suivants :

Thau .1	**a.** Allier
Sault .2	**b.** Bouches-du Rhône
Berre .3	**c.** Hérault
Lacanau .4	**d.** Landes
Biscarrosse .5	**e.** Gironde
Sanguinet .6	**f.** Gironde

Petite question personnelle :
Préférez-vous les eaux dormantes, stagnantes ou les eaux vives ?
« Tout l'hiver, je ne pensais qu'à l'étang des Givrins. » ; et vous, à quoi pensez-vous l'hiver ?

....

Récréation

Exercice 1

Question d'arbres

Retrouvez le nom de dix arbres. Aidez-vous de la première lettre du nom qui vous est fournie, du nombre de tirets (à chaque tirer correspond une lettre) et des indications qui vous sont fournies :

1. P _ _ _ _ _ _ _ ; peut être d'Italie

2. S _ _ _ _ ; merveilleux, surtout quand il est de Noël

3. P _ _ ; peut être parasol

4. S _ _ _ _ ; souvent pleureur

5. E _ _ _ _ _ _ _ _ _ ; originaire d'Australie

6. P _ _ _ _ _ _ ; ornait souvent nos places et bordait nos rues

7. C _ _ _ _ _ ; symbole du deuil dans le monde méditerranéen

8. B _ _ _ _ _ _ ; son écorce est blanche

9. M _ _ _ _ _ _ _ ; on l'appelle aussi le cerisier des oiseaux

10. C _ _ _ _ : ses pommes sont des galles

Exercice 2

6 sur 10

Sur les 10 affirmations suivantes, 6 sont exactes. Identifiez les 4 qui sont fausses et rectifiez les erreurs.

1. Aucune espèce végétale n'a pu survivre à la bombe atomique à Hiroshima.

2. Le ginkgo biloba a survécu à la bombe atomique à Hiroshima.

3. L'acrostiche est une plante qui pousse sur les haies et que l'on peut consommer en salade.

4. L'estragon, l'absinthe et le génépi sont des variétés de l'armoise.

5. Au XIXe siècle on disait que l'alcool d'absinthe rendait fou, voire criminel.

6. Chez les Chinois la pivoine est symbole de timidité.

7. L'alberge est le nom de l'asperge sauvage.

8. Le papillon le plus fréquent dans les jardins et campagnes de France est le vulcain.

9. Les boîtes de camembert traditionnelles sont fabriquées en bois de peuplier.

10. Une plante rudérale est une plante qui pousse dans les décombres.

Exercice 3

Classement au verger

Répartissez les arbres fruitiers suivants en trois catégories selon qu'il s'agit d'arbres donnant des fruits à pépins, des fruits à noyaux, des fruits secs.

Adoptez le code suivant :
Fruits à pépins : **P**. Fruits à noyaux : **N**.
Fruits secs : **S**.

1. Amandier : ....
2. Châtaignier : ....
3. Abricotier : ....
4. Cognassier : ....
5. Cerisier : ....
6. Figuier : ....
7. Poirier : ....
8. Pommier : ....
9. Pêcher : ....
10. Prunier : ....
11. Brugnonier : ....
12. Nectarinier : ....
13. Noisetier : ....
14. Noyer : ....

Ailleurs

À Vichy, la marquise prend les eaux

La promenade du soir

Dans les Gaules

Charmes de la campagne japonaise

Au marché à Corinthe

Récréation

À Vichy, la marquise prend les eaux

Mercredi 20e mai.

J'ai donc pris des eaux ce matin, ma très-chère ; ah, qu'elles sont méchantes ! J'ai été prendre le chanoine, qui ne loge point avec Mme de Brissac. On va à six heures à la fontaine : tout le monde s'y trouve, on boit, et l'on fait une fort vilaine mine ; car imaginez-vous qu'elles sont bouillantes, et d'un goût de salpêtre fort désagréable. On tourne, on va, on vient, on se promène, on entend la messe, on rend les eaux, on parle confidemment de la manière qu'on les rend : il n'est question que de cela jusqu'à midi. Enfin, on dîne ; après dîner, on va chez quelqu'un : c'était aujourd'hui chez moi. Mme de Brissac a joué à l'hombre avec Saint-Hérem et Plancy ; le chanoine et moi nous lisons l'Arioste ; elle a l'italien dans la tête, elle me trouve bonne. Il est venu des demoiselles du pays avec une flûte, qui ont dansé la bourrée dans la perfection. C'est ici où les bohémiennes poussent leurs agréments ; elles font des *dégognades*, où les curés trouvent un peu à redire ; mais enfin, à cinq heures, on se va promener dans des pays délicieux ; à sept heures, on soupe légèrement, on se couche à dix. Vous en savez présentement autant que moi. Je me suis assez bien trouvée de mes eaux ; j'en ai bu douze verres : elles m'ont un peu purgée, c'est tout ce qu'on désire. Je prendrai la douche dans quelques jours. Je vous écrirai tous les soirs ; ce m'est une consolation, et ma lettre partira quand il plaira à un petit messager qui apporte les lettres, et qui veut partir un quart d'heure après : la mienne sera toujours prête.

Madame de Sévigné (1626-1696), *Correspondance, Lettre à Mme de Grignan* (20 mai 1676)

Exercice 1

1 sur 10

Voici 10 affirmations. L'une d'entre elles est fausse, soulignez-la.

1. La marquise de Sévigné vient prendre les eaux à Vichy, sur la recommandation de son médecin et encouragée par sa fille, en 1766 et en 1767.

2. La marquise vient à Vichy soigner des rhumatismes aux mains, aux épaules, aux genoux.

3. Le traitement qu'elle doit suivre, relativement commun à l'époque, est conforme à la

prescription suivante :
– Douze verres d'eau chaque matin pendant une semaine.
– Des douches matinales pendant une semaine.
– Reprise de la cure des douze verres d'eau quotidiens.

4. Les bienfaits des sources chaudes de Vichy sont connus depuis l'Antiquité.
5. Les bienfaits des sources froides de Vichy sont connus depuis l'Antiquité.
6. À l'époque des Romain Vichy était nommée « Vicus Calidus », ce qui signifie « bourg chaud ».
7. Pendant la seconde guerre mondiale, le maréchal Pétain réside, durant la période estivale, au Pavillon Sévigné, un ancien hôtel de Vichy dans lequel on pense que la marquise aurait séjourné lors de ses cures dans la ville.
8. Les filles de Louis XV, Adélaïde et Victoire, viendront prendre les eaux de Vichy.
9. Vichy sera une ville fort appréciée de Napoléon III.
10. À la veille de la Révolution française, on estime qu'il y avait environ 350 baigneurs et buveurs d'eau dans la ville de Vichy.

L'affirmation fausse est la numéro : ....

parce que ....

Exercice 2

Tac au Tac : l'Allier et vous

Répondez le plus rapidement possible aux questions qui vous sont posées

1. À quelle ancienne province de France correspond l'actuel département de l'Allier ?

....

2. Dans quelle région ce département est-il actuellement situé ?

....

3. Quel code l'INSEE et la poste ont-ils attribué à ce département ? ....

4. Quelle ville en est la préfecture ?

....

5. Comment nomme-t-on les habitants du département de l'Allier ? Attention, la question paraît simple mais la réponse l'est moins…

....

6. D'où le département de l'Allier tire-t-il son nom ?

....

7. Avant 1940 et l'installation du gouvernement du maréchal Pétain à Vichy – qui fait passer la ville thermale au rang de sous-préfecture – quelle ville était la sous-préfecture ?
   - ☐ **a.** Montluçon
   - ☐ **b.** Bourbon-L'Archambault
   - ☐ **c.** Saint-Pourçain-sur-Sioule
   - ☐ **d.** Lapalisse
8. Quelle est la caractéristique démographique de l'Allier ?
   - ☐ **a.** Le taux de personnes âgées est important
   - ☐ **b.** Le taux de personnes âgées est faible
   - ☐ **c.** La natalité est faible
   - ☐ **d.** La natalité est importante
9. Quelle est la particularité de la commune de Pouzy-Mésangy, dans un département qui a attiré de nombreux étrangers et dont les résidences secondaires et occasionnelles dépassent 10 % des logements au total ?

....

La promenade du soir

Ces soirs- là, en sortant du mois de Marie, quand il faisait beau et qu'il y avait clair de lune, au lieu de rentrer directement, mon père, par amour de la gloire, nous faisait faire par le calvaire une longue promenade que le peu d'aptitudes de ma mère à s'orienter et à se reconnaître dans son chemin lui faisait considérer comme la prouesse d'un génie stratégique. Nous revenions par le boulevard de la Gare où se trouvaient les plus agréables villas de la commune. Dans chaque jardinet, le clair de lune, comme Hubert Robert, semait ses degrés rompus de marbre blanc, ses jets d'eau, ses grilles entrouvertes. Sa lumière avait détruit le bureau du Télégraphe. Il n'en subsistait, plus qu'une colonne à demi brisée, mais qui gardait la beauté d'une ruine immortelle. [...] Je traînais la jambe, je tombais de sommeil, l'odeur des tilleuls, qui embaumait, me paraissait comme une récompense qu'on ne pouvait obtenir qu'au prix des plus grandes fatigues et qui n'en valait pas la peine. Tout d'un coup, mon père nous arrêtait et demandait à ma mère : « Où sommes-nous ? » Epuisée par la marche, mais fière de lui, elle lui avouait tendrement qu'elle n'en savait absolument rien. Il haussait les épaules et riait. Alors, comme s'il l'avait sortie de la poche de son veston, avec sa clef, il nous montrait debout devant nous la petite porte de derrière notre jardin qui était venue, avec le coin de sa rue, nous attendre au bout de ces chemins inconnus. Ma mère lui disait avec admiration « Tu es extraordinaire. »

Marcel Proust (1871-1922), *Chroniques* (1927)

Exercice 1

Jeu de lettres

Les mots terminés par « **ique** ». Retrouvez six mots terminés par IQUE en vous aidant de la première lettre, ainsi que des autres quand elles vous sont fournies, du nombre de tirets (à chaque tiret correspond une lettre) et des indices qui vous sont fournis.

1. I _ _ ique : le chapiteau ou la colonne peuvent l'être

2. D _ _ a _ ique : ne manque pas d'énergie

3. D i _ h _ r _ _ _ ique : exalte avec emphase

4. S _ _ d _ _ ique : moqueur

5. R _ _ _ ique : de la campagne

6. P_ _ _ ique : commode

Exercice 2

Bouquet de fleurs

Quels noms de fleurs se cachent derrière les anagrammes suivantes ? (Rappel : les anagrammes sont des mots obtenus par la transposition de lettres pour créer un autre mot ; exemple : Marie / aimer). Ne tenez pas compte des éventuels accents.

1. Sommai : ....

2. Éros : ....

3. Arsenics : ....

4. Soûleront : ....

5. Olivette : ....

6. Antigène : ....

7. Onciale : ....

8. Manguier : ....

Exercice 3

Tac au tac

Répondez le plus rapidement possible aux questions suivantes.

1. Quel verbe utilise-t-on pour désigner l'action de se poser sur la lune, s'agissant d'un engin spatial ? ....
2. Qui est l'auteur de la bande dessinée *On a marché sur la lune* ? ....
3. Le 12 avril 1961 un cosmonaute réalise dans l'espace une révolution complète autour de la terre, quelle est sa nationalité ? ....
4. Quel est le nom du cosmonaute dont vous venez d'inscrire la nationalité ? ....
5. Quel est le nom de l'homme qui a le premier marché sur la lune ? ....
6. En quelle année cet événement a-t-il eu lieu ? ....
7. À quoi correspond le mois de Marie mentionné par Proust dans son extrait ? ....
8. Que désigne le mot calvaire dans l'extrait ? ....
9. De quelle langue le mot villa vient-il ? ....
10. Quel est le sens du mot degrés dans le texte ? ....

Exercice 4

Enigme voltairienne

Comme Marcel Proust, Voltaire en son temps fréquentait les salons mondains. Au nombre des divertissements qu'il proposait à ses admiratrices et à ses admirateurs, il y a celle-ci :

« Cinq voyelles, une consonne,
En français composent mon nom
Et je porte sur ma personne
De quoi l'écrire sans crayon. »

Je suis : ....

Exercice 5

Petite question

De Pluton, Mars, Saturne, Jupiter ou Neptune, quelle planète est la plus proche de la Terre ?

....

Dans les Gaules

Mais ce que l'on admire partout dans les Gaules, ce qui fait le principal caractère de ce pays, ce sont les forêts. On voit çà et là dans leur vaste enceinte quelques camps romains abandonnés ; on y trouve ensevelis sous l'herbe les squelettes du cheval et du cavalier. Les graines que les soldats y semèrent jadis pour leur nourriture forment des espèces de colonies étrangères et civilisées, au milieu des plantes natives et sauvages des Gaules. Je ne pouvais reconnaître sans une sorte d'attendrissement ces végétaux domestiques, dont quelques-uns étaient originaires de la Grèce. Ils s'étaient répandus sur les collines et le long des vallées, selon les habitudes qu'ils avaient apportées de leur sol natal. Ainsi des familles exilées choisissent de préférence les sites qui leur rappellent leur patrie.

Chateaubriand (1768-1848), *les Martyrs*, livre IX (1809)

Exercice 1

Êtes-vous sagace ?

Observez la phrase suivante.
« Tu l'as trop écrasé, César, ce Port-Salut. »

1. Que remarquez-vous ? ....

2. Comment nomme-t-on cette figure de style ?

....

Exercice 2

La Gaule et vous

Faites les bons choix ou apportez les bonnes réponses aux questions qui vous sont posées.

1. Vercingétorix a vécu :

☐ **a.** Vers -170 av. J.-C.

☐ **b.** Vers 72 av. J.-C.

2. Où Vercingétorix a-t-il remporté une victoire sur les Romains en 52 av. J.-C. ?

....

3. Par qui Vercingétorix a-t-il été vaincu ?

☐ **a.** Pompée ☐ **b.** César

☐ **c.** Alexandre

4. Dans quelle citadelle assiégée a-t-il été contraint de se rendre ?

....

5. Au premier siècle av. J.-C. on distinguait la Gaule chevelue de la Gaule narbonnaise

☐ **Vrai** ☐ **Faux**

6. Au milieu du Ier siècle av. J.-C. la Gaule qui n'avait pas encore été conquise par les Romains comptait :

☐ **a.** Une dizaine de peuples

☐ **b.** Une trentaine de peuples

☐ **c.** Une soixantaine de peuples

7. Quel est le nom du peuple gaulois auquel Vercingétorix appartient ?

☐ a. Les Avernes ☐ c. Les Arvernes
☐ b. Les Auvergnats

8. Dans quelle région de l'actuelle France se situe le territoire de Vercingétorix ?

☐ a. La Bourgogne ☐ c. Les Vosges
☐ b. L'Auvergne

9. Qui a écrit : *Commentaires sur la guerre des Gaules* ?

☐ a. Cicéron

☐ b. Aulu-Gelle

☐ c. César

☐ d. Un soldat lettré mais resté anonyme

☐ e. Plusieurs soldats, l'œuvre est composée de plusieurs témoignages

10. Au Iᵉʳ siècle ap. J.-C., s'établit dans tout l'Empire romain et notamment en Gaule « la pax romana » ; de quoi s'agit-il ? ....

Exercice 3

Jeu de lettres

Les mots commençant par « **Ur** ». Retrouvez six mots commençant par UR ; aidez-vous des lettres qui vous sont éventuellement fournies, du nombre de tirets (à chaque tiret correspond une lettre) et des indices qui vous sont donnés.

1. Ur _ _ i _ : papillon de grande taille, aux couleurs vives
2. Ur _ _ _ n : tout sauf rural
3. Ur _ _ _ _ t _ : qui a les qualités des gens de la ville
4. Ur _ _ _ _ _ : il n'y a pas de temps à perdre
5. Ur_ _ : pas toujours funèbre
6. Ur _ _ _ _ : canal

Exercice 4

Tout sur le cheval

Complétez les mots dont vous avez la première lettre et qui sont inscrits dans des phrases présentant des informations sur les chevaux.

1. Le cheval est un grand m .... o ....
2. Il appartient à la famille des é......................
3. L'.............. et le z.............. font également partie de cette famille
4. Domestiqué par l'homme, le cheval l'assiste dans de nombreuses activités telles que l'.............., le t.............., la g.............., le s...............
5. Le cheval qui jouit d'un profond capital sympathie a mérité le surnom de « la plus belle c.............. de l'...............»

Exercice 5

À vos montures

Tracez des flèches pour faire rendre à chacun son cheval :

Jolly Jumper **.1**	**a.** Zorro
Rossinante **.2**	**b.** Alexandre
Tornado **.3**	**c.** Lucky Luke
Bucéphale **.4**	**d.** Caligula
Incitatus **.5**	**e.** Don Quichotte

Charmes de la campagne japonaise

Un clair matin d'octobre, au gai soleil levant, je pars de Yokohama, me rendant peu importe où, vers l'intérieur de l'île Nippon. Dans nos petits chars roulés par des hommes coureurs, nous commençons notre voyage grand train, roulés très vite, le visage cinglé par l'air vif et froid de l'automne. Après une première heure de voyage, nous quittons « la route de la mer Orientale », pour entrer dans des campagnes tranquilles, par des sentiers où nos coureurs sont forcés de ralentir leur allure folle. Plus nous avançons dans ce pays, plus cela devient calme, après l'agitation de la grand-route ; plus cela devient pastoral, avec un air d'autrefois. [...]
Devant les maisons, il y a des jardinets très soignés, entourés de haies bien taillées, bien correctes ; à côté de quelques fleurs inconnues, il y pousse des dahlias, des zinias, des marguerites-reines, des roses de Bengale – plus petites que les nôtres et plus rouges – et, naturellement, des anémones du Japon. Au lieu des pommiers de nos campagnes, couverts, à cette saison, de pommes jaunes ou rouges, ici, toujours ce même arbre : le kaki, dont le feuillage ressemble à celui du néflier et dont les fruits sont d'une couleur dorée encore plus éclatante que celle des oranges.

Pierre Loti (1850-1923), *Japoneries d'automne* (1926)

Exercice 1

Jeu de lettres

Lettres en moins. Otez une lettre à chacun des mots suivants de manière à former un nouveau mot. Puis placez le mot ainsi obtenu au cœur d'une expression qui mettra son sens en valeur.

1. Vers : ....

Expression : ....

2. Chars : ....

Expression : ....

3. Notre : ....

Expression : ....

4. Route : ....

Expression : ....

Exercice 2

Méli-Mélo

Voici six mots de l'extrait que vous venez de lire ou de la référence de cet extrait. Des modifications ont été apportées. Sans reprendre le texte sous les yeux, retrouvez les mots d'origine.

1. Îlot : ....

2. Naiseponja : ....

3. Niart : ....

4. Graneos : ....

5. Sanosi : ....

6. Syap : ....

Exercice 3

Petites Questions

À vous de choisir la bonne réponse parmi celles qui vous sont proposées.

1. En 2006 le Japonais Akira Haraguchi, âgé de soixante ans :

☐ **a.** Empoisonne toute sa famille avec un potage qui contenait des champignons vénéneux puis disparaît

☐ **b.** Obtient le prix Raoul Dulong-Plitre pour l'ensemble de ses travaux sur la physique quantique

☐ **c.** Récite en public les 100 000 décimales de π 3,14

☐ **d.** Publie *Haïku mon amour*, un recueil de 1 000 haïkus, tous magnifiquement illustrés de sa main

2. Quel écrivain a publié, notamment, les ouvrages dont voici la liste avec les dates de leur publication en français : la Mère (1933), Fils de dragon (1942), Promesse (1945), Pivoine (1948), l'Amour demeure (1972)

a. William Faulkner ....

b. Pearl Buck ....

c. Louisa May Alcott ....

d. Daphné Du Maurier ....

e. Collenn Mac Cullough ....

f. Elisabeth Bowen ....

Exercice 4

L'inconnu à découvrir

– Je suis né à Albi en 1886.

– Dès la publication de mon premier roman, *Koënigsmark*, je connais un succès considérable et j'atteins d'énormes tirages : plus d'un million d'exemplaires.

– Les 42 héroïnes de mes romans ont toutes un prénom qui commencent par la lettre A : Aurore, Antinéa, Allégria, Axelle, Albine, Armance, Aïno, pour ne citer qu'elles.

– Tous mes romans, injustement qualifiés de « littérature de gare » par mes détracteurs, comportent invariablement 318 pages et font tous une allusion à Gambetta.

Je suis ....

Exercice 5

Côté Maths

Cochez les bonnes réponses.

1. À quoi le nombre π correspond-il ?

☐ **a.** 3,14

☐ **b.** Le résultat de la division de la circonférence d'un cercle par son diamètre

2. La somme des 20 premières décimales de π donne 100

☐ **Vrai** ☐ **Faux**

Au marché à Corinthe

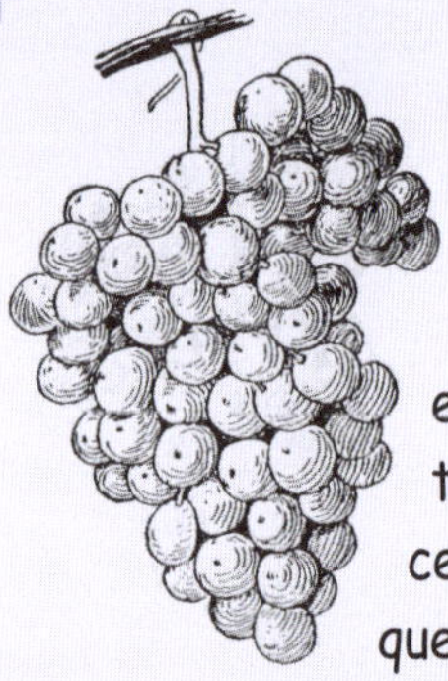

Les arcades inférieures de la basilique étaient ouvertes et servaient de boutiques à des marchands de fruits, de légumes, d'huile, de vin et de friture, à des oiseleurs, des bijoutiers, des libraires et des barbiers. Des changeurs s'y tenaient assis derrière de petites tables couvertes de pièces d'or et d'argent. Et du creux sombre de ces échoppes sortaient des cris, des rires, des appels, des bruits de querelles et des odeurs fortes. Sur les degrés de marbre, partout où l'ombre bleuissait les dalles, des oisifs jouaient aux dés ou aux osselets, des plaideurs se promenaient de long en large avec un air anxieux, des matelots cherchaient gravement les plaisirs auxquels ils dussent consacrer leur argent et des curieux lisaient des nouvelles de Rome rédigées par des Grecs futiles. À cette foule de Corinthiens et d'étrangers se montraient avec obstination des mendiants aveugles, de jeunes garçons épilés et fardés, des marchands d'allumettes et des marins estropiés portant pendu à leur cou le tableau de leur naufrage. Du toit de la basilique les colombes descendaient en troupes sur les grands espaces vides, recouverts de soleil, et becquetaient des graines dans les fentes des dalles chaudes.

Anatole France (1844-1924), *Sur la pierre blanche* (1905)

Exercice 1

Jeu de lettres

Particularité à détecter. Lisez ces phrases et indiquez la particularité que vous avez observée, différente dans chaque cas.

1. Mélanie se triture les méninges. Que va-t-elle bien pouvoir faire pour honorer ses invités et les recevoir dignement avec tous les égards dus à leur rang ? Soudain, lumineuse, l'idée jaillit : elle va les installer sous le grand pin du jardin et leur offrira un vin d'exception. Quelle exquise soirée ils passeront !

Particularité : ....

2. Théodore raconte que sur le sable, oiseleurs, bijoutiers, ciseleurs, avaient disposé leurs tables de couleur et ils présentaient ainsi leurs dernières créations à de nombreux acheteurs admiratifs et dont la plupart louaient leur talent.

Particularités : ....

3. Dans la demeure voisine de la nôtre, les enfants jouaient ; ils firent du bruit toute la nuit en jouant à la balle sur la dalle qui est devant la piscine.

Particularité : ....

Exercice 2

Calpurnia et son amphore d'huile

Calpurnia doit remplir une amphore d'huile de 4 litres. Mais elle ne dispose que de deux amphores : l'une qui a une contenance de 3 litres, l'autre qui a une contenance de 5 litres.

Comment Calpurnia doit-elle s'y prendre pour obtenir 4 litres d'huile et 4 litres seulement ?

....

....

....

Exercice 3

Sacs à lettres

1. Premier sac à lettres : il contient les lettres « **t i u r** » ; assemblez-les et ajoutez une lettre pour former deux mots.

   Mot 1 : lettre ajoutée : ....

   mot obtenu : ....

   Mot 2 : lettre ajoutée : ....

   mot obtenu : ....

2. Second sac à lettres : il contient les lettres « **t i u** » ; procédez comme précédemment :

   Mot 1 : lettre ajoutée : ....

   mot obtenu : ....

   Mot 2 : lettre ajoutée : ....

   mot obtenu : ....

Exercice 4

Corinthe et vous

Voici 6 affirmations. L'une d'entre elles contient une erreur, trouvez-la.

1. Corinthe était l'une des principales cités de la Grèce antique
2. Corinthe abritait un temple d'Aphrodite célèbre
3. Le poète Pindare affirme que Corinthe passait pour avoir inventé notamment l'architecture et l'art de dresser les chevaux
4. Corinthe était une ville marchande dynamique
5. Corinthe était dans l'Antiquité la rivale d'Athènes
6. Le raisin de Corinthe est réputé pour la qualité nutritionnelle de ses pépins à haute valeur énergétique

Quelle est l'erreur ? Pourquoi ?

....

....

Exercice 5

Intrus à chasser

Chaque série comporte un intrus, à vous de les démasquer.

Série 1 : Athènes, Mytilène, Le Pirée, Megara, Ath, Corfou

Il faut évacuer ....

parce que ....

Série 2 : Alost, Bastogne, Chimay, Dinant, Rosporden, Fleurus

Il faut évacuer ....

parce que ....

Série 3 : Nyon, Fribourg, Berne, Vevey, Binche,Sion

Il faut évacuer ....

parce que ....

Récréation

Exercice 1

Portrait chinois

– Si j'étais un immeuble, je serais un gratte-ciel.

– Si j'étais un fleuve, je serais l'Hudson.

– Si j'étais un parc, je serais Central Park.

– Si j'étais un monument, je serais la statue de la Liberté.

Je suis ....

Exercice 2

L'île à découvrir

– Elle tient son nom du Hollandais Jakob Roggeveen.

– Il l'a découverte un certain dimanche de Pâques…

– S'il fut le premier à y débarquer, on a d'excellentes raisons de penser que l'île avait été visitée par les Polynésiens dès les années 900, grâce aux vestiges qu'ils y ont laissés.

Je suis ....

Exercice 3

Chassez l'intrus

Quelle côte devez-vous barrer de la liste suivante ?

1. La côte d'amour
2. La côte d'Azur
3. La côte d'Or
4. La côte Vermeille
5. La côte d'Opale
6. La côte de Jade

Pour quelle raison l'avez-vous barrée ?

....

Exercice 4

À chaque ville son bonbon !

Tracez des flèches pour rendre à chaque cité sa spécialité.

Calisson **.1**	**a.** Vichy
Bergamote **.2**	**b.** Isigny
Pastille **.3**	**c.** Aix-en-Provence
Caramel **.4**	**d.** Verdun
Négus **.5**	**e.** Cambrai
Coussin **.6**	**f.** Nevers
Dragée **.7**	**g.** Lyon
Bêtise **.8**	**h.** Nancy

Exercice 5

Codes secrets

Quels pays ou quelles villes du monde se cachent derrière ces noms de code ?

1. Ponja : ....
2. Ocrée : ....
3. Brinel : ....
4. Buldin : ....
5. Nuits : ....

Aventures

En promenade avec Barnâ Bredanna

Mon cousin étant très grand et moi très petit, cela faisait un couple assez plaisamment assorti. Sa longue figure effilée, son petit visage de pomme cuite, son air mou, sa démarche nonchalante excitaient les enfants à se moquer de lui. Dans le patois du pays on lui donna le surnom de Barnâ Bredanna, et sitôt que nous sortions nous n'entendions que Barnâ Bredanna tout autour de nous. Il endurait cela plus tranquillement que moi. Je me fâchai, je voulus me battre, c'était ce que les petits coquins demandaient. Je battis, je fus battu. Mon pauvre cousin me soutenait de son mieux ; mais il était faible, d'un coup de poing on le renversait. Alors je devenais furieux. Cependant, quoique j'attrapasse force horions, ce n'était pas à moi qu'on en voulait, c'était à Barnâ Bredanna ; mais j'augmentai tellement le mal par ma mutine colère que nous n'osions plus sortir qu'aux heures où l'on était en classe, de peur d'être hués et suivis par les écoliers. Me voilà déjà redresseur des torts.

Jean-Jacques Rousseau (1712-1778), *les Confessions* (1782)

Exercice 1

Méli-Mélo

Retrouvez douze mots du texte qui ont été mêlés ; ils sont deux à être placés sur la même ligne.

1. C h a m o n a r r i a o d e s

....

et ....

2. P u n o c i m o m e s

....

et ....

3. M o r u l e t c i e n e

....

et ....

4. P i b o f l i a n e g e

....

et ....

5. E f r o g r a c e d

....

et ....

6. P o r c o e a n s i m o r n e

....

et ....

Exercice 2

Mots venus d'ailleurs ?

Lisez attentivement les phrases suivantes.

1. C'est fou le nombre de potes qu'a Frédéric.

2. Bérénice a une cabane qui est vraiment superbe, avec une vue sur la mer qui est à couper le souffle.

3. Vous ne pouvez pas imaginer à quel point je demeure dans un bled qui est coincé entre rien et nulle part.

4. Grégoire et Guillaume avaient voyagé toute la nuit ; ils déclarèrent : « un bon jus des familles, voilà qui nous remettrait les idées en place ; Aussitôt leur mère déclara : « Au jus là-dedans ! »

5. Ioana est vraiment charmante : il ne se passe pas une semaine sans que je reçoive d'elle une longue bafouille.

6. Les conditions de travail dans les hosteaux sont vraiment de plus en plus déplorables.

Soyez attentifs aux noms communs ; quelle remarque faites-vous ? Attention ! Ne vous contentez pas de répondre qu'il s'agit de termes empruntés à l'argot. Précisez de quel type d'argot il s'agit : ....

Exercice 3

Jean-Jacques Rousseau et vous

Barrez ce qui est faux.

1. Jean-Jacques Rousseau est né à Genève.

2. Son père, un horloger fantasque est contraint de s'exiler, suite à une querelle, en 1722.

3. Il a vécu auprès de Mme de Warrens, une convertisseuse intéressée des protestants qui est en réalité une espionne à la solde du roi de Sardaigne et qu'il nomme « maman ».

4. Son caractère très particulier, sa maladie chronique de la vessie, ses manières déplorables lui valent de lourdes déceptions mondaines.

5. En 1761 il rédige « Julie ou la Nouvelle Héloïse », un roman épistolaire qui se déroule en Suisse.

6. En 1762 paraît Du Contrat Social qui définit son idéal politique.

7. En 1747 Rousseau s'était lié avec Thérèse Levasseur, lingère et servante d'auberge. Il en aura cinq enfants qu'il abandonnera tous aux Enfants-Trouvés. Il s'en justifiera de la manière suivante : « J'aurais voulu, je voudrais encore avoir été élevé et nourri comme ils l'ont été. »

La citation de l'auteur

« J'ai bien souvent débité des fables, mais j'ai très rarement menti. »

Jean-Jacques Rousseau,
Les Rêveries du promeneur solitaire (1776-1778)

Exercice 4

Surnoms royaux

Tracez des flèches pour faire correspondre le nom des rois de France avec les surnoms qui leur ont été donnés.

Louis Ier **.1**	**a.** Le Pieux
Louis V **.2**	**b.** Le Fainéant
Louis VI **.3**	**c.** Le Gros
Louis VII **.4**	**d.** Le Jeune
Louis IX **.5**	**e.** Saint-Louis
Louis X **.6**	**f.** Le Hutin
Louis XIII **.7**	**g.** Le Juste
Louis XIV **.8**	**h.** Le Grand
Louis XV **.9**	**i.** Le Bien-Aimé
Charles X **.10**	**j.** Le Sage

À la rencontre des rois

La bise sifflait, c'est vous dire qu'il faisait froid. Le soleil descendait, blafard, devers le Rhône. Les ruisseaux étaient gelés. L'herbe des bords était brouie. Des saules défeuillés, les branches rougeoyaient. Le rouge-gorge, le troglodyte, sautillaient, frémissants, familiers, de branche en branche... Et l'on ne voyait personne aux champs, à part quelque pauvre veuve qui rechargeait sur la tête son tablier plein de bois sec, ou quelque vieux dépenaillé qui cherchait des escargots au pied d'une haie morte. – Où allez-vous si tard, petits ? – Nous allons au-devant des Rois ! Et la tête en arrière, fiers comme jeune coqs, en riant, en chantant, en courant à cloche-pied ou en faisant des glissades, nous allions devant nous sur le chemin blanchâtre, balayé par le vent. Puis, le jour déclinait. Le clocher de Maillane disparaissait derrière les arbres, derrière les grands cyprès aux pointes noires ; et la campagne, vaste et nue, s'épandait au lointain... Nous portions nos regards si loin que nous pouvions, à perte de vue, mais en vain ! Rien ne se montrait à nous, hormis quelque faisceau d'épines emporté dans les chaumes par le vent. Comme les soirs d'hiver et de janvier, tout était triste, souffreteux et muet. Quelquefois, cependant, nous rencontrions un berger qui, plié dans sa cape, venait de faire paître ses brebis. – Mais où allez-vous, enfants si tard ? – Nous allons au-devant des Rois... Ne pourriez-vous pas nous dire s'ils sont encore bien loin ? – Ah ! Oui, les Rois ? C'est vrai... Ils sont là derrière qui viennent ; vous allez bientôt les voir. Et de courir, et de courir, à la rencontre des Rois avec nos gâteaux, nos petites galettes, et les poignées de foin pour les chameaux.

Frédéric Mistral (1830-1914), *Mémoires et récits*

Exercice 1

Où sont-ils nés ?

Tracez des flèches pour rendre à chaque personnalité son lieu de naissance.

Alain-Fournier **.1**	**a.** Lille
Le Sage **.2**	**b.** Liège
Charles de Gaule **.3**	**c.** Aubagne
Marcel Pagnol **.4**	**d.** Sarzeau
Georges Simenon **.5**	**e.** Genève
Jean-Jacques Rousseau **.6**	**f.** La Chapelle-d'Angillon

Exercice 2

Tac au tac

Questions de noms. Répondez le plus rapidement possible aux questions suivantes.

1. Comment se prénomment les trois rois mages ?

.... , ...

et ....

2. Dans les albums de Cécile et Jean de Brunoff, quel est le prénom de l'épouse de Babar ?

....

3. Dans les albums de Sylvain et Sylvette de Maurice Cuvillier quel nom générique portent le renard, l'ours, le loup et le sanglier, ennemis des enfants ?

....

4. Comment s'appelait le pays qui devient le Burkina-Faso en 1984 ?

....

5. Le Bénin change de nom en 1975 ; quel nom prend-il ?

....

6. Quel est l'ancien nom de la Centre-Afrique ?

....

7. Quel est l'ancien nom du Mali ?

....

8. Quel écrivain met en scène Hercule Poirot ?

....

9. Quel est le prénom de Miss Marple dans l'œuvre d'Agatha Christie ?

....

10. Quel est le prénom de la Castafiore dans l'œuvre d'Hergé ?

....

Exercice 3

Le partage de la galette des rois

Mémé Bidou souhaite partager la galette des rois entre ses quatre petits-enfants. De quel type d'instrument a-t-elle besoin et comment va-t-elle s'y prendre ?

....

....

Exercice 4

2 sur 7

Voici 10 affirmations. Deux d'entre elles sont fausses. Lesquelles ?

1. La marquise de Sévigné avait pour grand-mère maternelle Jeanne-Françoise Freymiot de Rabutin, baronne de Chantal qui deviendra sainte sous le nom de Sainte Jeanne de Chantal, canonisée le 16 juillet 1767.
2. Le véritable nom de Marguerite Duras est Marguerite Crayencour.
3. Le véritable nom de Marguerite Yourcenar est Marguerite Donnadieu.
4. Françoise Sagan, de son vrai nom Françoise Quoirez emprunte son pseudonyme à un personnage de l'œuvre de Proust, le prince de Sagan.
5. Alcofribas Nasier est l'anagramme que François Rabelais choisit comme pseudonyme.
6. Jacques Dersonne, Jean Du Perry, Christian Brulls, Jean Dorsage, Germain d'Antibes sont font partie des nombreux pseudonymes qui furent utilisés par l'écrivain Georges Simenon.
7. Boris Vian c'est aussi Vernon Sullivan et Bison Ravi.

Les deux affirmations fausses sont ....

Parce que ....

....

Suspendu dans l'air

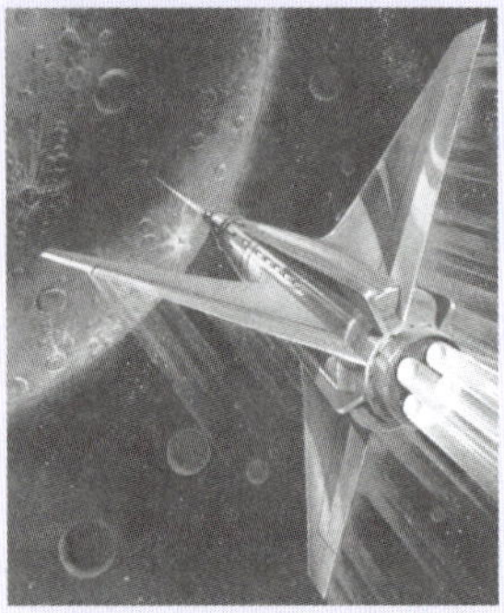

Mais ce jour-là, vers onze heures du matin, Nicholl ayant laissé échapper un verre de sa main, le verre, au lieu de tomber, resta suspendu dans l'air. « Ah ! s'écria Michel Ardan, voilà donc un peu de physique amusante ! » Et aussitôt, divers objets, des armes, des bouteilles, abandonnés à eux-mêmes, se tinrent comme par miracle. Diane, elle aussi, placée par Michel dans l'espace, reproduisit, mais sans aucun truc, la suspension merveilleuse opérée par les Caston et les Robert-Houdin. La chienne, d'ailleurs, ne semblait pas s'apercevoir qu'elle flottait dans l'air. Eux-mêmes, surpris, stupéfaits, en dépit de leurs raisonnements scientifiques, ils sentaient, ces trois aventureux compagnons emportés dans le domaine du merveilleux, ils sentaient que la pesanteur manquait à leur corps. Leurs bras, qu'ils étendaient, ne cherchaient plus à s'abaisser. Leur tête vacillait sur leurs épaules. Leurs pieds ne tenaient plus au fond du projectile. Ils étaient comme des gens ivres auxquels la stabilité fait défaut. Le fantastique a créé des hommes privés de leurs reflets, d'autres privés de leur ombre ! Mais ici la réalité, par la neutralité des forces attractives, faisait des hommes en qui rien ne pesait plus, et qui ne pesaient pas eux-mêmes ! Soudain Michel, prenant un certain élan, quitta le fond, et resta suspendu en l'air comme le moine de la *Cuisine des Anges* de Murillo. Ses deux amis l'avaient rejoint en un instant, et tous les trois, au centre du projectile, ils figuraient une ascension miraculeuse. « Est-ce croyable ? Est-ce vraisemblable ? Est-ce possible ? s'écria Michel. Non. Et pourtant cela est ! Ah ! Si Raphaël nous avait vus ainsi, quelle « Assomption » il eût jetée sur sa toile !

Jules Verne (1828-1905) *De la Terre à la Lune* (1865)

Exercice 1

Du côté des astres

L'astuce de l'astrologue. Vous voulez retenir l'ordre des planètes en partant du Soleil ? Rien de plus simple ! Apprenez par cœur la phrase suivante : « Mieux Vaut Te Marrer Je Suis Une Nouvelle Planète ». En retenant les lettres des premiers mots qui la forment et qui apparaissent ici en majuscules.
Inscrivez maintenant le nom des neuf planètes.

1. ....
2. ....
3. ....
4. ....
5. ....
6. ....
7. ....
8. ....
9. ....

Exercice 2

2 sur 6

Voici 6 affirmations concernant des domaines variés. 2 sont fausses ou inexactes. Lesquelles ?

1. La comète de Halley est passée en 1986, 1910, elle repassera en 2061.

☐ **Vrai** ☐ **Faux**

2. Dans l'expression « comète de Halley » Halley, c'est le nom de l'astronome Edmund Halley qui a identifié et étudié le phénomène.

☐ **Vrai** ☐ **Faux**

3. Au cours des Trente Glorieuses, la production industrielle en France a été multipliée par 2.

☐ **Vrai** ☐ **Faux**

4. Le radon est un gaz naturel radioactif issu de la désintégration de l'uranium contenu dans la croûte terrestre.

☐ **Vrai** ☐ **Faux**

5. Le mot micheline qui désignait les autorails avant l'arrivée des TER et autres TGV est lié à celui de son inventeur, le fondateur de la société de pneumatiques Michelin, André Michelin (1853-1931).

☐ **Vrai** ☐ **Faux**

6. Thomas Cook, explorateur britannique est le premier à parvenir au Pôle Nord en 1843.

☐ **Vrai** ☐ **Faux**

Exercice 3

Mot Unique

Inscrivez un mot qui associé à chacun des trois mots des quatre séries suivantes peut former une expression du langage courant :

Série 1 : suspendu, hiver, enfants :

....

Série 2 : magique, sanguine, politesse :

....

Série 3 : mobilière, marchande, ajoutée :

....

Série 4 : commun, auteur, aînesse :

....

Exercice 4

Les explorateurs en terre inconnue

Trois explorateurs se déplacent dans le silence de la nuit en file indienne sur un continent particulièrement inhospitalier. Le premier dit : « Il y a un explorateur derrière moi. »
Le deuxième murmure : « Il y a aussi un explorateur derrière moi. » Et le troisième ajoute d'une voix blanche : « Il y a aussi un explorateur derrière moi. » Comment est-ce possible ?

....

L'âme du licencié

Deux écoliers allaient ensemble de Peñafiel à Salamanque. Se sentant las et altérés, ils s'arrêtèrent au bord d'une fontaine qu'ils rencontrèrent sur leur chemin. Là, tandis qu'ils se délassaient après s'être désaltérés, ils aperçurent par hasard auprès d'eux, sur une pierre à fleur de terre, quelques mots déjà un peu effacés par le temps et par les pieds des troupeaux qu'on venait abreuver à cette fontaine. Ils jetèrent de l'eau sur la pierre pour la laver, et ils lurent ces paroles castillanes : « *Aqui està encerrada el alma del licenciado Pedro Garcias* : Ici est enfermée l'âme du licencié Pierre Garcias. »
Le plus jeune des écoliers, qui était vif et étourdi, n'eut pas achevé de lire l'inscription, qu'il dit en riant de toute sa force : Rien n'est plus plaisant ! Ici est enfermée l'âme... Une âme enfermée !... Je voudrais savoir quel original a pu faire une si ridicule épitaphe. En achevant ces mots, il se leva pour s'en aller. Son compagnon, plus judicieux, dit en lui-même : il y a là-dessous quelque mystère ; je veux demeurer ici pour l'éclaircir. Celui-ci laissa donc partir l'autre, et, sans perdre de temps, se mit à creuser avec son couteau tout autour de la pierre. Il fit si bien qu'il l'enleva. Il trouva dessous une bourse de cuir qu'il ouvrit. Il y avait dedans cent ducats, avec une carte sur laquelle étaient écrites ces paroles en latin : « Sois mon héritier, toi qui as eu assez d'esprit pour démêler le sens de l'inscription, et fais un meilleur usage que moi de mon argent ». L'écolier, ravi de cette découverte, remit la pierre comme elle était auparavant, et reprit le chemin de Salamanque avec l'âme du licencié.

Alain-René Lesage (1668-1747), *Histoire de Gil Blas de Santillane* (1715)

Exercice 1

Mots amincis

Otez une ou plusieurs lettres à chacun des mots suivants de manière à créer des mots nouveaux. Ne vous souciez pas des accents. En revanche, vous devez conserver les lettres dans l'ordre des mots d'origine.

1. Écoliers : .... ou ....
ou ....

2. Allaient : .... ou ....

3. Ensemble : ....

4. Fontaines : .... ou ....

5. Désaltères : ....

6. Effaces : ....

7. Troupeaux : .... ou ....

8. Laver : .... ou ....

9. Lurent : .... ou ....

Exercice 2

Changement de lettres

Changez une lettre dans chacun des mots suivants de manière à obtenir à chaque fois un mot nouveau.

1. Tandis : ....

2. Deux : ....

3. Las : .... ou .... ou ....

ou .... ou ....

4. Mots : .... ou .... ou ....

5. Force : .... ou .... ou ....

6. Sang : .... ou .... ou ....

Exercice 3

Calculez l'âge de Diophante d'Alexandrie

Grâce à l'épitaphe que l'on attribue à Métrodore et qui aurait été composée vers 500, à quel âge Diophante d'Alexandrie a-t-il quitté ce bas-monde ?

« Passant, sous ce tombeau repose Diophante.
Ces quelques vers tracés par une main savante
Vont te faire connaître à quel âge il est mort.
Des jours assez nombreux que lui compta le sort,
Le sixième marqua le temps de son enfance ;
Le douzième fut pris par son adolescence.
Des sept parts de sa vie, une encore s'écoula,
Puis s'étant marié, sa femme lui donna
Cinq ans après un fils qui, du destin sévère
Reçut de jours hélas ! Deux fois moins que son père.
De quatre ans, dans les pleurs, celui-ci survécut.
Dis, si tu sais compter, à quel âge il mourut. »

L'âge de Diophante d'Alexandrie à sa mort était :

....

....

....

Exercice 4

3 sur 10

Sur ces 10 affirmations 3 sont fausses, lesquelles ?

1. Altéré signifie assoiffé.

2. Salamanque est une commune de la province de Salamanque.

3. Un ducat est une ancienne monnaie à l'effigie d'un duc.

4. Le mot ducat a pour origine le nom du premier duc qui a fait frapper sa monnaie, Henri-Louis Ducat, duc de Vendôme et de Montpensier.

5. Le mot épitaphe est un mot du genre masculin.

6. Dans la Grèce antique, l'épitaphe est aussi un genre littéraire, c'est un éloge funèbre.

7. Les écrivains spécialisés dans la rédaction des épitaphes gravées sur les monuments funéraires dans l'Antiquité étaient nommés des épitapheurs.

8. La province de Castille est située au nord de l'Espagne.

9. La chanson intitulée *Sombreros et Mantilles* a été interprétée par Rina Ketty en 1938.

10. Luis Mariano est un ténor basque espagnol.

Les trois affirmations fausses sont : ....

LES SOLUTIONS

LE CERTIFICAT D'ÉTUDES

P. 10 Les accents

Exercice 1 : s'arrêtaient, mère, vînt, décembre, à, réchauffer, j'étais, châle, tête, épaules.

Exercice 2 : A. La scène se situe à la campagne. **B.** La mère est bonne, douce, compréhensive, aimante, affectueuse. **C.** *Lit* est un nom commun ; *consoler* est un verbe.

Exercice 3 : Il y a trois sortes d'accents : aigu, grave, circonflexe.

Exercice 4 : Colonne 1 (accent aigu) : rasé, épais, armée. Colonne 2 (accent grave) : crème, lumière, lièvre. Colonne 3 (accent circonflexe) : bâton, hôtel, maîtresse.

Exercice 5 : A. J'ai dû ; son dû. **B.** Tu es sûr *(des fruits surs sont des fruits acides)*. **C.** figues mûres et des mûres *(fruits du mûrier)*.

P. 12 Les principaux homophones grammaticaux

Exercice 1 : va, très, où, l'on, lacets, gluaux, empêtrés, arbrisseau, plaine, quelquefois, gîte, perdrix, quantité.

Exercice 2 : A. Le renard est matinal, méthodique, organisé, astucieux, rusé, intelligent, dévastateur, cruel, sournois. **B.** Ses victimes sont les grives, les bécasses, les levrauts, les lièvres, les lapereaux, les perdrix, les cailles. **C.** *Où* est ici pronom relatif, son antécédent est *endroits*.

Exercice 3 : A. sans, s'en, sans. **B.** s'en, sans. **C.** d'en, dans, sans, d'en, sans, dans.

Exercice 4 : A. on, on. **B.** ont. **C.** ont, on, on, on. **D.** On, ont, on. **E.** On, ont.

Exercice 5 : A. peut, peu, peu. **B.** peu. **C.** peu, peut.

P. 14 Le féminin des adjectifs qualificatifs

Exercice 1 : Il faut apporter les corrections suivantes : grâce, l'empoisonnement, brutal, où, l'alcool, l'absinthe, décuplé, voués, leur naissance.

Exercice 2 : A. Un péril français. **B.** Boissons citées : vin, absinthe, apéritifs. **C.** C'est un nom propre.

Exercice 3 : la brebis, la souris, la fourmi, la nuit, la perdrix ; l'orfèvrerie, l'industrie, hormis, un abri, une envie.

Exercice 4 : On le forme en ajoutant un « e ».

Exercice 5 : Il ne faut rien barrer, tout est correct.

P. 16 Le pluriel des noms

Exercice 1 : A. Il faut compléter de la manière suivante : ses, ses, ses, ce, ce, à, à, se, ce, à, a, ce, ce. **B.** L'*indiscrétion* est le manque de réserve, de retenue dans les relations sociales, l'indélicatesse. **C.** *Rire immodérément*, c'est rire de manière exagérée, outrancière.

Exercice 2 : Les mauvaises manières ou Les mauvaises façons de se comporter en société.

Exercice 3 : Détails, portails, travaux, éventails, vitraux.

Exercice 4 : Règle : Les noms en *-ail* prennent un *s* au pluriel. Exemple : un chandail, des chandails. Exceptions : bail, corail, émail, soupirail, travail, vantail, vitrail changent *-ail* en *-aux*.

Exercice 5 : A. Juste. **B.** On peut cocher ou ne pas cocher : les noms de familles non illustres peuvent rester invariables ou s'accorder. **C.** Juste. **D.** Juste. **E.** Juste.

Exercice 6 : • Des hiboux sur des choux regardaient des joujoux, vrais bijoux qui auraient dû être derrière des verrous.
• Mettez vos chandails, poussez les vantaux, et filez signer vos baux.

P. 18 Petite récréation d'orthographe

Exercice 1 : François Rabelais, Boris Vian, Raymond Queneau.

Exercice 2 : A. Il faisait arrêter des chevaux de peur qu'ils ne prennent le mort/le mors aux dents. **B.** Un gâteau de Savoie/sa voie. **C.** Il s'agit naturellement de Kimberley Tartine…

Exercice 3 : « Heureux qui, communiste, a fait un beau voyage. »

Exercice 4 : • Un tiens vaut mieux que deux tu l'auras. • Qui veut voyager loin ménage sa monture.

P. 20 La rédaction du certificat d'études

Exercice 1 : A. Il ne faut rien barrer. **B.** se conçoit bien, clairement, mots, viennent. **C.** Boileau dans *L'Art poétique*.

Exercice 2 : A. Quelquefois ou parfois. **B.** conjoncture. **C.** pallié tous ces inconvénients. **D.** grâce à leur application. **E.** chez le boulanger ou à la boulangerie. **F.** Je conduis ma voiture.

Exercice 3 : Narrer, proférer, citer, crier, confier.

Exercice 4 : • *L'aube* est la première lueur du soleil levant qui commence à blanchir l'horizon, et par extension, le mot désigne ce moment de la journée.
• *Le crépuscule* est la lumière incertaine qui succède immédiatement au coucher du soleil et, par extension, le mot désigne ce moment de la nuit tombante.
• *Une masure* est une petite habitation misérable, une maison vétuste et délabrée.
• *Une baraque* est une construction provisoire en planches.
• *Un chalet* est une maison de bois des pays européens de montagne.

P. 22 Construire un récit

Exercice 1 : Le texte modèle donné en corrigé de l'exercice est le suivant : « Je fus réveillé au milieu de la nuit par les aboiements furieux de Bock. Je m'aperçus aussitôt que ma chambre était pleine de fumée. Je sautai de ma couche, je courus à ma porte et je l'ouvris. Un tourbillon de flammes entra. La maison brûlait. Je refermai bien vite le battant de gros chêne, et, ayant passé ma culotte, je descendis d'abord par la fenêtre mon chien au moyen d'une corde faite avec mes draps roulés. Puis, ayant jeté dehors mes vêtements, ma carnassière et mon fusil, je m'échappai à mon tour par le même moyen. » Il s'agit d'un texte de Maupassant.

Exercice 2 : Il faut évacuer « de la camionnette ». En 1848, les protagonistes du roman ne pouvaient pas s'être rendus dans la forêt à bord d'une camionnette pour la simple raison que les véhicules automobiles n'existaient pas encore.

Exercice 3 : Saga, **3.** Mythe, **1.** Chronique, **2.** Affabulation, **4.**

P. 24 Faire un portrait

Exercice 1 : grand et sec ; aquilin ; minces et pâles ; enfoncés, petits, et pers ou glauques ; prunelle, une balle.

Exercice 2 : prudent, peur, prévoyance, menacée, blessures, prudence, prudence.

Exercice 3 : A. Teint. **B.** Cheveux. **C.** Peau. **D.** Front.

Exercice 4 : bavard/taciturne ; joyeux/triste ; renfermé/expansif ; doux/violent ; sympathique/antipathique ; hypocrite/loyal.

Exercice 5 : Il s'agit d'un portrait en action.

P. 26 Petite récréation de rédaction

Exercice 1 : Les palindromes se lisent aussi bien de gauche à droite que de droite à gauche. **A.** Laval, mais aussi Noyon, Sees. **B.** Anna.

Exercice 2 : somptueux ; ami d'enfance ; étonné/éberlué ; magnificence ; luxueux, travail, rémunérateur, tu salueras, ton épouse, chez le dentiste.

Exercice 3 : L'homme. Aujourd'hui. Hameçon.

P. 28 Les mots de l'arithmétique

Exercice 1 : A. nombres, représenter, propriétés, règles, calculs. **B.** Nombre. **C.** quantité, augmenté, diminué, longueur, surface, population. **D.** comparer, grandeur, mètre, unité, le soldat. **E.** grandeur, grandeur, espèce.

Calcul mental : Dans un siècle (ou 100 ans), il y a : 365 x 100 = 36 500 jours auxquels il faut ajouter 25 jours pour les années bissextiles (1 jour tous les 4 ans soit 100 : 4 = 25). Il y a donc 36 525 jours dans un siècle.

Exercice 2 : A. La numérotation parlée. **B.** On emploie 10 chiffres ; 1, 2, 3, 4, 5, 6, 7, 8, 9, 0. **C.** 1, 5, 10, 50, 100, 500, 1000. **D.** 3, 15, 27, 161, 1716. **E.** 4, 29, 40, 91, 419.

Exercice 3 : Il faudra 7, 14, 17 pièces.

Exercice 4 : Jean a 2 poulets et 6 lapins.

Exercice 5 : Jean + 2 ans = 2 x Marie et Marie + 4 ans = Jean Si dans la première équation, on remplace Jean par [Marie + 4 ans], on obtient l'égalité suivante : Marie + 4 ans + 2 ans = 2 x Marie, ce qui donne Marie = 6 ans. On peut donc en déduire que Jean a 10 ans puisqu'il a 4 ans de plus que sa sœur.

P. 30 Additions et soustractions

Exercice 1 : les uns sous les autres ; unités ; correspondent ; trait ; nombre ; droite ; additionne ; unités ; colonne ; neuf ; l'écrit ; neuf ; unités ; dizaines ; colonne.

Calcul mental : Il reste 89 moutons.

Exercice 2 : 2 106.

Exercice 3 : 7 187,258.

Exercice 4 : Il aura 34 ans en 1963.

Exercice 5 : Total : 347 kg.

Exercice 6 : Sa place coûtait 12,55 F. Sujet macabre et... authentique 5 122 sont mortes à Paris ces semaines-là.

P. 32 Multiplications et divisions

Exercice 1 : opération, répète, nombre, multiplicande, d'unités, nombre, multiplicateur.

Exercice 2 : 5 886 ; 1 347 314 ; 158,11.

Question fondamentale : A. Le produit. **B.** Le quotient.

Exercice 3 : 1 024 carreaux.

Exercice 4 : 32,50 francs.

Exercice 5 : 3,309, reste 10. 186, reste 2, 65. 1,42, reste 0,3.

Exercice 6 : Il faudra 98 paniers.

Exercice 7 : 3 705 ; il faudra donc 3 705 boîtes.

Casse-tête : Le passeur fait traverser la chèvre de la rive A à la rive B, puis le loup, de la rive A à la rive B, mais il ramène la chèvre avec lui et la laisse sur la rive A. Il prend le chou, le passe, le dépose sur la rive B avec le loup et retourne sur la rive A chercher la chèvre.

P. 34 Fractions

Exercice 1 : l'unité, parties égales.

Question fondamentale : Le numérateur. Le dénominateur.

Exercice 2 : Puisque l'ouvrier fait 6 m² 2/3 en un jour, en 16 jours et demi, il en fera 16 fois et demi fois plus : 6 2/3 x 16 ½ ou 20/3 x 33/2 = 110 mètres.

Exercice 3 : Dans l'expression 19/16 il y a 3/16 de plus que l'unité, ce sont donc ces 3/16 qui égalent 9 : alors 1/16 égalera 3 fois moins ou 9/3 et les 16/16 ou la classe entière égalera 16 fois plus ou (9 x 16) / 3 = 48. La classe comptait 48 élèves.

Exercice 4 : Représentons par 1 la formule primitive. Cette fortune augmentée de ses 5/9 sera 1+ 5/9 ou 14/9. Si 14/9 valent 168 000 francs, 1/9 vaudra 14 fois moins ou 168 000/14. Les 9/9 ou la fortune entière vaudront 9 fois plus ou (168 000 x 9 / 14 = 108 000.

Calcul mental : Si les 3/7 du nombre valent 21, 1/7 vaudra 3 fois moins ou 21/3, et les 7/7 ou le nombre. Il faut remplacer le / par la barre de fraction comme sur la ligne d'en dessous entier vaudront 7 fois plus ou (21 x 7) / 3 = 49.

Exercice 5 : Quand on a rempli un tonneau aux 2/5, il manque évidemment les 3/5 pour le remplir complètement. Si 2/5 sont 90 litres, 1/5 sera deux fois moins ou 90/2 et 3/5 seront 3 fois plus ou (90 x 3) / 2 = 135. Il faut encore verser 135 litres pour remplir le tonneau.

P. 36 Petite récréation de calcul

Exercice 1 : L'auteur de la citation est Guy de Maupassant, dans *Yvette*.

Exercice 2 : Il faut barrer Léon Radar, Drouant, Théo Rème, Jean Charcot.

Exercice 3 : 12 – 4 – 3 = 5 ; (28 – 8) / 4 = 5 ; (15 : 3) / 1 = 5.

Exercice 4 : 100 ans.

P. 38 Voyage en France

Exercice 1 : A. lac. **B.** glacier. **C.** combe. **D.** colline.

Exercice 2 : A. Hexagonale. **B.** 555 500 km^2.

Exercice 3 : A. la mer du Nord. **B.** la Méditerranée. **C.** l'océan Atlantique. **D.** la Manche.

Exercice 4 : A. Tout est faux. **B.** L'Arc, faux. L'Ouche, vrai. Elle sert à alimenter le canal de Bourgogne. L'Allier, faux.

Exercice 5 : Ils sont classés par ordre d'importance.

Exercice 6 : A. Marseille. **B.** Nîmes. **C.** Nevers. **D.** Cahors.

Exercice 7 : A. Ce sont des chefs-lieux de préfecture ou d'arrondissement situés sur la Saône. **B.** Ce sont les sous-préfectures de la Saône-et-Loire. **C.** Tous ces pays ont une frontière avec la France.

P. 40 Voyage autour du monde

Exercice 1 : Ces cinq mers sont toutes situées en Europe.

Exercice 2 : 1. B. **2.** D. **3.** A. **4.** C.

Exercice 3 : Il faut barrer : **A.** Budapest est la capitale de la Hongrie. **B.** La capitale des États-Unis est Washington. **E.** Bucarest est la capitale de la Roumanie.

Exercice 4 : Ères primaire. Secondaire. Tertiaire. Quaternaire.

Exercice 5 : A. Faux, le foehn souffle en Suisse. **B.** Vrai. **C.** Vrai. **D.** Faux, le sirocco souffle en Afrique.

Exercice 6 : A. Noms de volcans. **B.** Noms des neuf planètes du système solaire. **C.** Noms des différents types de climats. **D.** Noms des différents âges de la Terre.

P. 42 Des châteaux et des rois

Exercice 1 : A. Une colline escarpée, une hauteur. De cette manière, le seigneur et les siens pouvaient dominer les environs, surveiller les accès au château, apercevoir et repousser d'éventuels ennemis. **B.** Hauts murs d'enceinte, fossés larges et profonds, remplis d'eau. **C.** Dans la cour carrée. **D.** On parvenait dans le donjon qui permettait de surveiller l'approche d'éventuels ennemis.

Exercice 2 : A. Vrai. **B.** Vrai. **C.** Faux.

Exercice 3 : 1. C. **2.** A. **3.** E. **4.** B. **5.** F. **6.** D.

Exercice 4 : A. Saint-Louis. **B.** Charles VII. **C.** François Ier.

P. 44 Des événements et des hommes

Exercice 1 : 1. A. Charlemagne. **B.** Olivier. **C.** la sœur d'Olivier « la belle Aude au bras blanc ». **D.** les Sarrasins (en réalité il s'agissait des Basques). **2. A.** Dijon. **B.** 1433. **C.** La ligue du Bien public. **D.** unifier mes États et assurer une liaison entre les deux parties de l'État bourguignon de Flandre et de Bourgogne.

Exercice 2 : La Bible est le premier livre imprimé par Gutenberg : 1452. Vasco de Gama contourne l'Amérique pour atteindre les Indes : 1498. Bataille de Marignan ; 1515. Mort de Louis XIV : 1715. Prise de la Bastille : 14 juillet 1789. Sacre de Napoléon Ier et début de l'Empire : 2 décembre 1804. La France se mobilise, début de la Grande Guerre : 2 août 1914.

Exercice 3 : A. Mazarin. **B.** Colbert. **C.** Napoléon Ier.

P. 46 L'homme et les animaux

Exercice 1 : os ; charpente ; corps ; l'homme ; vertébrés.

Exercice 2 : Luxation : Un os se déboîte d'une articulation. Fracture : Un os se brise. Entorse : Les ligaments se distendent ou se déchirent.

Exercice 3 : A. La cornée. **B.** L'iris. **C.** De 28 à 32. **D.** De façon symétrique sur les 4 hémi-arcades des maxillaires supérieur et inférieur. **E.** incisive, canine, prémolaire, molaire, dent de sagesse.

Exercice 4 : Eau douce : ablette, anguille, brochet, carpe, gardon, omble chevalier, truite. **Eau de mer :** maquereau, sardine, thon, bar, daurade, sole.

Exercice 5 : A. Oiseaux qui volent : pigeon, tourterelle, grue, héron, coq, paon, cormoran. **B.** ils ne volent pas.

Exercice 6 : 30 m^3. Le cheval est un herbivore et un granivore. Ardennais, boulonnais, breton, landais, percheron.

Exercice 7 : A. Vrai. **B.** Vrai. **C.** Vrai.

P. 48 Les végétaux, les corps et les matières ouvrées

Exercice 1 : A. Le tégument. **B.** Les cotylédons. **C.** La période de vie ralentie. **D.** La germination ou le réveil du germe.

Exercice 2 : A. Feuillus : érable, bouleau, chêne, tilleul, acacia. **B.** Les arbres à feuilles caduques voient leurs feuilles tomber à l'automne, ce qui n'est pas le cas des espèces dites résistantes. **C.** Résineux : cyprès, épicéa, thuya, pin, sapin.

Exercice 3 : L'ardoise est une pierre tendre et non dure. Elle est imperméable à l'humidité et non perméable.

Exercice 4 : Intrus à éliminer : calosome, la sparterie, moustique, punaise des bois, mite, larve, plasma. Le ver à soie est la chenille d'un papillon nommé bombyx du mûrier. Le fil à soie provient de la matière filamenteuse secrétée par le ver à soie. Le local dans lequel se pratique l'élevage des vers à soie est la magnanerie.

Exercice 5 : A. De la transformation que subit dans le tube digestif de l'abeille le nectar qu'elle a puisé dans les fleurs. **B.** De fin mai à début août. **C.** Le miel sert à sucrer notamment les boissons chaudes, il peut être consommé sur des tartines, comme la confiture, il sert également dans certaines préparations culinaires, confiseries ou friandises : nougats, pains d'épice ou alcool : hydromel. **D.** Ces pratiques frauduleuses servent à augmenter le poids de la marchandise.

P. 50 L'enseignement ménager

Exercice 1 : A. Cuisiner. **B.** Lessiver. **C.** Désinfecter. **D.** Cirer. **E.** Astiquer. **F.** Entretenir. **G.** Tailler, repriser. **H.** Coudre.

Exercice 2 : A. préserver et d'entretenir. **B.** maladies.

Exercice 3 : A. D'une part, on peut ainsi contrôler le poids des denrées achetées et les fournisseurs qui connaissent ce détail ne sont pas tentés de vous tromper ; d'autre part une balance est nécessaire pour certaines préparations culinaires, confitures et pâtisseries, par exemple.
B. Pour reconnaître si un œuf est frais, on le plonge dans l'eau fortement salée ; l'œuf non frais remonte à la surface, car il est devenu léger en perdant par évaporation une partie de l'eau qu'il contient. Ou bien on le mire : s'il ne s'est pas formé un trop grand vide vers le gros bout, par suite de l'évaporation, si la coquille est transparente et rosée, sans taches plus claires par places, l'œuf est frais.

Exercice 4 : A. 3. **B.** 2. **C.** 5. **D.** 6. **E.** 7. **F.** 8. **G.** 4. **H.** 1.

P. 52 L'enseignement agricole

Exercice 1 : A. Un coléoptère.
B. sont nuisibles pour les cultures.
C. Il faut cocher les trois réponses.

Exercice 2 : C. L'hévéa.

Exercice 3 : A. 1. Faux. **2.** Vrai. **3.** Faux. **4.** Faux.
B. 1. Vrai. **2.** Faux. **3.** Vrai. **4.** Vrai.
On l'ameublit afin de le diviser aussi distinctement que possible ; un sol a été bien ameubli quand l'opération s'est étendu à toute la profondeur de la couche arable ; on ameublit le sol pour faciliter le développement des racines, mais cette opération a pour principal résultat de faire absorber par la terre toutes les eaux pluviales ; ces eaux descendent dans le sous-sol et s'y amassent pour servir de réserve aux plantes en temps de sécheresse ; il s'est longtemps pratiqué comme les labours avec la charrue, la houe à cheval, la bêche, la herse.

Exercice 4 : Ces instruments agricoles ont servi pendant des siècles à labourer la terre et à ameublir les sols.

Exercice 5 : Plantes, graine, épis, farine, blé, seigle, orge, avoine, engrais, travaillée, fertile, calcaire, sablonneux, sablonneux, fertiles, tous les terrains.

Exercice 6 : A. Normande et charolaise.
B. Flamands, picards et mérinos.
C. Normande, craonnaise et anglaise.

P. 54 Quiz pour les lauréats du certificat d'études

Exercice 1 : 4 bouteilles soit 3 litres.

Exercice 2 : En ajoutant un « t » on obtient piste, liste, suite.

Exercice 3 : Langue, ligne, piste.

Exercice 4 : Suite logique : 3, 6, 12, 24, 48.

Exercice 5 : Agnès : alternance de prénoms masculins et féminins.

Exercice 6 : A. Étiquettes de fond de chapeau. **B.** Images pieuses. **C.** Factures. **D.** Fers à repasser. **E.** Drapeaux et étendards. **F.** Bagues de cigares.

Exercice 7 : A. Aigrefins (escrocs) et non aiglefins qui sont des poissons. **B.** Il faut écrire assassinat. Le meurtre est homicide volontaire mais non prémédité. **C.** Il faut écrire attentifs et non attentionnés qui signifie prévenants, pleins d'attentions. **D.** Un médecin a des patients et non des clients, des confrères et non des collègues. **E.** Excessivement signifie trop, avec excès et a donc un sens péjoratif. Il faut écrire extrêmement.

P. 56 Petite récréation de géographie, histoire & leçons de choses

Exercice 1 : A. L'archiduc et son épouse sont assassinés par un étudiant de 19 ans, Gavrilo Princip. Cet attentat est le déclencheur de la première guerre mondiale. **B.** Un Bulgare, Vetitchko, saute sur le marchepied du véhicule et décharge son revolver sur les deux hommes qui décèdent aussitôt. Vetitchko est abattu par un cavalier de l'escorte.

Exercice 2 : 1. C. **2.** A. **3.** B. **4.** D.

Exercice 3 : A. 15 : le Cantal. 24 : la Dordogne. 30 : le Gard. 40 : les Landes.
B. Le Loiret : 45. La Haute-Marne : 52. La Moselle : 57. La Somme : 80. L'Yonne : 89.

Exercice 4 : 1. D. **2.** A. **3.** B. **4.** C.

Épreuve complète du certificat d'études P. 58 I. Rédaction

Jean-Louis, mon petit frère, est un joli bébé de vingt-six mois. Ce matin, il s'est éveillé comme d'habitude, vers neuf heures, emplissant la maison de son délicieux babillage. Maman a fait sa toilette, accompagnée, bien entendu, de rires et de larmes. Et maintenant le petit frère est adorable, avec sa frimousse toute rose et ses menottes potelées. Il est vêtu d'un petit ensemble en lainage vert qui lui va à ravir et que Maman, par précaution, croit devoir protéger par un tablier bien propre. « Sois sage et ne te salis pas !
– Oui, oui », a répondu l'enfant.
Il fait beau aujourd'hui ; le soleil brille gaîment après les mornes averses de la veille ; la cour est sèche ; Bébé aura le droit de s'y rendre pour jouer : « Ne touche pas aux fleurs ! Et surtout ne va pas dans le jardin qui est encore tout mouillé », recommande Maman.
Jean-Louis est heureux. Il va dire bonjour à son camarade Médor, le gros chien ; puis il jette un coup d'œil circulaire sur toutes choses, comme pour une inspection.
Mais il a retrouvé dans un coin son train de bois qu'il affectionne particulièrement et il le tire à travers la cour, en imitant le bruit de la locomotive.
Tout à coup, Jean-Louis tombe en arrêt devant l'entrée du jardin où les flaques d'eau brillent au soleil. Elles sont bien tentantes ces mares ! Les wagons du petit train pourraient fort bien devenir des bateaux qui vont sur l'eau. Bébé en détache un et le pousse ; délibérément, il pose ses petits pieds dans la flaque, mais le voilà qui glisse et s'étale de tout son long dans la boue en poussant des cris effroyables.
Maman accourt. Elle relève le bambin. Hélas ! Quel désastre ! Il est affreux, maintenant le petit frère ! Les mains, les genoux et même le bout

de son nez sont dans un triste état et nous ne dirons rien, n'est-ce pas, du tablier aux jolies couleurs claires. « Arrive, vilain désobéissant. Je vais te déshabiller et te coucher. » Et Maman, fort en colère, traîne jusqu'à la maison le pauvre petit dont les larmes redoublent.

P. 59 II. Dictée

A. Il s'agit des chants d'oiseaux qui flottent dans l'air et viennent flatter l'oreille par leurs sons agréables ; c'est l'ensemble des voix des alouettes qui chantent dans le clair matin.
B. « Les blés et les seigles verdissent » ; « voici le temps des nids » ; « le sillon herbeux ».
C. Cette phrase contient deux propositions : a. Là-bas dans la plaine… des voix aériennes et mélodieuses confirment cette nouvelle : principale. b. où les blés et les seigles verdissent : subordonnée relative, complément du nom plaine.

P. 59 III. Arithmétique

A. Questions
1. 69,234.
2. 2 940 m^2 = 0,294 ha
Prix du terrain : 3 500 x 0,294 = 1 029, soit 1 029 F.
3. On pourra avoir : 36 : 1,65 – 21 cahiers et il restera 1,35 F.
4. 28,80 a = 2 880 m^2.
Base : 28,80 : 45 = 64, soit 64 m.
5. Remise : $\frac{4,5 \times 2\,375}{100} = 106,85$ soit 106,85 F.
Je dois payer : 2 375 – 106,85 = 2 268,15 soit 2 268,15 F.

B. Problème
Volume du réservoir :
4 x 5, 75 x 0,75 = 17,25 soit 17,25 m^3.
Temps nécessaire pour le vider :
17,25 : 15 = 69, soit 69 min ou 1 h 09.
Consommation d'essence nécessaire pour vider le réservoir : $\frac{121 \times 69}{10} = 13,8$ soit 13,8 l
Montant de la dépense :
$\frac{161 \times 13,8}{5} = 11,13$ soit 11,13 F

P. 60 IV. Interrogation écrite

A. Sciences
1. Le cerclage des roues de voiture, la disposition des rails de chemin de fer, le débouchage des flacons, le thermomètre à alcool ou à mercure sont des applications de la dilatation des corps.
2. La dentition du chat comprend des incisives, des canines et des molaires. Les incisives à peu près inutiles sont petites et aiguës ; les canines au contraire sont fortes, longues, pointues ; les molaires, à la surface bosselée, sont fortes et tranchantes.
3. Croquis de la trachée-artère des bronches et des poumons *(l'un des poumons vu extérieurement, l'autre en coupe).*

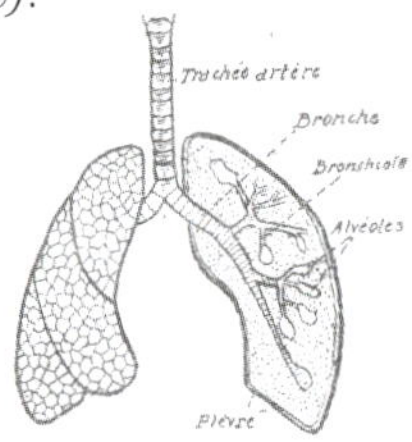

B. Histoire et géographie
1. En 1685, le roi Louis XIV révoqua l'Édit de Nantes. La liberté de conscience était de nouveau supprimée. Cent mille protestants quittèrent le royaume. En 1783, l'Angleterre devait signer le traité de Versailles qui terminait la guerre de l'Indépendance américaine. La France rentrait en possession de quelques colonies perdues par le traité de Paris de 1763. En 1815, Napoléon Ier quitta l'île d'Elbe, rentra triomphalement à Paris et reprit le pouvoir. Après la défaite de Waterloo, il abdiqua une seconde fois. Louis XVIII remonta sur le trône après les « Cent-Jours » et dut signer un traité qui enlevait à la France toutes les conquêtes de la Révolution et la ramenait aux limites de 1789.
2. Le riz, le coton, le mûrier, le café sont cultivés avec succès à Madagascar. Dans la région orientale, les forêts sont riches en ébène et en acajou ; la liane à caoutchouc réussit très bien. L'élevage du bœuf à bosses est également prospère.

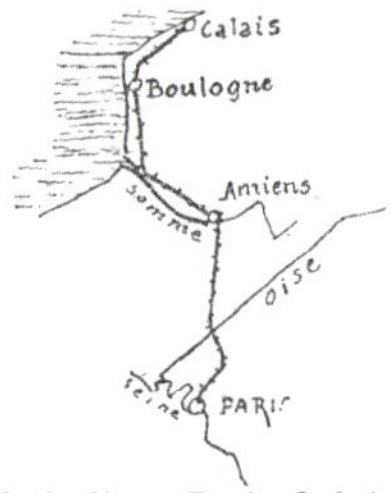

3. Croquis de la ligne Paris-Calais.

P. 61 V. Lecture courante

A. Texte en prose
1. De l'admiration, de la vénération, une profonde estime. **2.** Il est stupéfait, admiratif, ému, émerveillé.

B. Texte en vers
C'est une chanson pour endormir le petit enfant sans qu'il pleure, on emploie le plus souvent le nom de « berceuse » pour un semblable chant.

P. 62 VI. Dessin

P. 62 VII. Couture

Quelques astuces pour réussir l'épreuve :
A. Pour la couture anglaise : posez les deux tissus envers contre envers, cousez à 5 mm du bord, faites des petits points, marquez très fortement la piqure avec l'ongle.
B. Pour faufiler l'ourlet : partez de la droite vers la gauche (sauf si vous êtes gauchère) et pour gagner en efficacité, faites des points devant qui soient d'une grande régularité.
C. Pour faire la bride en l'air : commencez par marquer

soigneusement l'emplacement de la bride en repérant son milieu et sa largeur, n'oubliez pas de couper le fil quand vous aurez superposé les deux points qui achèvent votre travail !

LE BREVET

P. 66 Dictée : internes en 1901

Exercice 1 : **1.** court, cours. **2.** court. **3.** court. **4.** courre. **5.** court, cours. **6.** courent, cour.

Exercice 2 : **1.** ont, on. **2.** ont. **3.** on, ont. **4.** on.

Exercice 3 : **1.** frais, appétissant et délicieux. **2.** fraîche, délicieuse et appétissante. **3.** Fraîches, délicieuses et appétissantes.

Exercice 4 : Avec les voyelles *a*, *o*, *u*, le son *s*. **1.** maçon, façade, grimaçant, gerçures. **2.** récite, récitation. **3.** glaciers. **4.** fiançailles, ancien, forçat, inaperçues, Montluçon, Besançon.

Exercice 5 : **1.** Mille. **2.** milliers.

P. 68 Dictée : le paon

Révision : **1.** Le faon. **2.** Le taon.

Exercice 1 : **1.** prêt, prêts. **2.** Près, prêts. **3.** près. **4.** prêts, près.

Exercice 2 : **1.** Il, elle, on travaille ; le travail. **2.** il, elle, on détaille ; le détail. **3.** il, elle, on émaille ; l'émail. **4.** il, elle, on bataille ; la bataille.

Exercice 3 : **1.** acheté, acheter. **2.** perché. **3.** Jouer. **4.** passé, apporté.

Exercice 4 : Rosemonde Gérard.

P. 70 Dictée : un ancien bagnard

Exercice 1 : Ils se terminent tous par une lettre que l'on ne prononce pas, une lettre muette.

Exercice 2 : **1.** ses. **2.** Ces. **3.** ces. **4.** ces, ses, ses.

Exercice 3 : **1.** Quoi que. **2.** Quoique. **3.** Quoiqu'. **4.** Quoi qu'.

P. 72 Dictée : le chalutier

Exercice 1 : **Série 1 :** **a.** taons. **b.** temps. **c.** tant. **d.** Tant. **e.** temps. **f.** Au temps.
Série 2 : **a.** sans, sans. **b.** sans, sans. **c.** s'en, sans. **d.** sang. **e.** sans, cent.
Série 3 : **a.** flan. **b.** flanc. **c.** flan.
Série 4 : **a.** fonds. **b.** fond. **c.** fond. **d.** font, font. **e.** fond.
Série 5 : **a.** pâtes. **b.** pattes. **c.** pâte, pâtes.

Exercice 2 : **6.** Le chapeau de la cime : il s'agit d'un moyen mnémotechnique de manière à éviter de placer un accent circonflexe sur le i de cime, faute que l'on commet fréquemment.

P. 74 Une mauvaise surprise

Exercice 1 : **1.** marchais. **2.** marchai. **3.** marchais. **4.** **5.** **6.** m'entraînais. **7.** glissais. **8.** glissai.

Exercice 2 : aperçut, cria, entendit, partit, rencontrèrent, furent, téléphonèrent, firent.

Exercice 3 : Mot à recopier.

Exercice 4 : **1.** La famille déjeune-t-elle à midi ? **2.** L'enfant sourit-il ? **3.** Les oiseaux chantent-ils ? **4.** Cette carte te plaît-elle ?

Exercice 5 : Je balaie ou je balaye. Tu balaies ou tu balayes. Il, elle, on balaie ou il, elle, on balaye. Nous balayons. Vous balayez. Ils, elles balaient, ou ils, elles balayent.

P. 76 Récréation

Exercice 1 :
1. La pluie du matin n'arrête pas le pèlerin. **2.** Qui veut voyager loin ménage sa monture. **3.** Aide-toi et le ciel t'aidera. **4.** Un tiens vaut mieux que deux tu l'auras. **5.** Quand le chat n'est pas là les souris dansent.

Exercice 2 : Le texte comporte sept mots qui ont en commun les lettres G N O L E : dégringolade, vignoble, gnôle, guignolet, Vignolet, gondoles, gondoliers.

Exercice 3 : **1.** Maupassant. **2.** Zola. **3.** Bosco. **4.** Sévigné. **5.** Voltaire.

P. 78 Un principal aux idées modernes

Exercice 1 : Directeur

Exercice 2 : **2.** Prit pour point de départ.

Exercice 3 : **1.** Pensionnaires. **2.** Externes. **3.** Étudiant en médecine qui, ayant passé avec succès le concours de l'internat, loge dans l'hôpital auquel il est attaché.

Exercice 4 : Sur la même ligne, côte-à-côte.

Exercice 5 : **1.** **d.** **e.** **f.** **2.** **a.** selon son goût, sa fantaisie, à son gré, comme elle l'entend. **b.** à sa tête. **c.** en manière de, comme. **d.** à la place.

Exercice 6 : gaspilla

Exercice 7 : **1.** Sujet. **2.** **3.** Adjectif qualificatif.

P. 80 Un ami regretté

Exercice 1 : **2.** Un grillon.

Exercice 2 : **1.** Boudoir. **2.** Herbier.

Exercice 3 : Comme il n'y avait pas de place pour un lit, en guise de lit, pour le remplacer l'auteur avait installé un hamac.

Exercice 4 : Un pain à cacheter servait à fermer un pli, une enveloppe. Il était composé de pain azyme.

Exercice 5 : **1.** Des onomatopées. **2.** En suggérant ou en prétendant suggérer par imitation phonétique le bruit de la chose nommée.

Exercice 6 : **1.** Au passé simple. **2.** À l'imparfait. **3.** **a.** **b.** **c.** : vrai.

Exercice 7 : En ajoutant un *s* à la forme du singulier. Hibou, chou, genou, caillou, joujou, pou.

Exercice 8 : **1.** Un hamac. **2.** Une croisée. **3.** Une boiserie.

P. 82 Le style est à la pointe de votre stylo

Exercice 1 : **1.** Bien. **2.** *Achalandé* est ici impropre puisqu'il ne s'agit pas de chalands (de clients) ; il fallait écrire *approvisionné*. **3.** Erreurs grossières dans l'emploi des prépositions : la sœur *de* son voisin, chez la manucure, *chez* le médecin. **4.** Bien. **5.** Erreur de préposition : *à* Avignon, il s'agit d'une ville comme une autre. **6.** Redondance : *voire* suffit, inutile d'ajouter *même*. **7.** Erreur dans l'emploi des pronoms personnels ; on ne fait pas cohabiter dans la même phrase *on* et *nous* : Nous *étions presque arrivés*.

Exercice 2 : Il faut barrer : cuvette glaciaire, greluches, bricole, le cran, business, trafiquons, strange, jolie petite madame, de cartes, comme un chien.

Exercice 3 : Mots qu'il faut inscrire pour corriger les termes fautifs : hypnotisé, financiers, savon, percepteur, but, pinte, strabisme, aujourd'hui, infarctus, t'entaule.

P. 84 L'imagination est en vous !

Exercice 1 : 1. et **2.** Bien. **3.** *De suite* signifie sans interruption ou successivement, il faut écrire ici *tout de suite* ou *rapidement*. **4.** Phrases truffées de pléonasmes : sortir (*dehors* est inutile), rentrera (*dedans* est inutile), montera (*en haut* est inutile). **5.** Solécisme : faute contre la syntaxe : *tu n'avais pas à répondre*. **6.** Bien.

Exercice 2 : Ordre du texte : paragraphes 3, 2, 1.

P. 86 Récréation

Exercice 1 : 1. L'habit ne fait pas le moine. **2.** Qui trop embrasse mal étreint. **3.** À chaque instant suffit sa peine. **4.** Qui vivra verra.

Exercice 2 : 1. Verne. **2.** Sade. **3.** Villon. **4.** Vian.

P. 88 Qui cabossa le vase de Soissons ?

Exercice 1 : a. 2. **b.** 3. **c.** 1. **d.** 5. **e.** 4.

Exercice 2 : Clovis

Exercice 3 : 1. a. **2.** b. **3.** d. **4.** c.

Exercice 4 : Il faut encadrer : l'Angleterre ; Batailles et cessez-le-feu alternent ; Crécy ; Rouen, Poitiers ; Du Guesclin.

Exercice 5 : Domrémy, Charles VII, France, anglais, Orléans, Charles VII, Reims, Paris, Compiègne, sorcellerie, Pierre Cauchon, brûlée vive, Rouen, Castillon, Guyenne, Gascogne, Calais.

Exercice 6 : 1. Marins célèbres. **2.** Louis XIV.

P. 90 Les larmes de Marie Mancini

Exercice 1 : Marie-Thérèse d'Autriche.

Exercice 2 : La marquise de Pompadour.

Exercice 3 : 1. a. **2.** b. **3.** a. **4.** b.

Exercice 4 : 1. Sully. **2.** et **3.** Faux : c'est l'inverse. Armand-Jean du Plessis de Richelieu et Sébastien Le Preste de Vauban. **4.** « *Tous les hommes naissent et demeurent libres et égaux en droits.* » **5.** 1789. **6.** Sa laideur physique et notamment son embonpoint. **7.** Charlotte Corday. **8.** David. **9.** Louis XIV.

Exercice 5 : Il faut souligner et ôter : Lille et Compiègne. Souligner *le 10 novembre* et remplacer le *10* par le *11*.

P. 92 La République nous appelle

Exercice 1 : 1. b. **2.** b. c. d.

Exercice 2 : Ils ont tous fait partie du gouvernement provisoire de la IIe république (1848-1852).

Exercice 3 : 1. Napoléon Bonaparte. **2.** En Égypte, devant les pyramides. **3.** Le 21 juillet 1789. **4.** Pour les exhorter, les encourager dans leur mission.

Exercice 4 : Thiers, Mac Mahon, Grévy, Sadi, Perrier, Faure, Loubet, Fallières, Poincaré, Paul, Millerand, Doumergue, Doumer, Lebrun.

Exercice 5 : 1. Vincent Auriol. **2.** Charles de Gaulle. **3.** 1958.

P. 94 Récréation

Exercice 1 : Violette Nozière.

Exercice 2 : 1. a. **2.** a. **3.** b.

Exercice 3 : Tout est vrai.

P. 96 De la terre à la lune

Exercice 1 : 3. Jules Verne.

Exercice 2 : planètes, étoile, Soleil, système solaire.

Exercice 3 : Mercure, Vénus, Terre, Mars, Jupiter, Saturne, Uranus, Neptune, Pluton.

Exercice 4 : 1. La Lune. **2.** La galaxie. **3.** La galaxie ou la voie lactée. **4.** 365 jours. **5.** L'Équateur. **6.** Les méridiens. **7.** La latitude. **8.** En Angleterre, à l'Est de Londres.

Exercice 5 : 1. c. **2.** c.

P. 98 Que d'eau, que d'eau !

Exercice 1 : 2. Patrice de Mac Mahon.

Exercice 2 : La Seine, la Marne, la Loire, l'Allier, la Garonne, le Lot, le Rhône, l'Isère, le Rhin.

Exercice 3 : 1. A. b. **B.** a. **C.** c. **2.** Entre Le Havre et Honfleur. **3.** Dans l'estuaire de Saint-Nazaire.

Exercice 4 : 1. 8 frontières : Belgique, Allemagne, Luxembourg, Italie, Suisse, Monaco, Andorre, Espagne. **2.** Mers : **a.** Mer du Nord. **b.** Manche. **c.** Atlantique. **d.** Méditerranée.

Exercice 5 : 1. Le lac Léman. **2.** Ils sont tous situés dans la région Aquitaine. **3.** Le lac du Bourget.

P. 100 Par monts et par vaux

Exercice 1 : Les Vosges, le Jura, les Alpes, le Massif Central, les Pyrénées, les montagnes Tyrrhéniennes (Montagnes Noires, Maures, Estérel).

Exercice 2 : L'Estérel.

Exercice 3 : 1. d. **2.** Le Mont Blanc. **3.** 4 807 mètres.

Exercice 4 : 1. c. **2.** e. **3.** a. **4.** b. **5.** d. **6.** f.

Exercice 5 : 1. Stephen Liégeard. **2.** La Côte d'Or (d'où il était originaire) ; il aimait profondément la Côte d'Or et ce que l'on nommait alors la Riviera qu'il a baptisée azur en référence au bleu de la mer et du ciel. **3.** La rue de Vaugirard. **4.** La Martinique.

Exercice 6 : Finistère, Bretagne. Metz, Moselle. Orne, Basse-Normandie. Bas-Rhin, Strasbourg. Chambéry, Savoie, Rhône-Alpes. Belfort, Franche-Comté, Bourgogne. Nièvre, Nevers. Melun, Île-de-France. Pas-de-Calais, Nord-Pas-de-Calais.

P. 102 Récréation

Exercice 1 : Série 1 : langues régionales principales de la France. **Série 2 :** départements français d'Outre-Mer. **Série 3 :** fleuves normands. **Série 4 :** les deux seuls paysages européens qu'on ne trouve pas en France.

Exercice 2 : 1. Etna, Stromboli, Vésuve, Vulcano. **2.** Gobi, Kalahri, Sonora, Sahara.

P. 104 Mise en route

Exercice 1 : 2. 3.

Exercice 2 : 1. 5 434 pages. **2.** 630 F. **3.** 2 954,30 F.

Exercice 3 : Il faut barrer **1**, **4**, **5**.

Exercice 4 : **1.** 64 centimes. **2.** 536 : à partir du 3e nombre, chaque nombre est la somme des deux précédents multipliée par 2. Le nombre manquant est donc : 196 + 72 x 2 = 536.
3. 1 : 5 = 0,2 ; 5 – 0,2 = 4,8 ; 4,8 x 5 = 24. **4.** 495.

Exercice 5 : 144 comprimés (6 comprimés par heure donc 24 x 6 = 144).

P. 106 Faites vos comptes !

Exercice 1 : **1.** d. **2.** c. **3.** b. **4.** a.

Exercice 2 : **1.** 88 829. **2.** 185. **3.** 1 377 francs. **4.** 38 francs.

Exercice 3 : **1.** Soit X le nombre de personnes. Chaque personne verse 21 francs. La somme totale versée est somme = 21 x X = 21 X. Il manque alors 10,50 francs pour payer la note totale ; la note totale s'écrit alors A = 21 X + 10,50.
2. Si chaque personne verse 25 francs, la somme totale versée est 25 X ; cette somme dépasse le montant de la note totale de 17,50 francs, nous pouvons donc écrire : 25 X = A + 17,50 ou encore A = 25 X – 17,50.
3. Détermination de X et de prix du repas par personne : en égalant les deux expressions du montant de la note globale, il vient :
21 X + 10,50 – 25 X – 17,50.
10,50 + 17,50 = 25 X – 21 X.
28 = 4 X. X = 7.
D'où 7 personnes ont participé au repas. Le montant de la note totale à payer est par conséquent :
A = 21 x 7 + 10,50 = 147 + 10,50 = 157,50
Le prix du repas par personne est :

$$\frac{A}{7} = \frac{157{,}50}{7} = 22{,}50 \text{ F}$$

Exercice 4 : 21 francs.

P. 108 Faites vos preuves !

Exercice 1 : **1.** 163 494. **2.** 796 446. **3.** 2 025,816. **4.** 3 718 350. **5.** 17 174,08.

Exercice 2 : 214.

Exercice 3 : Il s'écoule 30 secondes entre le moment où le train arrive sous le tunnel et où l'arrière le quitte. Le train parcourt donc 500 mètres en 30 secondes. 1 km en 1 mn ; soit 60 km/h.

Exercice 4 : X = le coût de la bague.
Le bracelet = X + 10 000 francs.
La somme des deux bijoux =
X + X + 10 000 = 11 000 francs.
Donc 2 X + 10 000 = 11 000 francs.
2 X = 11 000 – 10 000 = 1 000
X = 1 000 : 2 = 500
La bague vaut donc 500 francs et le bracelet 10 500 francs.

Exercice 5 : X = le nombre d'adultes ; Y = le nombre d'enfants. On en déduit une équation sur le nombre total de participants et une sur le prix payé. Soit le système X + Y = 14 ; 10 X + 5 Y = 100
Par substitution le système équivaut à
Y = 14 – X ; 10 X + 5 (14 – X) = 100
ou Y = 14 – X ; 5 X = 100 – 70 = 30.
On en déduit y = 14 – 6 = 8 ; X = 6.
Il y a 6 adultes et 8 enfants. Soit un écart de 2 unités.

Exercice 6 : 60 cm – 30 cm (moitié de 60) = 90 cm.

Exercice 7 : **2.** Evariste Galois.

Exercice 8 : La division euclidienne de 3 003 par 20 est : 3 003 = 150 x 20 + 3
Louis remplira donc 20 corbeilles composées chacune de 150 dragées au chocolat et il restera 3 dragées au chocolat non placées dans les corbeilles.
La division euclidienne de 3 731 par 20 est 3 003 = 186 x 20 + 11 Louis remplira donc 20 corbeilles composées chacune de 186 dragées aux amandes et il restera 11 dragées aux amandes non placées dans les corbeilles.

P. 110 Faites bonne figure

Exercice 1 : **1.** Carré. **2.** Rectangle. **3.** Losange **4.** Cercle. **5.** Triangle. **6.** Parallélogramme. **7.** Trapèze. **8.** Hexagone. **9.** Octogone. **10.** Décagone.

Exercice 2 : **1.** c. **2.** b. **3.** b.

Exercice 3 : **1.** Découpez la moquette dans le sens de la longueur en deux carrés égaux. **2.** Tracez une diagonale. **3.** Découpez deux triangles égaux. **4.** Vous avez ainsi obtenu 4 triangles rectangles. Accolez-les par leur sommet, ils formeront ainsi un carré de surface égale au rectangle initial.

Exercice 4 : **1.** droite. **2.** une ligne. **3.** cercle.

Exercice 5 : **1.** Diamètre. **2.** Rayon. **3.** Arc de cercle. **4.** Segment ou corde.

Exercice 6 : **1.** 4 côtés. **2.** 6 côtés. **3.** 8 côtés. **4.** 4 côtés. **5.** 5 côtés.

P. 112 Récréation

Exercice 1 : mathématique, chiffres, l'algèbre.

Exercice 2 : Une seule goutte parce qu'après l'amphore n'est plus vide.

Exercice 3 : 1 seule fois parce la seconde fois on soustrait 6 000 de 29 000 et non plus de 35 000.

Exercice 4 : Oui. 1 au grand-père, 1 au père, 1 au fils.

Exercice 5 : Il faut inscrire 1, 2, 7 parce que tous les nombres sont les puissances de 2 auxquelles on retranche 1.

P. 114 À vos stylos citoyennes et citoyens !

Exercice 1 : naissent, demeurent, droits, fondées, l'utilité.

Exercice 2 : **1. a.** Liberté. **b.** Égalité. **c.** Fraternité. **2.** Laïcité.

Exercice 3 : **1.** Le drapeau bleu, blanc, rouge. **2.** Le buste de Marianne. **3.** L'inscription : Liberté, égalité, fraternité sur le fronton des mairies. **4.** L'hymne national : la *Marseillaise*.

Exercice 4 : **1.** ignorer la loi. **2.** juge et partie. **3.** tous. **4.** jusqu'à preuve du contraire. **5.** devenir de nouveau. **6.** inutile, sévère.

Exercice 5 : Rouget de Lisle

Exercice 6 : gloire, sanglant, féroces, marchons, marchons, impur.

Exercice 7 : **1.** Le chant de guerre de l'armée du Rhin. **2.** 8 pieds. **3.** Octosyllabe.

P. 116 De la masse à l'atome

Exercice 1 : **1.** **2.** **3.** Vrai.

Exercice 2 : **1.** Le poids. **2.** Une balance. **3.** Le kilogramme. **4.** Le volt. **5.** Le courant continu est unidirectionnel, il circule à chaque instant dans le même sens.

Exercice 3 : **1.** déviation, lumineux, obligatoirement, transparent. **2.** condensé, ordonné. **3.** condensé, désordonné. **4.** condensé, dispersé.

Exercice 4 : l'atome.

Exercice 5 : 1. noyau, neutrons, protons, d'électrons. **2.** protons, électrons.

Exercice 6 : Il faut tout cocher.

P. 118 Vous referez bien un peu de latin ?

Exercice 1 : 1. Marseille. **2.** Paris. **3.** Lyon. **4.** Autun.

Exercice 2 : 1. Champ. **2.** Eau. **3.** Premier. **4.** Dernier.

Exercice 3 : 1. Pour l'honneur, gratuitement, bénévolement. **2.** À l'usage du dauphin, expurgée. **3.** À l'article de la mort.

Exercice 4 : 1. c. **2.** b. **3.** a. **4.** e. **5.** d.

Exercice 5 : 1. b. **2.** c. **3.** a. **4.** e. **5.** e.

Exercice 6 : 1. b. **2.** c. **3.** a. **4.** e. **5.** d.

P. 120 Le BEPC et vous

1. Brevet d'études du premier cycle.
2. a. Le Brevet. b. Le DNP, Diplôme national du brevet.
3. 6
4. et **5.** 14-15 ans.
6. Aucune.
7. Non. C'était variable en fonction des académies.
8. Un jury de professeurs correcteurs de copies.
9. Le chef d'établissement sur avis du conseil de classe qui a suivi l'élève au long de l'année.
10. 1947.
11. b.
12. L'accession aux postes de base de l'administration.
13. 1980.
14. a. Collège. **b.** Technologique. **c.** Professionnelle.
15. a. Générale. **b.** Professionnelle.
16. a. L'acquisition des connaissances générales au terme de la scolarité en collège. **b.** des connaissances, des compétences, de la culture.

P. 122 Récréation

Exercice 1 : 1. Poincaré. **2.** Descartes. **3.** Galois. **4.** Pascal. **5.** Condorcet. **6.** Laplace.

Exercice 2 : Les personnalités du groupe 1 sont prioritairement référencées dans le domaine de la chimie et celles du groupe 2 dans le domaine de la physique.

Exercice 3 : Bémol : Certaines d'entre elles sont référencées dans les deux domaines, c'est le cas notamment de Pierre et Marie Curie qui apparaissent le plus souvent dans la rubrique chimie puis dans la rubrique physique.

LA LECTURE

P. 126 Une poupée pour Cosette

Exercice 1 : 1. L'homme. **2.** Les marmots. **3.** Cosette. **4.** La Thénardier. **5.** Éponine. **6.** Azelma. **7.** Les buveurs.

Exercice 2 : 1. La poupée. **2.** De manière fabuleuse.

Exercice 3 : Un cabaret. **1.** Les buveurs. **2.** Cabaret.

Exercice 4 : Il ne faut rien barrer.

Exercice 5 : 1. Gavroche. **2.** M. Madeleine. **3.** Javert. **4.** Marius de Pontmercy.

Exercice 6 : La sœur de Jean Valjean et ses sept enfants.

P. 128 Le rat en guenilles

Exercice 1 : Voici l'explication fourni par l'auteur lui-même : « de l'autre côté de la rue, juste en face de ma fenêtre et au premier étage aussi, demeurait une bonne vieille fille appelée mademoiselle Victoire (avec de grands bonnets à ruche du temps passé et des lunettes rondes). J'avais obtenu d'elle l'autorisation de fixer à l'arrêtoir de son contrevent une ficelle qui traversait la rue, et venait chez moi s'enrouler en pelote sur un bâton. »

Exercice 2 : 1. « me suis-je amusé ». **2.** « ces beaux soirs-là ». **3.** « ai-je ri ». **4.** Ils prenaient le parti de rire ». **5.** « rire autant que moi ». **6.** « j'étais aimé dans mon quartier ».

Exercice 3 : 1. e. **2.** c. **3.** f. **4.** a. **5.** b. **6.** d.

Exercice 4 : 1. fil et fer. **2.** mois et juin. **3.** gens et nez. **4.** quartier et ri.

Exercice 5 : matelots, enfantillages, tacitement, mystère, oiseau, reliques, soirées, juin.

P. 130 Ronde troublante

Exercice 1 : 1. a. Adrienne. **b.** Celui qui dit « je » dans le texte, le narrateur. **c.** D'autres enfants, on. **2.** Dans un parc. **a.** grands arbres. **b.** pelouse. **3.** La nuit. **a.** l'ombre. **b.** le clair de lune.

Exercice 2 : 1. a. La beauté d'Adrienne. **b.** Celle de la chanson. **c.** Celle des lieux. **2.** « Nous pensions être en paradis. »

Exercice 3 : 1. ronde/herbes. **2.** lune/clair. **3.** mélodie/voix. **4.** flocons/osa.

P. 132 Les joies de l'école buissonnière

Exercice 1 : 1. Ils sont deux. **2.** Gilardin. **3.** Le narrateur, celui qui dit « je « dans le texte. **4.** Onze ans. **5.** Celle de ne pas retourner en classe. **6.** Elle l'est dans la mesure où ils sont bons élèves.

Exercice 2 : 1. a. La baignade. **b.** La promenade. **2. a.** Dans une rivière réduite à un filet d'eau. **b.** À travers les prés et non pas sur les routes. **c.** En courant et non pas en marchant.

Exercice 3 : 1. « Nous fîmes les choses en grand ». **2.** « Un admirable après-midi commença. »

Exercice 4 : 1. Erreur de vocabulaire : rebattu et non rabattu. **2.** Faute d'orthographe : balade et non ballade (genre poétique). **3.** Faute de conjugaison : sommes. **4.** Erreur de vocabulaire : colorisés et non coloriés.

P. 134 Le jardin sous la neige

Exercice 1 : 1. La mère de la narratrice. **2.** Le matin, de bonne heure probablement. **3.** On ne sait pas, aucune précision n'est fournie par le texte à ce sujet. **4.** Il est invisible parce que recouvert de neige. **5.** Oui elle est précisée ; ils sont noirs et gris. **6.** Ils sont trop gros.

Exercice 2 : 1. 2. 3. 4. : Vrai. **5. 6.** : Faux.

Exercice 3 : 1. pays, allées. **2.** nappe. **3.** fée, nuit, jardin.

Exercice 4 : Il faut barrer : **1.** Tronc, feuillage, arbuste, pommier, pin. **2.** Basilique. **3.** Manoirs. **4.** Il ne faut rien barrer. **5.** Nain, Noël.

Exercice 5 : 1. d. **2.** c. **3.** a. **4.** b. **5.** f. **6.** e.

P. 136 Récréation

Exercice 1 : 1. Fournitures scolaires. **2.** Jouets. **3.** Friandises. **4.** Billes.

Exercice 2 : 1. a. Luge. **b.** Patiner. **c.** Glissade. **d.** Skier. **e.** Boule de neige. **2. a.** Nager. **b.** Pêcher. **c.** Plonger. **d.** Coquillage. **e.** Château de sable.

Exercice 3 : Francis Blanche.

P. 138 La chatte et le perroquet

Exercice 1 : 1. Un ami le lui a confié parce qu'il s'absente. **2.** Quelques jours. **3.** Dépaysé. **4.** Il grimpe en haut de son perchoir. **5.** Des clous de fauteuil. **6.** Des membranes blanches. **7.** « passablement effaré ».

Exercice 2 : 1. « Notre chatte rousse à prunelles bleues et le nez rose ».
2. Elle regardait l'oiseau avec un air de méditation profonde. Elle rassemble toutes ses notions d'histoire naturelle.
3. « Décidément, c'est un poulet vert. »

Exercice 3 : 1. Répéter les mots de quelqu'un d'autre. **2.** La Castafiore. **3.** Coco. **4.** La faculté d'imiter les voix humaines ; la couleur vive des plumes. **5.** Les explorateurs, les navigateurs.

Exercice 4 : vert, ailes, gorge, dorée, manie, baignoire, porte, Jacquot, Jacquot, dinde, bûche.

P. 140 Monsieur Piccolin et le chien

Exercice 1 : 1. La famille Piccolin/les visiteurs. **2.** M. Piccolin. **3.** La fermière/ma brave femme. **4.** Mme Piccolin.

Exercice 2 : 1. Avec désinvolture, arrogance ; « du pied, il pousse la barrière. » **2.** Hautaine, arrogante, sans gêne, malpolie. **3.** « ma brave femme ». **4.** Il est familier, plein de condescendance et de morgue.
5. Orgueilleux, personnel, plein de suffisance.

Exercice 3 : 1. Elle les regarde sans se déranger. **2.** Elle insiste sur la dangerosité de son chien. **3.** Elle ne se presse pas de les servir. **4.** Elle ne s'inquiète plus d'eux après les avoir servis.

Exercice 4 : 1. a. Une famille dont le père est arrogant. b. Une fermière qui n'apprécie pas les intrus. c. Un chien de garde peu commode. **2.** L'intrus, le citadin, cherche à apprivoiser le chien.

Exercice 5 : Voici la suite immédiate du texte : Ils en oublient de visiter les étables, et ils viennent finir leurs tasses de lait devant le chien.
– À propos, comment t'appelles-tu ? dit M. Piccolin.
Personne ne répond.
M. Piccolin passe en revue des noms de chiens célèbres. Aucun ne produit d'effet à ce chien et sa fureur augmente.
M. Piccolin, qui n'ose approcher, le flatte vainement de loin, sur ses propres cuisses.
– Mon gaillard, lui dit-il, tu en fais un vacarme ! Tais-toi donc, tu vas t'étrangler. C'est heureux que ta chaîne soit solide.
Elle paraît si solide, qu'ils deviennent familiers. Ne pouvant calmer le chien, ils l'excitent, lui jettent du sable, aboient avec lui, ou, dédaigneux, attendent qu'il finisse.
– Quand tu voudras, lui dit M. Piccolin.
Et le chien hurle et bave, la gueule en feu comme un enfer, et il tord si violemment sa chaîne que, tout à coup, elle se casse et tombe par terre.
Il est libre !

P. 142 La mule du pape

Exercice 1 : 1. a. « belle mule noire mouchetée de rouge ». **b.** « le pied sûr ». **c.** « le poil luisant ». **d.** « la croupe large et pleine ». **e.** « portant fièrement sa petite tête… bouffettes. ». **2. a.** fière. **b.** « douce comme un ange ». **c.** « l'œil naïf ». **d.** « l'air bon enfant ». **e.** Ils l'honorent, la respectent.

Exercice 2 : Il faut barrer : respectueuse, abhorrée, obsolète, pontifiée, cardinalice, flagorneuse, nivéale.

Exercice 3 : a. mulet. **b.** moule. **c.** mulot. **d.** chaussure d'intérieur légère.

Exercice 4 : 1. Âne et jument ; cheval et ânesse. **2.** Non, en général, elle est stérile. **3.** Une jeune mule. **4.** beaucoup, sans relâche.

Exercice 5 : 1. c. **2.** a. **3.** b.

P. 144 Le renard

Exercice 1 : 1. L'ouïe, l'odorat, la vue. **2.** Le toucher, le goût.

Exercice 2 : 1. Il ne commet jamais d'erreur. **2.** Marchant toujours contre le vent. **3.** Trace de pas. **4.** Pour ce qui est de ses yeux.

Exercice 3 : 1. S'il sent une odeur humaine, le renard la détecte immédiatement, il se méfie et s'écarte du piège. **2.** Ces sabots avaient le bout pointu (normalement placé à l'avant) intentionnellement placé à l'arrière. De cette façon, les empreintes de pas partaient dans le sens inverse de la marche, de manière à tromper les garde-chasses et à les envoyer sur de fausses pistes. **3.** Étymologie vient du latin rusticus, rus, ruris : « campagne ». Dans le texte le sens est un auteur qui écrit sur le monde rural.

Exercice 4 : parisien/gascon ; soif/faim ; cerises/raisins ; pellicule/peau ; minou/galand ; parvenait/pouvait ; pourris/verts ; mettre à hurler/plaindre.

Exercice 5 : tue ; proie ; nid ; nasse ; miel.

P. 146 Récréation

Exercice 1 : 1. mule. **2.** agneau. **3.** singe. **4.** renard. **5.** teigne.

Exercice 2 : 1. peste. **2.** lune. **3.** pie. **4.** grenier. **5.** puits. **6.** mer.

Exercice 3 : 1. les rats. **2.** embourbé. **3.** les plaideurs. **4.** vieux.

Exercice 4 : 1. c. **2.** a. **3.** d. **4.** b. **5.** c.

P. 148 Un drôle de civet

Exercice 1 : 1. a. L'acteur principal, le narrateur. b. Sa mère. c. Mélanie. **2.** Cuisinière.

Exercice 2 : 1. Il se brûle quatre doigts, un coude, les genoux, le visage. **2.** Il les salit. **3.** Elle est au trois quart renversée sur le sol. **4.** Ils sont carbonisés dans la casserole.

Exercice 3 : 1. b. c. **2.** a.

Exercice 5 : 1. Civet. **2.** Cuisine. **3.** Enfin. **4.** Autre. **5.** Puanteur. **6.** Castrole.

P. 150 Tintin, La Crique et la mercière

Exercice 1 : 1. a. Tintin. b. La Crique.
2. Des boutons de chemises.
3. 50 boutons de chemise en verre blanc cousus sur un petit carton bleu.
4. Pour ne pas éveiller la méfiance des commerçants du village. **5.** Ils enverront Marie chez la mère Maillot.

Exercice 2 : **1.** La Jullaude. **2.** C'est un usage de la campagne, un usage populaire. **3.** a. La débitante. b. Cette vieille bavarde. c. Cette sale cabe-là. **4.** Cette hypocrite, cette sournoise, cette curieuse, cette méfiante. **5.** Polie, courtoise, bien élevée. **6.** Curieuse, méfiante, intriguée, soupçonneuse.

Exercice 3 : Vivacité, lucidité, sang-froid, sens de la répartie, esprit d'initiative, astuce.

Exercice 4 : Lors des bagarres qui opposent les Longevernes et les Velran, les vaincus sont dépouillés des boutons de leurs vêtements par les vainqueurs.

Exercice 5 : **1.** Mouton. **2.** Vivre. **3.** Soute. **4.** Tord. **5.** Fou. **6.** Saule.

P. 152 Le gâteau des rois

Exercice 1 : **1.** Le narrateur, Gaston, ami de la famille. **2.** M. Chantal, le mari et père de famille. **3.** Mme Chantal, l'épouse et mère de famille. **4.** Les demoiselles Chantal, filles du couple.

Exercice 2 : **1.** Une famille, les Chantal, invite le narrateur, Gaston, à partager le gâteau des rois qui se clôt traditionnellement par le choix de la reine (ou du roi) pour qui a eu la fève dans sa part de gâteau. **2. a. c.** **3. a.** « stupéfait ». **b.** « la surprise ». **c.** « je rougis ». **d.** « je demeurais les yeux baissés », « m'efforçant de rire », « ne sachant que faire ni que dire ». **4.** Lui faire choisir une des demoiselles Chantal afin qu'il se déclare et fasse ainsi une demande en mariage officieuse… avant une officielle.

Exercice 3 : **1.** b. **2.** f. **3.** a. **4.** e. **5.** c. **6.** d.

Exercice 4 : Avant d'incorporer le sucre, il faut battre les blancs d'œufs en neige.

P. 154 Au feu, les pompiers !

Exercice 1 : **1.** Réverbération. **2.** Toise. **3.** Cohue. **4.** Chemise. **5.** Domestique.

Exercice 2 : **1.** Malles. **2.** Quai. **3.** Cohue. **4.** Déménageaient. **5.** Papier.

Exercice 3 : Ces noms communs ont d'abord été des noms propres désignant des inventeurs.

Exercice 4 : **1.** Une heure du matin, environ. **2.** Personne. **3.** L'hôtel P. **4.** « Feuer ! Feuer ! » **5.** En bois. **6.** Aucun, « Personne ne criait ni ne parlait ». **7.** Une lettre à un ami.

Exercice 5 : Exagérées. C'est étrange parce que fort improbable, exagéré sans doute pour frapper l'imagination du lecteur.

P. 156 Récréation

Exercice 1 : **1.** e. **2.** c. **3.** a. **4.** f. **5.** b. **6.** d.

Exercice 2 : **1.** et **3.** Il faut tout cocher. **2. a.**

Exercice 3 : **1.** Une aventurine. **2.** L'aventurisme. **3.** Lui prédire son avenir. **4.** Oui. **5.** Au hasard, sans but précis.

P. 158 Le magasin de Florentin

Exercice 1 : **1. a.** Oui. **b.** Oui. **c.** Non, il y vient seulement en vacances. **d.** Oui. **2. a.** La terre battue. **b.** La cuisine. **c.** Les chasseurs et les braconniers. **d.** Les dahlias. **e.** Les pintades. **f.** Des boîtes à savon.

Exercice 2 : **1.** Toile de coton fabriquée à Rouen. **2.** Pièce. **3.** Eau de toilette.

Exercice 3 : **1. a.** Comptoirs d'épicerie et de rouennerie. **b.** Nombreuses fenêtres. **c.** 6 chambres. **d.** Bazar. **2. a.** Épicerie. **b.** Rouennerie. **c.** Chapeaux. **d.** Jardinage. **e.** Lampe. **f.** Bazar. **g.** Merveilles. **h.** Café. **i.** Savon.

P. 160 Le royaume du roi de la mer

Exercice 1 : **1.** les feuilles des bluets. **2.** le verre le plus transparent. **3.** les oiseaux dans l'air. **4.** les hirondelles. **5.** de l'or. **6.** petites flammes.

Exercice 2 : **1.** et **2.** b. c. **3.** Il faut tout cocher.

Exercice 3 : **1.** Le soleil. **2.** À l'endroit le plus profond. **3.** Des perles. **4.** Dans les grandes salles du château. **5.** Sur les murs du château. **6.** Bleu sombre ou rouge de feu.

Exercice 4 : **1.** Travail, sérail, vitrail, portail. **2.** Médaille, paille, faille, taille.

P. 162 Une école de village

Exercice 1 : **1.** « bâtisses maussades ». **2.** « fenêtres garnies de carreaux dépolis ». **3.** « cours pareilles à des préaux de prison ».

Exercice 2 : **1.** « Elle était installée au milieu des champs ». **2.** « grande salle au premier étage de la maison commune » (centre du village) ; « ouverte sur les marronniers de la place » (centre du village) ; « la voile brune d'un chaland » (à côté d'un cours d'eau navigable) ; les voitures de foin passent devant les fenêtres (l'école est donc située aussi à proximité d'un chemin fréquenté).

Exercice 3 : **1.** Les bruits rustiques. **2.** Les odeurs printanières. **3.** Les chalands, les chars chargés de foin.

Exercice 4 : **1.** Les mariniers. **2.** Les faucheurs. **3.** Les faneuses. **4.** Les mariés.

Exercice 5 : *Le Grand Meaulnes*, Alain-Fournier.

P. 164 Toutes les beautés de la Touraine

Exercice 1 : **1.** « Le jardin de la France ». **2.** « La belle Touraine ».

Exercice 2 : **1. a.** verdoyantes. **b.** jaune. **c.** blanches. **d.** jaunis. **e.** blanchis. **2. a.** blanc. **b.** rose, rouge.

Exercice 3 : **1.** pur. **2.** grand. **3.** riants. **4.** jolies. **5.** naissant. **6.** élancée.

Exercice 4 : **1.** et **2.** Il ne faut rien cocher. **3. a.** **4. b.**

Exercice 5 : cor, soir, biche, abois, chasseur, feuille, seul, pleuré, bruits.

P. 166 Le Pont du Gard

Exercice 1 : **1.** voir. **2.** ouvrage. **3.** attente, fois, vie. **4.** noble, désert, silence, solitude, admiration. **5.** Romain.

Exercice 2 : **1.** On ne sait pas : « on ». **2.** Aucun. **3.** et **4.** Oui. **5.** a. Il est désert. b. Le silence. c. La solitude. **6.** Les conditions d'édifications du pont. **7.** Trois. **8.** Les bâtisseurs. **9.** Un insecte.

Exercice 3 : **Série 1 :** Empereurs romains.
Série 2 : Architectes célèbres.
Série 3 : Monuments romains en France.

P. 168 Récréation

Exercice 1 : **1.** *Les Contemplations*, à classer dans les recueils poétiques. *Topaze* à classer dans les pièces de théâtre.

Exercice 2 : **1.** Chateaubriand. **2.** Charles de Gaulle. **3.** Comtesse de Ségur. **4.** Stendhal. **5.** Simone de Beauvoir.

Exercice 3 : **Série 1 :** mot 1 classe. mot 2 crasse. **Série 2 :** mot 1 vase. mot 2 vaste.

P. 170 Irène se rend à Épidaure

Exercice 1 : Le dieu, l'oracle, le fils d'Apollon.

Exercice 2 : **1.** b. d. **2.** Tout est vrai.

Exercice 3 : **1.** Il ne faut rien barrer. **2. a.** fatiguée. **b.** harassée. **c.** régime. **d.** abattement ou faiblesse.

Exercice 4 : **1. a.** Elle est lasse et recrue de fatigue. **b.** Elle est le soir sans appétit. **c.** Elle est sujette à des insomnies. **d.** Elle est pesante. **e.** Le vin lui est nuisible. **f.** Elle a des indigestions. **g.** Sa vue s'affaiblit. **h.** Elle n'est ni forte ni saine qu'elle n'a été. **2.** Ils ont légers, bénins, liés à une mauvaise hygiène de vie ainsi qu'à l'avancée en âge d'une femme capricieuse. **3.** Elles sont frappées de bon sens. **4.** Fort mal ; elle est irritée, déçue, mécontente, insatisfaite, se sent incomprise.

P. 172 Quand oncle Podger accroche un tableau

Exercice 1 : **1. 2. 3. 4.** Vrai. **5.** Faux : c'est M. Googles et non M. Google ! **6.** Faux.

Exercice 2 : **1.** Il vient livrer le tableau. **2.** Elle est inquiète. **3.** « Par où allait-on commencer ? » **4.** Sa redingote. **5.** 10 sous de clous. **6.** De la cordelière pour accrocher le tableau. **7.** Will. **8.** Tom. **9.** Tom.

Exercice 3 : chef-d'œuvre, cadre, verre, main, mouchoir, veston, suspendu, fauteuil, halte.

P. 174 Miss Lydia, le colonel et Orso en Corse

Exercice 1 : **1.** Ajaccio. **2.** « Après avoir visité la maison où Napoléon est né. »

Exercice 2 : **1.** Insociables. **2.** Tristesse profonde. **3.** Isolement complet.

Exercice 3 : **1.** « l'air le plus féroce coquin qui se pût voir ». 2. « ours des montagnes ».

Exercice 4 : **1.** Orgueil, fierté. **2. a.** Esprit d'initiative, dynamisme. **b.** Talent artistique. **3.** Coquetterie.

Exercice 5 :journées, voyageurs, matin, dater, chargés, gibier, chantait, causer.

P. 176 Une soirée en province

Exercice 1 : **a. 1.** À Yonville. **2.** Au Lion d'or. **3.** L'auberge. **4.** La grande salle. **b.** L'action de ce texte se déroule à Yonville, dans la grande salle d'une auberge qui a pour enseigne « Au Lion d'or ».

Exercice 2 : **1.** Clerc, Léon Dupuis, second habitué du Lion d'or. **2.** Maître Guillaumin. **3.** quelque voyageur. **4.** Binet. **5.** L'hôtesse, Mme Lefrançois. **6.** Les nouveaux venus. **7.** Homais, l'apothicaire. **8.** Sa voisine, Emma, Mme Bovary. **9.** Charles. **10.** Les cultivateurs.

Exercice 3 : La patache qui les a conduits à Yonville.

Exercice 4 : **1.** Causer. **2.** Besogne. **3.** Coryzas. **4.** Dérangement. **5.** Apothicaire. **6.** Aisés.

Exercice 5 : **1. a.** Repos. **b.** Tours. **c.** Taire. **d.** Tenus. **e.** L'étau. **2.** Tombe. **3.** Palace.

P. 178 Hyppolite le bienheureux

Exercice 1 : **1. a.** La mère du narrateur. **b.** Hippolyte. **c.** Marie. **d.** Pierre. **2.** Ils sont ses domestiques. **3. a.** Homme à tout faire. **b.** Cuisinière. **c.** Jardinier.

Exercice 2 : **1.** Rentrer les pots de fleurs à l'intérieur de la maison pour la nuit. **2.** Il rentre effectivement les pots de fleurs mais après les avoir vidés.

Exercice 3 : Il faut cocher le 3 et le 5.

Exercice 4 : **1.** b. **2.** c. **3.** a. **4.** e. **5.** f. **6.** d.

P. 180 Le père Grandet

Exercice 1 : **1.** La grande Nanon. **2.** Sa femme. **3.** Sa fille.

Exercice 2 : **1. a.** Ses fermiers. **b.** Le locataire du moulin. **c.** Les maraîchers, ses locataires. **d.** Le garde d'un voisin. **2.** Ils le ravitaillent.

Exercice 3 : **1.** Il se contente pour sa famille et lui-même de l'essentiel pour survivre. **2.** Il est pingre, avare.

Exercice 4 : **1.** c. **2.** a. **3.** d. **4.** b.

Exercice 5 : Tout est vrai.

Exercice 6 : **1.** Locataire. **2.** Champs. **3.** Gibier. **4.** Viande. **5.** Pain.

P. 182 Récréation

Exercice 1 : **1.** Erreur : le titre exact de l'œuvre est Madame Bovary. **2.** et **3.** Correct.

Exercice 2 : **1.** Bosco. **2.** Villon. **3.** Balzac. **4.** Loti. **5.** Sand. **6.** Pagnol.

Exercice 3 : Il faut ajouter 2 r meurtre, mordre, porter.

LES VACANCES

P. 186 La mer en fête

Exercice 1 : **1.** Tête. **2.** Toucher ou loucher ou moucher. **3.** Poses ou loses ou doses. **4.** Loir ou voir. **5.** Toile. **6.** Bordages. **7.** Pavillons. **8.** Titres. **9.** Loirs ou soirs.

Exercice 2 : **1.** Elle peut se lire de droite à gauche. **2.** C'est un palindrome.

Exercice 3 : **1.** Nœud. **2.** Main. **3.** Jeu. **4.** Pièce. **5.** Rond. **6.** Pot.

Exercice 4 : Six = l'âge d'Erwan il y a 5 ans, Gaël avait alors 2 x. Aujourd'hui ils ont alors : x + 5 et 2 + 5. Dans 8 ans ils auront x + 13 et 2 x + 13. Au total cela fera : 3 x + 26. Pour que 3 x + 26 = 50, il faut que x soit égal à 8. Donc Erwan a 13 ans quand il parle : 8 + 5.

Exercice 5 : **1. b. 2.** Vrai. **3.** Vrai. **4. b. c. d.**

Exercice 6 : **1.** Trottoir/pont. **2.** Marquis/prince. **3.** Mouettes/fusées. **4.** Musique/lumière. **5.** Bonheur/jour. **6.** Stars/étoiles. **7.** Paille/d'artifice. **8.** L'eau/l'air. **9.** Paquebot/navire.

P. 188 L'île de Batz

Exercice 1 : Gratin et granit ; rivages et virages sont des anagrammes : mots composés des mêmes lettres placés dans des ordres différents.

Exercice 2 : 5 couples de mots n'ont qu'une seule lettre de différence : cocher/rocher, récit/récif, plaques/flaques, solitaires/solidaires, signes/lignes.

Exercice 3 : 3 couples de mots sont proches les uns des autres ; dans chaque couple un mot comporte une seule lettre de plus que l'autre : marée/mariée, plage/plagié, varié/avarié.
Exercice 4 : **1.** b. **2.** a. c. **3.** a. c. **4.** b. **5.** b.
Exercice 5 : 3 tracteurs au total : 1 rouge, 1 bleu, 1 noir.

P. 190 Oceano nox

Exercice 1 : d.
Exercice 2 : **1.** a. **2.** a. b. **3.** c. d. **4.** a.
Exercice 3 : **1.** M M C C C X X
2. En chiffres arabes :
1 515 + 096 + 008 + 710 = 2 320
Exercice 4 : L'arc de Triomphe.
Exercice 5 : **1.** e. **2.** g. **3.** a. **4.** c. **5.** d. **6.** f. **7.** b. **8.** h.

P. 192 Le port

Exercice 1 : **1.** Fort ou sort ou mort ou tort ou dort ou part ou porc. **2.** Fiel ou miel. **3**. Sang ou sens. **4.** Lisser. **5.** Foule. **6.** Porte. **7.** Mâle. **8**. Portent. **9.** Farce.
Exercice 2 : **1.** Porte. **2.** Amer ou rame ou dame ou aime. **3.** Vile. **4.** Mère ou amer. **5.** Propret. **6.** Formels. **7.** Puits. **8.** Fou ou cou ou hou ou oui ou mou ou pou ou sou.
Exercice 3 : Marseille, in Marseille, porte de l'Orient.
Exercice 4 : Tous peuvent être précédés de « porte » pour former un mot composé.
Exercice 5 : **1.** CN, C, P. **2.** P. **3.** CN, C, P. **4.** CN. **5.** P. **6.** C. **7.** P. **8.** C. **9.** C. P. **10.** C.
Exercice 6 : Il ne faut rien barrer.

P. 194 Chasse de poissons

Exercice 1 : **1.** c. **2.** c. **3.** c. **4.** c. **5.** c.
Exercice 2 : Pacifique, Atlantique, Indien, Arctique, Antarctique.
Exercice 3 : 5 amphores au minimum. S'il n'en prend que 4, il se peut qu'elles contiennent toutes un vin différent. Mais s'il en prend une cinquième, elle contiendra forcément le même vin qu'une des quatre déjà sélectionnées.
Exercice 4 : **1.** Cas. **2.** Catafalque. **3.** Sarabande. **4.** France. **5.** Arbalète. **6.** Caramel.

P. 196 Récréation

Exercice 1 : **1.** Le flux. **2.** Le reflux. **3.** Le mal de mer. **4.** Arraisonner. **5.** La mer d'Oman. **6.** Ce n'est pas la mer à boire. **7.** Un pirate. **8.** Entreprendre une action difficile, voire irréalisable. **9.** Un vaste désert de sables. **10.** Un grand glacier des Alpes françaises, à Chamonix.
Exercice 2 : Sont fausses : **3.** C'est la plus grande. **4.** C'est un îlot. **5.** Il est calcaire. **6.** C'est François Ier.

P. 198 Au Moléson

Exercice 1 : **1.** Boucle. **2.** Plane ou plan ou laine ou aine ou pané. **3.** Val ou les ou allées ou lées. **4.** Lie ou lige. **5.** Cil ou il. **6.** Ors. **7.** Cuir ou ivre ou cuve ou cuire. **8.** If ou mas. **9.** Va ou peur ou pur. **10.** Bises ou ses.
Exercice 2 : **1.** Soif. **2.** Pâles. **3.** Cals. **4.** Oser ou Eros. **5.** Action. **6.** Rame ou mare ou arme. **7.** Orgue. **8.** Centralité. **9.** Larmoie. **10.** Aspirine.
Exercice 3 : Fabuleuse, venté, brouillard, neige, cime, hôtel, vitré.
Exercice 4 : 22. Ce n'est pas un multiple de 7.

P. 200 Blanquette dans la montagne

Exercice 1 : **1.** Sapin ou rapin ou satin. **2.** Bien ou sien ou tien ou mien. **3.** Tic ou pie ou pis ou hic. **4.** Poche ou loche ou moche. **5.** Loir ou soir ou noir. **6.** Ronde ou sonde ou bonde.
Exercice 2 : **1.** Marquis. **2.** Cornet. **3**. Coupe. **4.** Longe. **5.** Plainte. **6.** Bras.
Exercice 3 : **1.** Il fait traverser la chèvre. **2.** Il revient et embarque le loup. **3.** Il embarque à nouveau la chèvre et la dépose. **4.** Il rapporte le chou. **5.** Il revient chercher la chèvre.
Exercice 4 : **1.** De Beaucaire. « La diligence de Beaucaire ». **2.** Au pape. « La mule du pape ». **3.** Des sanguinaires. « Le phare des Sanguinaires ». **4.** La Sémillante. « L'agonie de la Sémillante ». **5.** Le sous-préfet. « Le sous-préfet aux champs ».

P. 202 L'eau des torrents

Exercice 1 : **1.** Bazar. **2.** Azur. **3.** Zizanie. **4.** Riz ou raz ou rez. **5.** Zou ou zut. Zeugma ou zinnia.
Exercice 2 : montrer ; monter. route ; tourte.
Exercice 3 : Gaston Phoebus, comte de Foix.
Exercice 4 : Ces montagnes
Qui sont si hautes
M'empêchent de voir
Où sont mes amours
Refrain
Abaissez-vous, montagnes
Plaines, haussez-vous
Pour que je puisse voir
Où sont mes amours
Exercice 5 : Le Danube.
Exercice 6 : Gave ; A ; Agave.

P. 204 Le Cervin vu de nuit

Exercice 1 : **1.** Plaire. **2.** Ombres. **3.** Vie. **4.** Vote. **5.** Volet. **6.** Hardes. **7.** Flan. **8.** Rond. **9.** Leur. **10.** Il ou le.
Exercice 2 : Sont fausses les affirmations **1** et **4**.
Exercice 3 : Pic de la Mirandole est un homme (1 463-1 494) non un sommet !
Exercice 4 : **1.** c. **2.** c. **3.** b.
Exercice 5 : Astuce, prenez en inconnu le plus petit chiffre ; x = ½ du chiffre à trouver. Le chiffre = 2 x. 2 x + x = 30. 3 x = 30 donc x = 10. Le nombre est donc : 20 + 10 = 30.

P. 206 Dans le Jura

Exercice 1 : **1.** Vache. **2.** Pastorale. **3.** Alpes. **4.** Fourrage. **5.** Tintements. **6.** Jura.
Exercice 2 : **1.** Laitage. **2.** Laitance. **3.** Laiterie. **4.** Laiteux. **5.** Laitière. **6.** Laitue.
Exercice 3 : **1.** Clarines. **2.** Clarines. **3.** En cas de danger. **4.** Édith Piaf. **5.** Les Compagnons de la Chanson. **6.** La Bourgogne. **7.** Berne. **8.** Zurich et Genève. **9.** L'allemand, l'italien, le français, le romanche. **10.** Le yodl.
Exercice 4 : 1 502 pages (500 ; 3 x 2) de la première page du premier livre à la dernière page du dernier livre. C'est en fait entre les volumes 2 et 5 ; soit 3 volumes.

P. 208 Récréation

Exercice 1 : Les affirmations fausses sont **3.** Claude Monet et non Édouard Manet. **4.** C'est Frison-Roche. **8.** L'amanite printanière est un

champignon vénéneux. **9.** La psalliote des trottoirs est comestible.
Exercice 2 : 1. PACA, Provence-Alpes-Côte d'Azur. **2. b. 3. a.** Les Maures. **b.** L'Estérel. **4. a.** Alpes de Haute-Provence. 04. **b.** Hautes-Alpes 05. **c.** Alpes Maritimes 06. **d.** Bouches-du-Rhône 13. **e.** Var 83. **f.** Vaucluse 84.

P. 210 La merveilleuse promenade

Exercice 1 : 1. Être très accommodant, être souple de caractère. **2.** Ne pas être indifférent. **3.** Se manifester, révéler ses véritables intentions. **4.** De quoi je suis capable, qui je suis vraiment. **5.** Mettre tout en œuvre pour parvenir au but que l'on s'est fixé. **6.** De façon audacieuse, sans pouvoir se défendre.
Exercice 2 : 1. Tomber dans la misère, la déchéance. **2.** En amassant peu à peu on devient riche.
Exercice 3 : Le **3.** est faux.

P. 212 Soir de juin

Exercice 1 : On relève 4 couples d'anagrammes : poule/loupe, oche/chope, rats/arts, cas/sac.
Exercice 2 : Série 1 : cerise ; c'est le seul fruit à noyau. **Série 2 :** moineau et merle ; ce ne sont pas des oiseaux migrateurs. **Série 3 :** Boulet ; ce n'est pas un poète : en tous cas… célèbre.
Exercice 3 : Charles Baudelaire.
Exercice 4 : b.
Exercice 5 : 1. Merle. **2.** Pie. **3.** Hibou. **4.** Buse. **5.** Canard. **6.** Goéland.
Exercice 6 : 1. O. N. D. **2.** Ce sont les lettres des débuts des mots qui forment les noms de mois de l'année.

P. 214 La Beauce sous le soleil

Exercice 1 : 1. Canicule. **2.** Libellule. **3.** Véhicule. **4.** Spatule. **5.** Minuscule. **6.** Ridicule.
Exercice 2 : Tout est vrai sauf la 10 où il faut remplacer la moins par la plus.
Exercice 3 : Ce sont des noms de fleurs qui peuvent être donnés comme prénoms.
Exercice 4 : 1. Manger son blé vert. **2.** Se faire du blé. **3.** Être blond comme les blés.
Exercice 5 : Couper le cake dans les 3 dimensions : une coupe dans le sens de la longueur (2 moitiés) puis en largeur 4 parts et enfin une dans le sens horizontal.

P. 216 Vendanges en Touraine

Exercice 1 : 1. Tonneliers. **2.** Charrettes. **3.** Vendanges. **4.** Anniversaire. **5.** Confondus. **6.** Provisions.
Exercice 2 : 1. Cous ou fous ou mous ou sous ou tous ou vous. **2.** Font ou mont ou pont ou vont. **3.** Fit ou lin ou pin. **4.** Mais ou fois ou lois ou rois ou bois ou cois ou vois. **5.** Hâle ou pâle ou gale ou male ou râle ou sale ou tale ou pile ou pôle.
Exercice 3 : 1. *Splendeurs et misères des courtisanes*. **2.** *Illusions perdues*. **3.** *Eugénie Grandet. La Peau de chagrin.*
Exercice 4 : 1. Tous se terminent par un s au singulier et sont donc invariables. **2. a.** Ils sont en rapport avec la notion d'habitation. **b.** Ce sont des mots vieillis, obsolètes.
Exercice 5 : Un vendangeur boit 12/9 soit 4/3 de litres en 8 jours soit 4/3 x 30 jours / 8 = 5 litres. Donc 24 vendangeurs : 5 x 24 = 120 litres.

P. 218 L'étang des Givrins

Exercice 1 : 1. c. **2.**c.
Exercice 2 : Johanna Spyru. Heidi.
Exercice 3 : 1. c. **2.** a. **3.** b. **4.** f. **5.** d. **6.** e.

P. 220 Récréation

Exercice 1 : 1. Peuplier. **2.** Sapin. **3.** Pin. **4.** Saule. **5.** Eucalyptus. **6.** Platane. **7.** Cyprès. **8.** Bouleau. **9.** Merisier. **10.** Chêne.
Exercice 2 : Faux : **1.** Le ginkgo bilboa a survécu. **3.** L'acrostiche est un genre littéraire. **6.** Sérénité ou sincérité. **7.** Pêche.
Exercice 3 : 1, 2, 13 et **14** : S. **3, 5, 9, 10, 11** et **12** : N. **4, 6, 7,** et **8** : P.

P. 222 À Vichy, la marquise prend les eaux

Exercice 1 : Il faut souligner **1.** Il y a une inversion de chiffres : 1676-1677.
Exercice 2 : 1. Le Bourbonnais. **2.** Auvergne-Rhône-Alpes. **3.** 03. **4.** Moulins. **5.** Les gentilés n'ont pas de nom spécifique mais plusieurs : Bourbonnais, Elavérins (Elaver : Allier en latin), Alliérins. **6.** Du fleuve Allier. **7. d. 8. a. c. 9.** C'est une commune européenne qui accueille de nombreux résidents suisses et britanniques.

P. 224 La promenade du soir

Exercice 1 : 1. Ionique. **2.** Dynamique. **3.** Dithyrambique. **4.** Sardonique. **5.** Rustique. **6.** Pratique.
Exercice 2 : 1. Mimosa. **2.** Rose. **3.** Narcisse. **4.** Tournesol. **5.** Violette. **6.** Gentiane. **7.** Ancolie. **8.** Géranium.
Exercice 3 : 1. Alunir. **2.** Hergé. **3.** Russe. **4.** Youri Gagarine. **5.** Neil Armstrong. **6.** 1969. **7.** Mai. **8.** Une croix. **9.** Latin. **10.** Escalier.
Exercice 4 : L'oiseau.
Exercice 5 : Mars.

P. 226 Dans les Gaules

Exercice 1 : 1. On peut lire la phrase de droite à gauche. **2.** Un palindrome.
Exercice 2 : 1. b. 2. a. Gergovie. **3. b. 4.** Alésia. **5.** Vrai. **6. c. 7. b. 8. c. 9. c.** 10. Longue période de paix.
Exercice 3 : 1. Uranie. **2.** Urbain. **3.** Urbanité. **4.** Urgence. **5.** Urne. **6.** Urètre.
Exercice 4 : 1. Mammifère ongulé. **2.** Équidés. **3.** L'âne et le zèbre. **4.** L'agriculture, le transport, la guerre et le sport. **5.** « la plus belle conquête de l'homme ».
Exercice 5 : 1. c. **2.** e. **3.** a. **4.** b. **5.** d.

P. 228 Charmes de la campagne japonaise

Exercice 1 : 1. Ver, ver de terre. **2.** Chas, un chas d'aiguille. **3.** Note, une note de musique. **4.** Roue, une roue de vélo.
Exercice 2 : 1. Loti. **2.** Japonaiserie. **3.** Train. **4.** Oranges. **5.** Saison. **6.** Pays.
Exercice 3 : 1. c. **2.** b.
Exercice 4 : Pierre Benoît
Exercice 5 : Il faut tout cocher.

P. 230 Au marché à Corinthe

Exercice 1 : 1. Pin et vin n'ont qu'une lettre de différence. **2.** Sable et table n'ont qu'une lettre de différence. 6 mots se terminent par « eur » ou « eurs ». **3.** Balle et dalle n'ont qu'une lettre de différence.
Exercice 2 : Calpurnia remplit l'amphore de 5 litres, la vide dans celle de 3 litres. Il lui reste 2 litres. Elle vide

l'amphore de 3 litres et y transverse les 2 litres restants. Elle remplit à nouveau l'amphore de 5 litres et la vide dans celle de 3 litres. Comme elle contient déjà 2 litres, elle ne peut alors y verser qu'un litre ce qui laisse 4 litres dans la première amphore.
Exercice 3 : 1. mot 1 B bruit. Mot 2 F fruit. **2.** mot 1 : N nuit. Mot 2 L luit.
Exercice 4 : 6. Le raisin de Corinthe n'a pas de pépins.
Exercice 5 : Série 1 : Ath n'est pas une ville de Grèce mais de Belgique.
Série 2 : Rosporden n'est pas une ville de Belgique mais de France.
Série 3 : Binche n'est pas une ville de Suisse mais de Belgique.

P. 232 Récréation

Exercice 1 : New York
Exercice 2 : L'île de Pâques
Exercice 3 : Il faut barrer **3.** La côte d'Or qui n'est bordée par aucune mer, aucun océan.
Exercice 4 : 1. c. **2.** h. **3.** a. **4.** b. **5.** f. **6.** g. **7.** f. **8.** e.
Exercice 5 : 1. Japon. **2.** Corée. **3.** Berlin. **4.** Dublin. **5.** Tunis.

P. 234 Barnâ Bredanna

Exercice 1 : 1. Camarades et horions. **2.** Pomme et cousin. **3.** Mutine et colère. **4.** Poing et faible. **5.** Force et garde. **6.** Occasions et promener.
Exercice 2 : L'argot des poilus, employé dans les tranchées de la guerre de 14-18.
Exercice 3 : Il ne faut rien barrer.
Exercice 4 : 1. j. **2.** g. **3.** f. **4.** c. **5.** a. **6.** e. **7.** d. **8.** b. **9.** h. **10.** i.

P. 236 À la rencontre des rois

Exercice 1 : 1. b. **2.** d. **3.** a. **4.** c. **5.** f. **6.** e.
Exercice 2 : 1. Gaspard, Melchior et Baltazar. **2.** Céleste. **3.** Les Compères. **4.** La Haute-Volta. **5.** Le Dahomey. **6.** Oubanghi-Chari. **7.** Le Soudan. **8.** Agatha Christie. **9.** Jane. **10.** Bianca.
Exercice 3 : Tout simplement avec un couteau ou une pelle à tarte. Comme il n'est pas spécifié que les parts doivent être égales, on peut imaginer qu'elles seront en fonction de l'âge et de l'appétit des petits-enfants.
Exercice 4 : Les deux affirmations fausses sont les 3 et 4 : elles sont inversées. Marguerite Duras est Marguerite Donnadieu ; Marguerite Yourcenar est Marguerite Crayencour.

P. 238 Suspendu dans l'air

Exercice 1 : 1. Mercure. **2.** Vénus. **3.** Terre. **4.** Mars. **5.** Jupiter. **6.** Saturne. **7.** Uranus. **8.** Neptune. **9.** Pluton.
Exercice 2 : 3. La production a été multipliée par 4,5. **6.** Thomas Cook était un voyagiste australien.
Exercice 3 : Série 1 : jardin.
Série 2 : formule. **Série 3 :** valeur.
Série 4 : droit.
Exercice 4 : Ils tournent en rond.

P. 240 L'âme du licencié

Exercice 1 : 1. Col ou lie ou école. **2.** Lait ou laie. **3.** Semble. **4.** Font ou taie. **5.** Altères. **6.** Faces. **7.** Troupe ou peaux. **8.** Lare ou lave. **9.** Lu ou lent.
Exercice 2 : 1. Taudis. **2.** Doux. **3.** Lis ou lus ou les ou lit ou lot. **4.** Mets ou rots ou sots ou lots. **5.** Farce ou forte ou forme. **6.** Sans ou rang ou gang.
Exercice 3 : 84 ans. (200-214). (284-298)
Exercice 4 : Affirmations fausses : **4.** De l'italien ducato. **5.** Genre féminin. **7.** Le mot n'existe pas.